AF537440

SCORPIO

ALBRECHT MAHR

Von den ILLUSIONEN *einer unbeschwerten* KINDHEIT *und dem Glück,* ERWACHSEN *zu sein*

SCORPIO

Die in diesem Buch vorgestellten Informationen und Empfehlungen sind nach bestem Wissen und Gewissen geprüft. Dennoch übernehmen der Autor und der Verlag keinerlei Haftung für Schäden irgendwelcher Art, die sich direkt oder indirekt aus dem Gebrauch der hier beschriebenen Methoden ergeben. Bitte nehmen Sie im Zweifelsfall beziehungsweise bei ernsthaften Beschwerden immer professionelle Diagnose und Therapie durch ärztliche oder psychotherapeutische Hilfe in Anspruch.

Der Umwelt zuliebe

- produzieren wir zu über 90 % in Deutschland
- achten wir auf kurze Transportwege
- drucken wir auf Papier aus verantwortungsvollen Quellen

3. Auflage 2023

Umschlaggestaltung: FAVORITBUERO, München
Umschlagabbildung: © roundstripe/shutterstock.com
Layout und Satz: BuchHaus Robert Gigler, München
Druck und Bindung: CPI, Leck
ISBN 978-3-95803-048-0

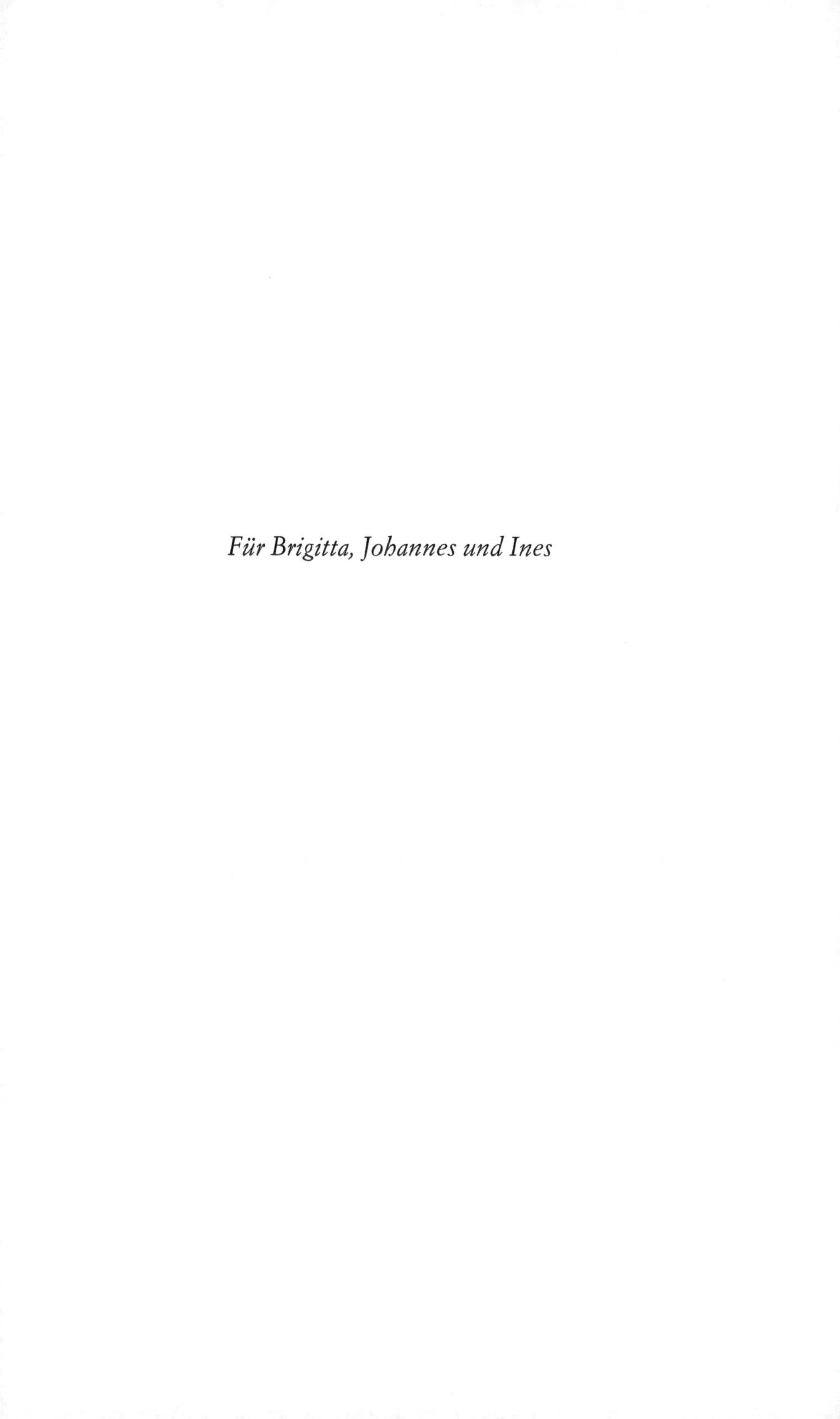

Für Brigitta, Johannes und Ines

Inhalt

6. Kapitel
Das Herz – Der springende Punkt 138

7. Kapitel
Sucht – Die Sehnsucht nach einem guten Leben 159

Einführung

»Werdet wie die Kinder«: Ein spirituelles Missverständnis

Kind zu sein wird oft verstanden, als unbeschwert, spielerisch und spontan ein Leben ganz im Jetzt zu führen, voller Entdeckerfreude, Abenteuerlust und erfrischender Sorglosigkeit.Und Gott sei Dank gibt es solche glücklichen Kinder tatsächlich.

Und dennoch – Leiden heißt oft, die Welt mit den Augen eines Kindes zu sehen. Denn die Möglichkeiten des kindlichen Bewusstseins sind von Natur aus begrenzt und bringen ein Kind dazu, vieles auf sich zu beziehen und sich entsprechend belastet zu fühlen. Ist die Mutter zum Beispiel krank, ruft dies bei ihrem Kind oft den innigen Wunsch hervor, sie zu entlasten, und die Überzeugung, dafür vielleicht verantwortlich und, bei rechter Anstrengung, irgendwie auch fähig zu sein. Was zu chronischer Überforderung und zu Gefühlen von Versagen, Minderwertigkeit und Schuld führt. Als Erwachsener erlebt sich dieser Mensch später dann unter dem unbewusst fortdauernden Einfluss dieses Kinderbewusstseins ständig als verantwortlich, überanstrengt, untergründig erbost und entsprechend unglücklich.

In ihren Bewusstseinsgrenzen deuten Kinder ihre Lebenswirklichkeit immer wieder zu ihren Ungunsten und verknüpfen Ursachen und Wirkungen oft auf eine Weise, die für sie belastend oder gar ängstigend ist, indem ein Kind zum Beispiel annimmt: »Irgendwie liegt es an mir, dass meine Eltern so unglücklich sind und andauernd streiten. Wenn ich nicht da wäre, dann ...«

Wenn Kinder unter traumatisierenden Umständen – also zum Beispiel von selbst schwer traumatisierten, vernachlässigenden oder drogenabhängigen Eltern – empfangen beziehungsweise gezeugt werden und das bereits während ihrer Zeit im Mutterleib und mehr noch nach ihrer Geburt erleben und spüren, gelten die skizzierten Glückseinschränkungen natürlich noch viel mehr.

Die als glücklich und unbeschwert idealisierte Kindheit ist für zahlreiche Kinder oft alles andere als nur schön, sondern von viel Furcht, Unsicherheit und Verwirrung geprägt, mit denen sie in ihrem kleinen Bewusstsein nicht gut umgehen können. So kann das Jesuswort »Werdet wie die Kinder« leicht missverstanden werden.

Nach Matthäus 18, 1–5 beschäftigen sich die Jünger mit der Rangfolge untereinander und fragen Jesus: »Wer ist doch der Größte im Himmelreich?« Jesus bittet darauf ein Kind mitten in die Runde und sagt: »Wenn ihr nicht umkehrt und werdet wie die Kinder, so werdet ihr nicht ins Himmelreich kommen. Wer nun sich selbst erniedrigt und wird wie dieses Kind, der ist der Größte im Himmelreich.«

Wenn wir zustimmen, dass mit »Himmelreich« kein äußerer Ort, sondern ein weit entwickelter, gereifter Bewusstseinszustand gemeint ist, und wenn wir dieses merkwürdige »sich selbst erniedrigen« zu verstehen suchen als das Wesensmerkmal eines Kindes im Sinne von Unbekümmertheit, Einfachheit, Bescheidenheit und mitfühlender Offenheit, so ist das für die meisten Menschen die Frucht eines langen Bewusstwerdungs- und Reifungsprozesses, der eines Tages vielleicht in die innere Verfassung des »Himmelreichs« führen kann. Jesus spricht dann mit dem Bild vom Kind offensichtlich über einen Reifungs- und Läuterungsweg, der nur einem erwachsenen Bewusstsein möglich ist, der also nicht als »Zurück in die Kindheit« gemeint sein kann, sondern als »Vorangehen zum Immer-bewusster- und damit Immer-erwachsener-Werden«.

Die Kindergleichnisse Jesu wurden von Theologen häufig so missverstanden, wie die jeweiligen Autoren sich vor ihrem zeitgeschichtlichen, beruflichen und persönlichen Hintergrund Kinder vorstellten oder wünschten. »Meist lesen die Auslegenden den Text, als hieße es: ›Werdet wie die braven Kinder‹«, und das heißt zum Beispiel: »... nicht stolz, frei von Bosheit und Streit ... nicht frech, sie hassen und lügen nicht, glauben, was man ihnen sagt ... fromm und fröhlich ... nimmt die Strafen seiner Eltern an ... anspruchslos ...« (Luz 1997).

Die Situation von Kindern zur Zeit Jesu war jedoch alles andere als beneidenswert. Sie galten wenig, waren rechtlos und wurden auch zur Sklavenarbeit herangezogen. Sie waren gesellschaftlich »niemand«, und darauf mag Jesus hingewiesen haben: das Himmelreich als »das Königreich der ›Niemande‹«. »Ein Reich der Kinder ist ein Reich, in dem niemand was ist oder jeder ein Niemand« (Crossan 1994), wo es nicht auf Status oder Leistung ankommt, sondern auf einfaches So-Sein. Danach sind Kinder in sich bereits vollkommen, ohne sich dessen noch gewahr zu sein.

Das Missverständliche beim Bild von den Kindern spiegelt auch einen häufigen psychologisch-spirituellen Irrtum wider, den der amerikanische Anthropologe Ken Wilber als »Prä-Trans-Trugschluss« bezeichnet: die Verwechslung der kindlichen vorrationalen und vorbewussten Wahrnehmung (»prä«) mit dem transrationalen, gereiften und erwachsenen Bewusstsein (»trans«), ebendem »Himmelreich« – als das Königreich der bewussten, lebensfreundlichen »Niemande«.

Erwachsen sein

Das Erwachsensein genießt nicht immer einen guten Ruf. Es ist die Rede von ständigem Leistungs- und Verantwortungsdruck, erschöpfendem Leerlauf, Stress und chronischen Erkrankungen, Verlust von Spontaneität und Kreativität, von Erstarrung in Traditionen und Konventionen oder von quälender Sinnleere. »Das vorherrschende Bild des Erwachsenseins vermengt all diese Bedeutungen zu einem einzigen sauren Gebräu« (Neiman 2014). Und tatsächlich leben wir als Erwachsene allzu oft in dieser Verfassung.

Bei genauerem Hinschauen aber kann uns nichts Besseres widerfahren als das Erwachsenwerden, nichts Beglückenderes als das Erwachsensein. Damit ist der Prozess gemeint, der unser Bewusstsein aus der Enge und der Gefangenschaft der kindlichen Vorstellungen herausführt in eine zunehmende Weite, die vor allem durch die Qualitäten Klarheit, Leichtigkeit, Selbstliebe, Liebe zu unseren Mitmenschen und zum Leben, Freundlichkeit, Wohlwollen anderen gegenüber und – nicht zuletzt – durch Humor auch in schwierigen Lebenslagen ausgezeichnet ist.

Tatsächlich haben Kinder oft viel weniger zu lachen als Erwachsene! Wie bereits angesprochen, deuten sie in ihren Bewusstseinsgrenzen ihre Lebenswirklichkeit immer wieder zu ihren Ungunsten und verknüpfen Ursachen und Wirkungen oft auf eine Weise, die für sie belastend oder gar ängstigend ist.

Wenn wir die viel größeren Möglichkeiten unseres erwachsenen Bewusstseins nutzen und ausschöpfen, so lebt es sich viel freier, als das vielen von uns als Kind möglich war. Das geschieht natürlich nicht von selbst, sondern braucht Einsicht, Förderung und Übung. Unser Bewusstsein wachsen und erwachsen werden zu lassen ist wie das Erlernen eines Musikinstruments, auf dem wir mit der Zeit immer schönere Töne hervorbringen.

Vom Glück, erwachsen zu sein – davon handelt dieses Buch. Es geht dabei nicht so sehr um das Noch-erwachsen-*Werden* als vielmehr um das Glück, zu realisieren, dass wir bereits erwachsen *sind* – auch wenn wir uns nicht immer so fühlen mögen.

Ich habe in den folgenden Kapiteln meine Erfahrungen als Arzt sowie als psychoanalytischer und systemischer Psychotherapeut[1] – mit langjähriger Praxis als Abteilungsleiter in einer psychotherapeutischen Klinik –, als Ehemann und Vater, als Bürger der Bundesrepublik Deutschland und auch manchmal so empfindender Weltbürger zusammengetragen. Erfahrungen, die mir am Herzen liegen, die das Erwachsensein und Wege dorthin beleuchten und die dazu ermutigen, eigene Möglichkeiten zu erkunden. Ich greife dabei auf frisch überarbeitete eigene Vorträge und Fachartikel zurück, auf neu verfasste Texte, auf Erfahrungen von zahlreichen Reisen und von vielen Jahren Schulungen in Zen- und Vipassana-Meditation sowie im Diamond Approach, einer Methode, bei der Tiefenpsychologie und Spiritualität sich verbinden. Sie wird durch die Ridhwan-Schule vermittelt, eine in den USA gegründete international tätige gemeinnützige Vereinigung.

Das Wichtigste aber verdanke ich meiner Frau und Lebensgefährtin Brigitta und unseren Kindern Johannes und Ines, un-

1 »Systemische Therapie«, ein Begriff, der in diesem Buch häufiger auftaucht, bezieht sich nicht so sehr auf einzelne Personen und ihre Beschwerden, sondern auf »das System«. Das heißt auf das Netz aller wichtigen Personen (zum Beispiel die Familienmitglieder), die in ihren Wechselwirkungen »das Problem« gestalten beziehungsweise dann auch zusammen lösen können.

serem Zusammenleben und unserem immer wieder so schönen Zusammenkommen aus verschiedenen Winkeln der Welt.

Zum Aufbau des Buches: Eine Lesehilfe

Die einzelnen Kapitel dieses Buches tragen ganz unterschiedliche Aspekte zum zentralen Thema »Erwachsensein« bei, sie sind also konzentrisch oder zentripetal darum gruppiert und sollen zusammen eine gute Orientierungshilfe dafür anbieten, wo die Leserin oder der Leser steht und wie ihr/sein Erwachsensein weiter gewinnen und wachsen kann.

Eine Einführung zu Beginn der Kapitel und am Ende eine kurze Überleitung zum Folgekapitel sollen die Übersicht erleichtern.

Die Kapitel können ohne Weiteres selektiv gelesen werden. Einzelne Aspekte und Themen – zum Beispiel zum Verständnis kollektiver Gewalt oder zur Spiritualität – tauchen wiederholt auf. Das wollte ich nicht vermeiden, sondern es geschieht im Sinne erhellender Perspektivenwechsel.

So sorgfältig ich konnte, habe ich die Quellen von Meinungen und Zitaten angegeben. Das war mir indessen nicht immer möglich, und so hoffe ich, dass mir die Kennzeichnung übernommener Ansichten gut genug gelungen ist. Im Zusammenhang mit Beispielen gebe ich öfter die Erfahrungen von Klienten wieder, ohne dies jedes Mal explizit zu benennen. Die Namen wurden natürlich jeweils geändert.

Ich folge keiner bestimmten konfessionellen Richtung, auch wenn ich als Mitteleuropäer vielleicht häufiger auf christliche Bilder und Begriffe zurückgreife.

Und schließlich der Hinweis, dass ich viele meiner Erfahrungen bei meiner Arbeit mit Systemaufstellungen gewonnen habe. Dies ist kein »Aufstellungsbuch«, ich habe jedoch für

Interessierte im Anhang eine kompakte Zusammenfassung von den Essentials gegenwärtiger Aufstellungsarbeit angefügt, vor allem unter dem Gesichtspunkt des Erwachsenseins.

Beginnen wir nun die Erkundungen zum Glück, erwachsen zu sein, mit der merkwürdigen Erfahrung von »positiver Hoffnungslosigkeit«.

1. Kapitel

Positiv hoffnungslos – Über den erwachsenen Umgang mit kindlichen Illusionen

Am Ende einer Selbsterfahrungsgruppe kam in der Abschlussrunde die Reihe an einen Mann, der strahlend feststellte: »Es geht mir sehr gut. Ich habe hier alle Hoffnung verloren.« Seine Ausstrahlung war so positiv und seine Wärme so ansteckend, dass wir mit ihm zu dem Schluss kamen, er sei nun wohl »positiv hoffnungslos«. Gemeint war damit ein Zustand, der eintreten kann, wenn wir schließlich alle kindlichen illusionären Hoffnungen aufgeben können. Die Freiheit, die wir damit gewinnen, lohnt es, die Voraussetzungen dafür genauer zu untersuchen.

Zugehörigkeit: Urtrieb und Notwendigkeit

Menschen erleben nach der Geburt eine besonders lange Abhängigkeit von den Eltern oder von anderen Pflegepersonen. Wir werden in einem vergleichsweise noch sehr unreifen Entwicklungszustand geboren (wir sind »physiologische Frühgeburten«), der uns körperlich und seelisch für mehrere

Jahre existenziell besonders auf die Mutter, zunehmend aber auch den Vater angewiesen sein lässt. Damit wird die sichere Zugehörigkeit zu den frühen Bezugspersonen, zu unserer »Überlebensgruppe«, buchstäblich zu einer Frage von Leben und Tod.

Wenn Eltern und Bezugspersonen dem Kind in seinen ersten Lebensjahren wegen Krankheit, eigener Traumatisierung oder aus sozialer Not keine sichere Bindung geben können, kommt es in größte Schwierigkeiten. Das kleine Kind versucht um jeden Preis, seine Zugehörigkeit zu den Menschen zu sichern, von denen es auf Gedeih und Verderb abhängig ist. Es ist bestrebt, in den verwirrenden Erfahrungen von erlebter Not, überforderten Eltern, großer eigener Angst und ungestillter Bedürftigkeit einen Weg zu finden, der eines unbedingt verhindern soll: die eigene Zugehörigkeit zu verlieren, allein zu sein und dann – so muss das Kind fürchten – auf womöglich schreckliche Weise sterben zu müssen. Das kann im Extrem für das Kind zu so paradoxen und ausweglosen Dilemmata führen wie: »Ich kann meine Eltern am besten dadurch entlasten, dass ich gar nicht da bin. Meine Eltern mögen oder wenigstens ertragen mich dann am meisten, und ich darf so etwas wie ›dazugehören‹, wenn ich verschwunden bin.«

Mildere Formen von kindlichen Annahmen über die Voraussetzungen für eine erfolgreiche Zugehörigkeit sind zum Beispiel »Wenn ich still bleibe und mich ganz zurücknehme, sind meine Eltern (oder andere Pflegepersonen) zufrieden mit mir«, »Wenn ich strahle, viel lache, immer ein Sonnenschein bin, geht es allen besser« oder »Wenn ich bei Streitereien immer vermittle, so gut ich kann, und es allen recht mache, dann geht es wieder für eine Weile; wenn ich das nicht schaffe, werde ich nicht mehr gemocht«. Sprich: »… gehöre ich nicht mehr sicher dazu.«

Selbstbilder: Garanten unserer Zugehörigkeit

In diesen ersten Jahren entstehen unsere Selbstbilder, das heißt unsere Überzeugungen und Gewissheiten, die Art, wie wir uns selbst sehen und wer wir zu sein glauben. Wir nennen diese seelische Struktur auch »Ich« oder »Ego«. Die Selbstbilder sind das Resultat unserer Erfahrungen und unserer Bemühungen darum, sicher dazugehören zu können. Zum Beispiel kann ich überzeugt sein, ich würde wirklich nur dann akzeptiert, wenn ich immer erst das Wohl aller anderen sähe und mich selbst stets hintanstellte. Das könnte in einer strenggläubigen Familie noch verstärkt werden durch die Überzeugung, dass auch die Zugehörigkeit zum »Reich Gottes«, zu der übergeordneten »Familie«, jene Selbstverleugnung verlange und belohne. Und dieses Selbstbild (und viele andere Selbstbilder) garantiere meine »sichere« Zugehörigkeit, von der Ursprungsfamilie bis zur Gemeinschaft mit Gott – so die kindliche Vorstellung.

Wenn Eltern durch eigenes Schicksal und Leiden belastet sind und sich deshalb ihrem Kind nur eingeschränkt oder gar nicht zuwenden können oder es missbrauchen, entstehen im Kind machtvolle Überzeugungen und Selbstbilder, um mit dieser unerträglichen Realität umzugehen. Das in dem späteren Erwachsenen fortlebende Kind ist dann unter Umständen für sein ganzes Leben von Illusionen wie den folgenden überzeugt:

> »Wenn meine Mutter/mein Vater mich nicht sehen und anerkennen, wenn ich also nicht dazugehören darf, kann ich nicht leben. Ohne ihre Zuwendung muss ich sterben.«

> »Irgendwie liegt es auch an mir, und ich bin mit daran schuld, dass Mutter/Vater mich nicht sehen und mich so behandeln. Irgendetwas ist an mir nicht richtig, stimmt nicht.«

- »Es ist also meine Aufgabe und meine Verantwortung, mich so zu ändern, dass Mutter/Vater erleichtert sind, es ihnen besser geht und sie sich dann auch mir zuwenden können. Ich muss herausfinden, was an mir nicht in Ordnung ist, und es dann ändern.«
- »Wenn ich mich nur genügend anstrenge, wenn ich mir alle Mühe gebe, mich zu ändern, so wie meine Eltern das möchten und brauchen, dann werden sie mich endlich sehen und annehmen und mich lieben.«
- »Ich kriege das hin, ich kann das, ich schaffe das, und kein Preis ist mir dafür zu hoch, kein Warten zu lang. Ich werde das schaffen: Mutter/Vater werden mich schließlich wahrnehmen, wertschätzen und sogar lieben.«[2]
- »Wenn mir das aber nicht gelingt, dann muss ich mit unerträglichen Schuld-, Versagens- und Schamgefühlen leben und im Gefühl von andauerndem Mangel und Entbehrung. Dazu kommt dann ein untergründiges heftiges Wutgefühl, zu dem ich jedoch keine Berechtigung habe. All das ist dann eine unentrinnbare Situation, mein Schicksal.«

Auf dem Lösungsweg aus dieser Not begegnet uns nun eine große Herausforderung, die unvermeidlich und notwendig ist: der Wächter.

---

2 An dieser Stelle ist es sinnvoll, »die Hoffnung auf eine bessere Vergangenheit aufzugeben«, wie es in der systemischen Therapie heißt. Unser kindliches Bewusstsein hofft, durch entsprechende Anstrengungen rückwirkend doch noch alles gut werden zu lassen. Diese Hoffnung als Illusion zu erkennen und die Vergangenheit so anzuerkennen, wie sie nun einmal war, ist am Ende befreiend und sehr erleichternd.

Der Wächter: Ein mächtiger Irrtum in der Zeit

Die Angst, unsere ursprüngliche Zugehörigkeit zu verlieren, kann uns also das ganze Leben lang begleiten. Da wir aber Bewusstsein besitzen und entwickeln können – Selbstreflexion, Einsicht und Weisheit –, sind wir zu dieser Angst nicht »auf lebenslänglich« verurteilt, sondern wir können davon frei werden. Dabei stoßen wir auf den Wächter, eine aus Kinderangst genährte Struktur unseres Bewusstseins, die unser kindliches Selbstbild und damit unsere vermeintlich sichere Zugehörigkeit mit aller Macht und unter Strafandrohung bewahren will. Wir kennen diesen Wächter auch als »strenges Gewissen«, als »inneren Richter« oder als das »Über-Ich« der Psychoanalyse.

Der gesunde Anteil des Wächters besteht in Orientierung und Schutz, die unsere Eltern und Nächsten uns mitgegeben haben, zum Beispiel beim Umgang mit Feuer, beim Verhalten im Straßenverkehr und bei vielen anderen Gefahren. Der ungesunde Anteil des Wächters aber insistiert auf Stillstand und Nicht-Entwicklung, auf Kind-Bleiben und Nicht-erwachsen-Werden.

Immer dann, wenn wir uns aus dem Kraftfeld unserer Eltern und Herkunft lösen wollen, meldet sich der Wächter und will uns aufhalten. Angst ist sein mächtigstes Mittel:

> die Angst, im Leben die falsche Richtung einzuschlagen, zu versagen und zu scheitern,
> die Angst, den eigenen Wahrnehmungen, Gefühlen und Wünschen nach Veränderung nicht trauen zu können und »verrückt« zu sein,
> die ängstigende Vorstellung, dass es mir nicht gut gehen darf, dass mir Glück nicht zusteht,

- die Angst, dass ich meine Eltern, Partner, Kinder oder Freunde verrate und am Ende ganz allein dastehe.

Jede(r) von uns könnte diese Liste weiter fortschreiben.

Noch einmal: Die einschüchternden und lähmenden Argumente des Wächters sind ausschließlich gespeist aus den ersten Kindheitsjahren, der damals realen Abhängigkeit, den daraus entstandenen Selbstbildern und der Überzeugung, dass diese vergangenen Verhältnisse noch immer Gültigkeit haben. Wir leben dann in einer Art ewig gegenwärtiger Vergangenheit, in einem schweren Irrtum in der Zeit, und wir sind abgeschnitten von der Wirklichkeit der aktuell gegebenen Lebensumstände.

Der scheinbar harmlose Wächter: To-do-Listen

Aufgaben mithilfe von To-do-Listen gut einzuteilen und sinnvoll zu strukturieren ist prinzipiell sehr nützlich. To-do-Listen können aber auch Ausdruck ständiger innerer Unruhe und einer Stimme sein, die uns unaufhörlich sagt: »… noch die beiden E-Mails schreiben … und die Telefonate, wo ich gestern nicht durchgekommen bin … und das Bahnticket buchen … und eben das Laub zusammenkehren … und die eine Yogaübung für die Halswirbelsäule … und mal kurz so richtig Pause machen … und schnell noch einkaufen … und, und, und.« – Diese Vertagungsmentalität ist ein weitverbreitetes und scheinbar doch harmloses Phänomen, aber was geschieht da eigentlich?[3]

---

3 Wir betrachten uns gern als ein Selbstoptimierungsprojekt: immer auf Verbesserung aus. Das ist eine kindliche Einstellung, die ständig das mit einem »Ja, aber …« ablehnt, was uns im Moment ausmacht.

Aufdringliche und unersättliche, nie abgeschlossene To-do-Listen sind ebenfalls Ausdruck einer Kindernot.

Ein älterer Kollege sagte mir einmal beim Pausenkaffee während einer Tagung: »Die Pausen sind doch das Beste von Tagungen. Da gibt's für ein paar Momente nichts zu erledigen, kein Aufpassen, Mitschreiben, Nachdenken, nur mal rumhängen bei Saft oder Kaffee, nichts weiter sagen oder nur was Belangloses ...« Dann trat eine Gesprächspause ein. Daraus entwickelte sich aber doch noch ein gutes Gespräch, bei dem ich von meinem Partner erfuhr, dass er für sich die Beweggründe seiner »To-do-Manie« herausgefunden hatte. Nachdem er sein Leben lang hintergründig ein diffuses Schuldgefühl mit sich herumgetragen hatte, konnte er das in letzter Zeit begreifen. Dabei habe ihm ganz sicher sein fortgeschrittenes Alter geholfen. Kurz gesagt, war er unbewusst schon immer mit dem Versuch beschäftigt, stellvertretend die Schuld seines Vaters und von dessen Vater, seinem Großvater, abzutragen, die diese aus aktiver Beteiligung an nationalsozialistischen Übergriffen in Polen und Russland zu verantworten hatten. Er, mein Kollege, habe bisher ganz gut damit gelebt, sich nicht weiter damit zu beschäftigen, aber nun wolle er das so nicht mehr. Die To-do-Listen und ihr »Es ist nicht genug, es reicht nicht ...« waren eine permanente Erinnerung an seinen kindlichen Versuch, etwas Unmögliches zu bewerkstelligen.

Es kann also lohnend sein, unsere eigenen endlosen To-do-Listen und ihr ewiges »Erst wenn ..., dann ...« unter die Lupe zu nehmen. Denn sie können über den psychologischen Aspekt hinaus auch noch auf etwas anderes, durchaus nicht Harmloses aufmerksam machen.

Der Wächter als Lebensgefahr

Unter dem mächtigen Einfluss des Wächters an solchen kindlichen Überzeugungen festzuhalten ist unter Umständen lebensgefährlich. Nicht nur seelische, sondern auch ernste körperliche Krankheiten können nämlich daraus resultieren, dass wir blinde Opfer an unsere Selbstentfaltung und Lebensfreude bringen, um illusionäre Liebesziele bei unseren Eltern oder Pflegepersonen und bei denen zu erreichen, die später für sie stehen – zum Beispiel Partnern.

Die Gefährlichkeit ist nicht schwer zu verstehen und in der Sozio-Psychosomatik seit Langem gut bekannt. Der andauernde Kampf gegen die natürliche Lebensentfaltung eines Kindes und vor allem die ständige Unterdrückung der großen Gefühle wie Freude, Liebe, Ärger/Wut, Angst, Schmerz und Trauer – zusammen ein Synonym für »Leben« – führen früher oder später zu schwerer und unter Umständen tödlicher Krankheit (mehr dazu im 5. Kapitel, »Unser ›wissender Körper‹«). Dahin muss es aber nicht kommen.

Der Wächter: »Willst du mich überwinden, so musst du wachsen«

So könnte der Wächter zu uns sprechen, wenn er sein Geheimnis preisgäbe. Wie also sehen die nächsten Wachstumsschritte auf unserem Weg zur erwachsenen positiven Hoffnungslosigkeit aus?

Es ist vor allem unsere eigene Lebendigkeit, die für weitere Bewegung sorgt. Wir verlassen ja schon früh die Familie in Kindergarten, Schule, später dann in Sport- und vielen anderen Vereinen, politischen Gruppen, Ausbildungs- und Berufsgruppen sowie Liebesbeziehungen – und dort gelten oft ganz andere Zugehörigkeitsregeln als zu Hause. Es kann uns dann sehr unter Druck setzen, wenn zum Beispiel in einer Kunst-AG besondere Bescheidenheit oder Zurückhaltung nicht wirklich geschätzt werden, sondern eher ein risikofreudiges Experimentieren und Sich-Zeigen. Die vertrauten Selbstbilder und ihre Anerkennung bleiben aus, und wir werden schmerzlich und beängstigend mit unseren Entwicklungsstillständen konfrontiert. Ein typischer Konflikt tritt deutlich ans Licht: »Treue und Loyalität oder Entwicklung?« Wenn ich den vertrauten kindlichen Selbstbildern und Zugehörigkeitswünschen folge, bleibe ich seelisch, geistig und oft sogar körperlich zu Hause und verharre in der Illusion, dass sich das eines Tages doch noch auszahlt und ich dafür die entbehrte Anerkennung bekomme. Der Preis hierfür sind Stillstand und oft auch Krankheit. Wenn ich aber meinem Lebensruf nach lebendiger Entwicklung folge, muss ich mich den Gefühlen von Angst, Loyalitätsbruch mit den Eltern, Schuld und Alleinsein stellen. Das ist nicht angenehm, aber eben der unvermeidliche Preis für Wachstum – und es lohnt sich allemal, ihn zu zahlen!

Zu Beginn steht oft die Erfahrung, dass die jahrelangen Bemühungen von Anpassung, Zurückhaltung der eigenen Lebendigkeit, rücksichtsvollem Stillhalten und Entwicklungsstillstand eigentlich nicht viel geändert haben. Das Schicksal meiner Eltern, ihre Traumata, Verluste und enttäuschten Hoffnungen konnte ich ihnen kaum erleichtern oder gar abnehmen. Es stand nicht in meiner Macht. Mit dieser Einsicht kann die bewusste Wahrnehmung einer großen Erschöpfung verbunden sein, die die jahrelangen Anstrengungen widerspiegelt.

Kinder von Holocaust-Überlebenden spüren manchmal, dass es ihre Eltern eigentlich zu ihren ermordeten Angehörigen zieht und sie große Mühe haben, im Leben zu bleiben. Solche Kinder setzen ihre ganze Kraft daran, ihre Eltern am Leben zu erhalten, wozu sie tatsächlich auch beitragen können. Eltern sagen zu ihnen, mit und ohne Worte: »Ohne dich und deine Lebendigkeit hätte ich es nicht geschafft. Ohne dich wäre ich längst gegangen.« In solchen extremen Fällen lagen Leben und Tod der Eltern für eine Weile tatsächlich auch in den Händen der Kinder. Für sie als Erwachsene ist es später wichtig, die unglaubliche Anstrengung, die enorme Überforderung, aber auch die Unausweichlichkeit dieser Aufgabe bei sich anzuerkennen und zu würdigen.

Erschöpfung und deren bewusste Wahrnehmung kann also die Tür öffnen für die weiteren fünf Schritte zur positiven Hoffnungslosigkeit.

1. Wir sind schon erwachsen, auch wenn wir das noch nicht fühlen

Es geht um die Einsicht, dass ein kleines Kind sein Leben sehr wohl bedroht sieht, wenn es nicht liebevoll wahrgenommen, nicht genügend gesehen oder sogar abgelehnt wird – dass diese Zeit für den Erwachsenen nun aber vorbei ist, der ganz andere Möglichkeiten als das Kind hat. Auch wenn der Erwachsene sich noch so wie das damalige Kind fühlen mag, de facto ist er es nicht mehr, und er kann von den folgenden weiteren Möglichkeiten Gebrauch machen. Zur Sicherheit hier eine kleine Zwischenfrage an den Leser, bitte ohne groß nachzudenken: Wie alt sind Sie? Wenn Sie gleich Ihr richtiges Alter wissen, ist es in Ordnung. Wenn Ihnen ein viel jüngeres Alter einfällt, könnte das Ihr Interesse wecken.[4]

4 Der Trainer des Rekordhalters und Langstreckenschwimmers Jim (Name geändert) berichtet von seinen Trainingsmethoden (persönliche Mitteilung): »Wenn Jim ans Limit kommt, frage ich ihn mittendrin schon mal zu meiner Orientierung: ›Wie heißt deine Freundin?‹ Und wenn er mir dann mit äußerster Anstrengung den Namen seiner Mutter zuschnauft, dann weiß ich: Er muss raus.«

2. Verzicht: Der Schlüssel zur Gefängnistür

Mit »Verzicht« verbinden wir oft etwas Negatives, Schmerzliches und Schales. Verzicht kann aber der »Königsweg in die Freiheit« sein.

Bildlich gesprochen stehen viele Menschen vor ihren Eltern – und warten. Wie wir schon gesehen haben, warten sie darauf, dass von den Eltern endlich noch das kommt, was gefehlt hat: liebevolle Zuneigung, Schutz, Unterstützung, Trost, Anerkennung, Stolz, Bekenntnis eigener Schuld, Bedauern … So als sagten die schon längst erwachsenen Kinder zu ihren Eltern: »Erst wenn ich das endlich von euch bekomme, bin ich fähig und frei, mein eigenes Leben zu leben. So lange muss ich eben warten.« Dieser Ort – vor den Eltern stehen und warten – ist ein Gefängnis, man kann dort lebenslänglich einsitzen. Das Leben rauscht an diesem Ort vorbei, man kann schnell darin alt werden und in Verbitterung sterben.

Verzicht fällt uns nicht in den Schoß, er ist das Resultat von viel Arbeit. Die nach langer Zeit errungene Einsicht, dass die Eltern nicht in der Lage waren,[5] dem Kind das Entbehrte zu geben, kann es schließlich ermöglichen, die Eltern und sich selbst nicht mehr länger mit illusionären Erwartungen und Hoffnungen zu bedrängen.

Verzicht ist das Gegenteil von Resignation. Wer eines Tages bewusst verzichten und positiv hoffnungslos werden kann, der richtet sich auf, erlebt mehr Weite und atmet die frische Luft von Freiheit. Wer resigniert bleibt und vielleicht sagt: »Na ja, okay, es hat keinen Sinn, ich lasse halt los«, der sinkt dabei zusammen, fühlt sich matt und ist untergründig wütend.

Verzicht ist also die Befreiung aus dem Gefängnis illusionärer Hoffnungen und nicht etwa der endgültige Absturz in die

---

5 Gerade dann, wenn die Eltern, aus welchen Gründen auch immer, offenbar nicht willens waren, ihren Kindern Zuneigung und Unterstützung zu geben, ist der Verzicht der vielleicht wirksamste Schritt ins eigene Leben.

Hölle ewigen Mangels – so fürchten wir als Kinder. Die Welt in ihrem Reichtum und ihrer Schönheit kann sich uns erst zeigen, wenn wir die Eltern mit allem Respekt zurücklassen und sie in der Vergangenheit hinter uns wissen. Erst dann können wir die früher erlebte Not heute im Zusammensein mit anderen Menschen und in besseren Umständen ausgleichen und befrieden.

3. Geschichte verstehen

Unterstützend für diesen Prozess des Verzichtens sind natürlich all die Einsichten, die uns die eingehende Beschäftigung mit der Familiengeschichte geben kann: die eigenen Verstrickungen der Eltern über die Generationen hinweg und ihre Schicksalsbindungen aus Krieg, Vertreibung, schwerem Verlust und anderen großen Ereignissen. Diese sind ja nicht durch uns, die Kinder unserer Eltern, verursacht, sodass wir zwar davon berührt, aber nicht für deren Lösung zuständig und verantwortlich sind.

Erfahrungsgemäß sind Systemaufstellungen besonders hilfreich dabei, die genannten Zusammenhänge aufzuklären und unmittelbar zu erleben. Das ist viel wirksamer, als lediglich davon zu wissen.

4. Der erwachsene Umgang mit dem Wächter

Wir haben schon von der Bedeutung und den Wirkungen des Wächters gehört, dessen Funktion sich zum Beispiel in ständiger Unruhe, Gefühlen wie »Es ist nie genug«, geringem Selbstwert oder Freudlosigkeit äußern sowie zu körperlichen Beschwerden und Krankheiten führen kann.

Zwei Dinge beim erwachsenen Umgang mit dem Wächter sind besonders wichtig. Zum einen liegt es in seiner Natur, dass er immer dann aktiviert wird, wenn wir den Entschluss fassen, uns weiterzuentwickeln, und das auch tun. Wir provozieren damit die kindliche Angst, die Bedingungen unserer Zugehörigkeit zu verletzen, und fürchten dann Ablehnung, Verurteilung und Einsamkeit. Als Erwachsene wissen wir nun: Diese Gefühle sind zu erwarten, sie gehören zum Wachsen dazu und bedeuten keinesfalls, dass ich »es« falsch mache, dass ich immer scheitern muss oder etwas Ähnliches. Sondern vielmehr, dass ich auf dem richtigen Weg bin. Angenehm ist das nicht, aber das hat uns auch niemand versprochen. Es ist im Wortsinn not-wendig: zum Wenden der Not.

Zum Zweiten sind wir dem Wächter nicht hilflos ausgeliefert, sondern es gibt viele »Techniken«, das heißt vom Wortsinn her »Kunstfertigkeiten«, mit denen wir dem Wächter wirkungsvoll begegnen können. Ich will hier nur einige davon nennen und Sie damit anregen, sich selbst weiter kundig zu machen (zum Beispiel bei Brown 2012 oder Peichl 2014):

> Eine ganz einfache Möglichkeit, sich klarzumachen, dass wir unter dem Einfluss des Wächters (inneren Richters/Über-Ichs) stehen und nicht eine weise innere Stimme vernehmen, ist die erlebte Wirkung. Wenn ein inneres »Du solltest eigentlich …!«, »Wieso hast du nicht …?«, »Sag mal, wann bist du endlich erwachsen?« oder »Es ist doch nur zu deinem Besten« eine kalte, vorwürfliche Qualität hat und, wenn auch nur subtil, eine unangenehme klein machende oder defensive Anspannung in uns auslöst, dann erleben wir nicht »die Wahrheit«, sondern eine Über-Ich-Forderung. Wir wissen dann, dass diese ihre Zeit hatte, heute nicht mehr stimmt und eine klare Distanzierung erfordert.
> Mit anderen Worten: Der Wächter hat keine Weisheit, kein überlegenes Wissen. Ursprünglich diente er unserem Über-

leben und der Sicherstellung unserer Zugehörigkeit. Heute aber ist er ein Irrtum in der Zeit, ist substanzlos und hat längst ausgedient.

- Argumentieren oder verhandeln, umstimmen, geneigt machen, sich verteidigen oder rechtfertigen – all das ist überflüssig und untauglich, und es kommt aus unserer Kinderseele, die dem Wächter noch imaginäre Macht gibt. Wir sind aber erwachsen und können das folgendermaßen bekräftigen.
- Klare Stellung beziehen gegenüber den Symptomen des Wächters, nachdem wir sie deutlich als solche erkannt haben. Dazu kann gehören: sich an die Substanzlosigkeit, die Leere des Wächters zu erinnern und ihn zu ignorieren.[6] Ohne weitere Auseinandersetzung Abstand zu nehmen, durchaus mit ein paar Schritten rückwärts, konkret oder als innere Bewegung. Und schließlich kann es gelegentlich angemessen sein, den Symptomen des Wächters ein entschiedenes und lautes »Nein!« mit entsprechender abgrenzender Gestik entgegenzusetzen. Ein gutes Maß an konstruktiver Wut und sehr deftige Kraftausdrücke finden hier auch ihre nützliche Anwendung. Dadurch kann der Wächter sogar zu einer Art von Verbündetem werden (Peichl): Er fordert uns heraus, endlich kraftvoll für uns selbst einzutreten und die Vorstellung aufzugeben, wir seien das Opfer unserer Eltern und Vorfahren oder unserer Geschichte. Dass wir die innere Kraft dafür aufbringen und ausdrücken, verdanken wir vor allem der Auseinandersetzung mit dem Wächter. In diesem Sinn wird er eines Tages seine Schuldigkeit getan haben und gehen können.

---

6 Von Karl Valentin wissen wir, dass es die vernichtendste Behandlung eines Gegners ist, »ihn nicht mal zu ignorieren«.

5. Die Früchte ernten

Die tiefste Lösung für diese Konflikte liegt am Ende in unserem Innersten dort, wo wir immer unversehrt waren und sind und wo wir schon immer fraglos zugehörig waren und bleiben. Dieser Raum des Nicht-Bedingten wird von allen spirituellen Traditionen als die »wirklichste aller Wirklichkeiten« beschrieben mit der Zusicherung, für jeden Menschen unmittelbar zugänglich und erfahrbar zu sein. Ein Sufi sagt von dieser Wirklichkeit, sie sei »uns näher als der eigene Herzschlag«,[7] und bestätigt damit, dass wir längst dort angekommen und heimisch sind, wonach wir uns immer gesehnt haben, weil wir tatsächlich nie davon getrennt waren. Diese Erfahrung setzt voraus, dass wir unsere Hausaufgaben hinsichtlich positiver Hoffnungslosigkeit sorgfältig und geduldig erledigen. Das führt schließlich dorthin, dass wir zu unseren Eltern sagen können: »Heute brauche ich euch und eure Zuwendung nicht mehr so wie damals. Ich bin erwachsen. Und ich bin frei und achte euch genau so, wie ihr wart und heute seid. Und dass ich diese Freiheit gewinnen konnte, verdanke ich euch – dem Leben, das von euch kommt, und den reichen Möglichkeiten, die darin liegen.«

Nach diesem ganz auf die Wirkung der Dreiergruppe Eltern–Kind bezogenen Kapitel erweitern wir jetzt unsere Sicht auf die Viel-Generationen-Perspektive. Wir leben in der Generationenabfolge von Vorfahren und Nachkommen. Nachkommen müssen keine Blutsverwandten sein, sondern es sind auch diejenigen, auf deren Leben mein eigenes Leben eine direkte oder auch eine mittelbare, feinere Wirkung hatte.

---

7 Ali Hameed Almaas, mündliche Mitteilung auf der Tagung »Konflikttransformation und Mystik« in Würzburg, 29. April bis 1. Mai 2011.

2. Kapitel

Die Eltern und die sauren Trauben – Unser Standort im Strom von Vorfahren und Nachkommen

In der Tradition nordamerikanischer Indianer sieht sich jeder Einzelne in seinem Leben verbunden mit sieben vorhergehenden und sieben nachkommenden Generationen. Es erweist sich als eine wichtige und oft durchaus herausfordernde Kraftquelle für unser Leben, sich verbunden mit Eltern und Ahnen zu wissen und als mitgestaltend und verantwortlich für die nachfolgenden Generationen – ob es um eigene Nachkommen geht oder um später Geborene, die von unserem Leben und seinen Wirkungen direkt oder indirekt beeinflusst sind. Damit stehen wir mitten im Strom von etwa 450 Jahren nach- und weiterwirkenden Beziehungen (das sind einschließlich unserer eigenen fünfzehn Generationen von je dreißig Jahren). Der aus der Lebensphilosophie der südafrikanischen Zulu stammende Begriff »Ubuntu« (»Ich bin, weil du bist« oder etwas weiter gefasst und an Vor- und Nachfahren gerichtet »Ich bin, weil ihr vor mir wart – ihr seid, weil ich vor euch war«) fasst das gut zusammen. Es gehört zu den Vorzügen des Erwachsenseins, unser Leben bewusst davon bereichert zu wissen.

»Die Väter haben saure Trauben gegessen, und den Kindern werden die Zähne stumpf«, so wusste es bereits der Prophet Jeremia (31, 29) vor über 2500 Jahren. Er beschreibt damit die seit Menschengedenken bekannte Tatsache, dass Wissen und Erfahrungen früherer Generationen unbewusst weitergegeben werden an die Nachkommen. Sigmund Freud war sich sicher, »dass keine Generation imstande ist, bedeutsamere seelische Vorgänge vor der nächsten zu verbergen« (Freud 1973). Die gegenwärtige Familientherapie ist unter anderem deshalb so erfolgreich, weil sie die »transgenerationale Weitergabe«[8] von ungelösten Verletzungen und Traumatisierungen, von Schuld und überwältigenden Verlusten sorgfältig in die Lösungssuche einbezieht. Genauso werden aber auch die positiven Kräfte, das über Generationen gewachsene Erfahrungswissen und die Zuversicht aus mutigen und großherzigen Lebensläufen von früheren Generationen an die späteren weitergegeben. So lohnt es sich ganz praktisch, das eigene Leben und das unserer Vor- und Nachfahren als einen reichen Strom von Empfangen und Weitergeben wahrzunehmen und auf diese Weise, oft überraschend wirksam, dazu beizutragen, vermeidbares Leiden abzuwenden und aufzulösen.

In der Generationenfolge sind es vor allem zwei Dynamiken, die es zu beachten gilt: Einschließlichkeit und die Unveräußerbarkeit des eigenen Schicksals.

---

8 Zu transgenerationalen Wirkungen trägt Anne Ancelin Schützenberger (2015) viele anschauliche und oft auch dramatische Beispiele zusammen. Die transgenerationale Weitergabe von prägenden Erfahrungen wird intensiv erforscht. Für die sozial- und tiefenpsychologische Forschung siehe zum Beispiel Moré 2013, für die Neurowissenschaften und die epigenetische Forschung etwa Mansuy 2014.

Einschließlichkeit

Einschließlichkeit beschreibt eine Haltung, in unserer gegenwärtigen Familie wie bei unseren Vorfahren allem und jedem sein Dasein, seinen Raum, seine Zugehörigkeit zuzuerkennen. Das ist nun gewiss nicht leicht zu bewerkstelligen, sondern es ist mit einem anhaltenden Ringen verbunden, aber immer auch mit vielen schönen Überraschungen – wenn uns, wie im Märchen, die Lästigen, die Hinderlichen oder die Ekelhaften ebenso wie die eigenen inneren Nachtwesen und Schreckgestalten manchmal zu den entscheidenden Helferinnen und Helfern werden.

Die Praxis der Einschließlichkeit erweist sich als eine äußerst nützliche psychologische und spirituelle Schulung, uns nicht nur der Opfer schlimmer Ereignisse anzunehmen, sondern uns auch ganz besonders denjenigen zuzuwenden, die im üblichen Verständnis gescheitert, schuldig, schlecht, übel, gewalttätig, missbrauchend, hasserfüllt oder gemein sind. Damit folgen wir weniger einer moralischen Forderung als vielmehr einem »systemischen Naturgesetz«, das für die Erinnerung von ausgeschlossenen, entwerteten oder missachteten Systemmitgliedern auf besondere Weise sorgt. Wer zu unserer Familie gehört, sei es durch Blutsverwandtschaft oder durch Schicksalsbindung (zum Beispiel ein Soldat, der dem Vater das Leben gerettet hat), gehört zur Familie, ganz unabhängig von seinem oder ihrem Verhalten.

Zugehörigkeit ist keine moralische Kategorie, sondern eine Kategorie des Faktischen: Mein Vater bleibt mein Vater, auch wenn er zum Mörder geworden ist. Wenn wir nun aus moralischen Gründen Mitglieder unserer Familie ausschließen (»Der Großvater war ein hochstehender Nazi«, »Die Mutter war Alkoholikerin und hat ihre Kinder geschlagen« und Ähnliches), so sorgt das genannte systemische Naturgesetz der Einschließlichkeit für Ausgleich und gewährleistet die Zugehörigkeit der Ausgeschlossenen dadurch, dass ein Familienmitglied der folgenden Generationen den oder die Ausgeschlossene(n) unbewusst vertritt: Er oder sie fühlt und handelt so wie jene und muss gerade die negativen Wesenszüge annehmen, die der ausgeschlossenen Person zur Last gelegt werden. So werden Ausgeschlossene unbewusst »er-innert«, das heißt wieder nach innen genommen, oder – mit dem schönen englischen Wort *re-member* – wieder zu Mitgliedern des Familiensystems gemacht.

Dieses systemische Naturgesetz der Einschließlichkeit und Vollständigkeit wirkt zwischen den Generationen und führt, wenn es unbewusst bleibt, regelmäßig zu schwerem Leiden, wie wir leicht nachvollziehen können. Wer unter dem unbewussten Druck steht, ausgeschlossene Familienmitglieder wie eine psychotisch verwirrte Tante, einen beruflich immer wieder gescheiterten Großvater oder eine drogenkranke Mutter zu vertreten – psychologisch gesprochen: sich unbewusst mit ihnen zu identifizieren –, muss in dieser Verstrickung unglücklich bleiben, solange die wirksamen Kräfte nicht erkannt sind und die blind und unbewusst wirkende Einschließlichkeit gewandelt ist zu bewusster Wahrnehmung von Zugehörigkeit.

Ein Beispiel: Die ausgeschlossene Person »er-innern«

Markus, Enkel von Samuel, fing um sein zwölftes Lebensjahr herum und mit beginnender Pubertät an, zunehmend Alkohol zu konsumieren, in der Schule zu versagen und schon bei nichtigen Anlässen mit heftiger Wut und Gewalttätigkeit zu reagieren. Schulpsychologische, psychotherapeutische und schließlich auch psychiatrische Behandlungsversuche blieben weitgehend erfolglos. Vorausgegangen war drei Jahre zuvor ein

»Familiengericht« von Kindern und Enkeln, das den alkoholkranken und zunehmend gewalttätigen Großvater als untragbar aus der Familiengemeinschaft ausgeschlossen und schließlich die Langzeitunterbringung Samuels in einer psychiatrischen Einrichtung durchgesetzt hatte, wo er kaum Besuch bekam.

Den daraufhin eintretenden »Familienfrieden« störte Markus zunehmend. Es stellte sich heraus, dass er unbewusst den ausgeschlossenen Großvater vertrat und ihn auf diese Weise weiter als Familienmitglied »er-innerte«: wieder ins Innere der Familie holte.

Nach Einsicht in diese Zusammenhänge fand die Familie Wege, die bisher unausgesprochenen traumatischen Kriegs- und Gewalterfahrungen des Großvaters wahrzunehmen, anzuerkennen und ihn innerhalb von zwei Jahren Schritt für Schritt wieder zu Hause aufzunehmen. Das Verhalten des Großvaters milderte sich auf ein erträgliches Maß, Markus konnte langsam zu sich kommen und musste nicht länger »außer sich« – in unbewusster Identifikation mit dem »schlechten« Großvater – leben.

Die Lösung solcher Verstrickungen besteht wie in diesem Beispiel immer darin, die ausgeschlossenen Personen bewusst wahrzunehmen und ihnen ihre Zugehörigkeit zur Familie zuzusichern. Damit wird eine unbewusste Verwirrung zwischen den Generationen aufgelöst, die Nachkommen müssen nicht mehr auf blinde und leidvolle Weise ihre Vorfahren vertreten, sie können die Identifikation mit ihnen lösen, sie in ihrem Schicksal achten und so endlich zu sich kommen und wachsen.

Genau besehen, geht es dabei um einen a-moralischen, spirituellen Vorgang: Wir verzichten auf unsere vertraute moralische Be- und Verurteilung, auf Über- und Unterlegenheit, auf unsere Einschätzung nach höherem oder geringerem Wert und sehen in den bisher Ausgeschlossenen unsere Nächsten, Menschen wie wir alle. Das ist Erwachsensein im besten Sinn:

Wir verlassen die in unserer Bezugsgruppe (Familie, Gemeinde, Verein …) unhinterfragten Bewertungen und Traditionen – »Das war schon immer so …« – und handeln ganz aus unserem Inneren heraus. Dabei nehmen wir den Preis des Allein- und Auf-uns-selbst-gestellt-Seins in Kauf.

Dass dabei reale Schuld nicht verharmlost oder gar verleugnet wird, sehen wir im Folgenden, wenn es um den zweiten Begriff bei der Suche nach Lösungen geht.

»Die Bürde des Menschen ist unantastbar«

Diese scherzhaft gemeinte kleine Veränderung des ersten Artikels unseres Grundgesetzes (ich hörte sie von einem befreundeten Familientherapeuten) trifft ins Schwarze der Tatsachen, die in Familien und in den Wechselwirkungen zwischen Generationen zu beobachten sind: Wir sollten diesen Satz tatsächlich als ein systemisches Grundgesetz von der Unveräußerbarkeit des eigenen Schicksals anerkennen.

Zwei Bürden sind es, die in Familien immer wieder angetastet werden, so als könnten oder müssten sie ihren Eigentümern abgenommen werden: Leiden und Schuld.

Leiden – ein Beispiel

Wenn unsere Eltern, Großeltern und andere Angehörige vorausgehender Generationen gelitten haben und ein schweres Schicksal zu tragen hatten, so entsteht bei uns, ihren Nachkommen, die Neigung, dieses Leiden zu teilen und es uns zu eigen zu machen.

Eine circa 27-jährige reich begabte Frau scheiterte nach jeweils hoffnungsvollem Beginn immer wieder an ihren Arbeitsstellen, wo sie schließlich kündigte. Das war bisher 25-mal geschehen, »als dürfte ich nicht glücklich werden«, wie sie sagte. Ähnlich war es ihr mit ihren immer wieder abbrechenden Liebesbeziehungen ergangen. Wie sich herausstellte, tat sie das in unbewusster Liebe und Treue zu ihrer Mutter, die bei Kriegsende 1945 als junges Mädchen zusammen mit ihrer Mutter aus Pommern geflohen war und dabei miterleben musste, wie ihre Mutter und andere Frauen schwer sexuell misshandelt wurden. Darüber wurde in der Familie nicht gesprochen, auf einer tieferen Ebene jedoch waren diese traumatischen Erfahrungen im Sinne einer gemeinsamen unbewussten Teilhabe weiter wirksam. Die junge Frau hegte nun die unbewusste Überzeugung, dass sie es ihrer Mutter und Großmutter nicht »antun« dürfe, aufzublühen und glücklich zu werden, so als sagte sie innerlich zu ihnen: »Ich lasse euch nicht im Stich mit euren Leiden. Ich verzichte auf mein Glück und teile mit euch das Schwere, sodass es für euch vielleicht etwas leichter werden kann.«

Wie sich dann in einer Familienaufstellung und in der Folgezeit herausstellte, war es für Mutter und Großmutter keine Erleichterung, für ihre Tochter und Enkeltochter zur Quelle von weiterem Leid und Unglück zu werden. Sie wollten vielmehr ihr eigenes Schicksal selbst tragen und darin respektiert werden, und sie wünschten ihrer Nachfahrin von Herzen alles Gute – sehr zur Überraschung und Erleichterung der jungen Frau.

Die Verneigung als Lösung zwischen Generationen

Wir lernen aus solchen Erfahrungen, dass wir das Leiden unserer Nächsten nicht einfach auf uns nehmen und damit von ihnen forttragen können. Das Beste, was uns möglich ist, sind Freundlichkeit, Mitgefühl und Hilfsbereitschaft für unsere Nächsten und eine Haltung voller Achtung für ihr Schicksal. In Aufstellungen drücken wir diese Haltung oft durch ein kleines Ritual aus: eine Verneigung vor dem oder der Betreffenden. Dabei nehmen wir uns Zeit und erlauben unserem »wissenden Körper«, die Bewegung aus sich selbst heraus entstehen zu lassen. Dieses uralte Ritual ist ein Körper, Seele und Geist umfassendes »Ja« zu der gegebenen Wirklichkeit, so als sagten wir zum Beispiel zur Mutter oder dem Vater innerlich etwas wie: »Dein Leid berührt mich sehr, und ich hätte es dir gern abgenommen oder wenigstens leichter gemacht. Ich konnte das nicht, es lag nicht in meiner Macht, und darin liegt auch kein Versagen. Ich kann nur aufrichtig achten und respektieren, was du zu tragen hast und wie du das auf deine Weise tust. Wenn ich nun in meinem Leben mehr Glück erleben kann, als es dir möglich war, dann verdanke ich das dir – denn dir verdanke ich mein Leben.«

Das Gleiche gilt sinngemäß für die zweite Bürde, die Schuld.

Schuld – ein Beispiel

Ein Mann Ende vierzig führte ein miserables Leben. Beruflich und in seinen Liebesbeziehungen war er immer wieder gescheitert, oft kränklich, depressiv, immer wieder hatte er Selbstmordgedanken und unternahm zahlreiche, anscheinend erfolglose Therapieversuche. Es ergab sich in einer Familienaufstellung, dass er von der Vorstellung verfolgt wurde, er müsse die Schuld seiner Eltern ausgleichen. Diese besaßen eine von den väterlichen Großeltern übernommene Fabrik für feinmechanische Geräte und hatten im Zweiten Weltkrieg für die Wehrmacht Steuerungsinstrumente für Kampfflugzeuge hergestellt. Der Mann fühlte sich verbunden mit den Opfern, die durch den Beitrag seiner Eltern umgekommen waren. Er stellte sich diese Opfer als gequält, vorwurfsvoll und hasserfüllt vor, die jeden seiner Entfaltungsversuche mit strafenden Eingriffen zunichtemachen wollten.

Als er drei Personen als Opfer aufstellte, zeigte sich etwas ganz anderes: Sie hatten sich längst mit ihrem Schicksal versöhnt, konnten Täter und Opfer in einem viel weiteren und gemeinsamen Zusammenhang sehen und waren insgesamt in einer ruhigen und klaren Verfassung. Nur eines irritierte sie schmerzlich und ärgerlich: dass sie von dem Klienten so negativ und zerstörerisch wahrgenommen wurden, was eines der Opfer sogar als eine besonders respektlose Herabsetzung erlebte.

Auch hier bestand die Lösung darin, als später in der Geschichte Dazugekommener (er war 1947 geboren) nicht bei den Vorfahren und ihren Schicksalsgenossen eingreifen zu wollen, sondern die eigene Nichtbeteiligung anzuerkennen. Es gelang dem Mann in der Aufstellung schließlich, diesen neuen Anfang zu machen: Er konnte sowohl seine Eltern und Großeltern (die im Krieg noch aktiven Firmengründer) als auch die Kriegsopfer erstmals als Quellen von Wohlwollen und Unterstützung für sein Leben wahrnehmen, was ihn bis zu Tränen erleichterte. Freilich war ihm klar, dass ihm eine große »Herzerweiterung« bevorstand, um das neu wahrgenommene Wohlwollen seiner Vorfahren in sich aufnehmen zu können.

Was wir als Spätere zur Versöhnung mit Vergangenem beitragen können

Der eingangs zitierte Prophet Jeremia verhieß in seiner Sprache dem Volk Israel ein von blinder Sühne befreites Bewusstsein: »In jenen Tagen wird man nicht mehr sagen: Die Väter haben saure Trauben gegessen, und den Kindern werden die Zähne stumpf. Sondern jeder wird nur um seiner eigenen Schuld willen sterben; nur dem, der die sauren Trauben isst, dem werden die eigenen Zähne stumpf« (Jer 31, 29).

Schuld, die von Angehörigen einer früheren Generation zu verantworten ist, kann nicht von Späteren gesühnt werden.

Die Übernahme von Schuld Früherer durch Spätere ist eine Quelle großen Leidens in der Generationenfolge und spielt in Deutschland als Folge des Zweiten Weltkriegs und des Holocaust – und in vielen anderen Ländern der Welt mit ähnlichen kollektiven Traumata – noch immer eine große Rolle.

Unser wirksamster Beitrag zur Versöhnung mit vergangenen schlimmen geschichtlichen Ereignissen besteht darin, Erlittenes und Angetanes in den Händen der Beteiligten zu lassen und beide, Opfer wie Täter, als Menschen zu achten. Gerade die Wahrnehmung von Tätern als Menschen, ganz gleich, was sie zu verantworten haben, hat eine große Kraft zur Versöhnung und zur Lösung weitreichender Verstrickungen zwischen den Generationen.

Wenn ich mich frage, wie Jesus Hitler begegnet wäre, so vermute ich, dass er sich gewiss nicht einfach angewidert von Hitler abgewandt hätte, sondern er hätte sich ihm mit vollkommener nicht urteilender Aufmerksamkeit zugewandt und so einen Bewusstseinsraum eröffnet, in dem Hitler – oder wer immer der Täter sein mag – sich selbst und den Folgen seines Handelns hätte begegnen können.

Von Buddha wird ganz ähnlich berichtet, dass er den Massenmörder Angulimala als Schüler bei sich aufnahm, nachdem dieser sich selbst, sein Handeln und dessen Konsequenzen unter großen Schmerzen klar wahrnehmen konnte.

In summa können wir dem im oben genannten systemischen Grundgesetz angedeuteten Wortspiel »Bürde/Würde« wohl folgen: Jemandem seine Bürde (Leid oder Schuld) zu lassen und ihn darin zu achten ist eine Form der Würdigung dieses Menschen. Ihm Leid oder Schuld abnehmen zu wollen läuft auf eine Enteignung, auf eine Ent-würdigung hinaus.

Wie wir unsere Vorfahren wahrnehmen, so wirken sie in uns

Wir meinen oft, unsere Vorfahren seien eine Last für unser Leben. Wenn sie es schwer hatten, wirken sie als Schwere in uns, und wir wollen sie endlich loswerden. Diese Überzeugung erweist sich jedoch bei genauerer Untersuchung als »Vor-stellung«, das heißt als eine bloße Idee, die buchstäblich *vor* der Wirklichkeit steht und sie verdeckt. Und wir haben die Möglichkeit, diese Vorstellungen zu verändern.

Ein Beispiel: »... und die Musik«

Im Sommer 2005 verwüstete der Wirbelsturm »Katrina« große Teile von New Orleans, vor allem die Wohngebiete der benachteiligten afroamerikanischen Bevölkerung. Die zunächst mangelhafte Unterstützung der Regierung verbitterte viele afroamerikanische US-Bürger aus der Region und führte zu großer aggressiver Spannung, »nicht weit weg vom Bürgerkrieg«, wie mir einige Gesprächspartner noch Monate später versicherten. Unmittelbar nach der Katastrophe hatte sich eine große Zahl von Menschen, vor allem Afroamerikaner(innen), vor den Fluten ins Louisiana Superdome gerettet, ein Footballstadion in New Orleans, das nun vom Wasser eingeschlossen war. Es war extrem heiß, es gab kein Trinkwasser mehr, und Menschen starben. Als diese Bilder im Fernsehen kamen, so hörte ich an drei verschiedenen Orten unabhängig voneinander, kam einigen Menschen sofort das Bild »Wir sind wieder auf dem Sklavenschiff!« – so ähnlich sah das im Wasser isolierte und extrem überfüllte Superdome für sie aus.

Auf einer US-Fachtagung zu systemischer Therapie zwei Monate später wollte eine Afroamerikanerin, Mitte vierzig, mithilfe einer Systemaufstellung ihre »miese Situation«, wie sie sagte, klären. Sie war wütend, anklagend, erlebte sich als völlig hilflos und bezog ihre schwierige soziale Lage auf die Weißen, deren Privilegien und rassistischen Vorurteile. Sie sah sich in direkter Nachfolge ihrer versklavten Vorfahren und stellte schließlich fünfzehn Stellvertreter(innen) der aus Afrika deportierten Ahnen auf. Diese standen kraftlos und gebeugt vor ihr. Sie wandte sich an uns, den Außenkreis, und sagte: »Na, seht ihr? Klar, so ist das, da komme ich her. Kein Wunder, wie mies es mir geht ...«

Schweigen im Raum, niemand konnte widersprechen, ja, sie hatte doch eigentlich recht – so fühlten wir uns bedrückt und hilflos wie sie. Nach einigen Minuten des Schweigens geschah etwas Merkwürdiges. Zu der Gruppe ihrer Ahnen gewandt, murmelte und nuschelte die Frau, gerade noch verständlich: »Na ja ... Ihr habt unter unmöglichen Umständen überlebt damals ...«, woraufhin einige der damals Versklavten sich aufrichteten und deutlich kräftiger und würdevoller erschienen. Das überraschte uns alle und auch die Frau, die davon irritiert war – ihr Bild von den Vorfahren stimmte nicht mehr ganz –, und sie war zugleich deutlich angezogen davon. Weiteres Schweigen. Dann murmelte sie etwas vernehmlicher: »... und ihr hattet Sex und verbotene Liebe und so was, trotz allem ... na ja ...« Und wieder richteten sich einige weitere der fünfzehn Ahnen auf, was erneut irritierend und faszinierend für die Frau – und für uns alle – war. Nach weiterem Schweigen sagte sie schließlich zögernd und bedächtig drei Worte zu ihren Vorfahren dort: »... und die Musik ...« Und es war klar, was sie damit meinte: die aus der Sklaverei hervorgegangene Musik der Worksongs, des Blues, Soul, Gospel, Jazz und so fort. Die letzte Aussage führte dazu, dass alle fünfzehn Vorfahren sich ganz aufrichteten und die Frau ruhig, freundlich und voller Würde anschauten. All das war ohne das Eingreifen von Gruppe oder Leiter abgelaufen, die Frau hatte alles ganz aus sich heraus gestaltet. Sie schwieg, war sichtlich berührt und wirkte auch ihrerseits kraftvoller.

Diese Aufstellung war die letzte des kurzen Seminars, und ich habe die Frau nicht mehr wiedergesehen. Sie ist für mich eine wichtige Lehrerin geblieben.

Ein kleines Experiment: Wie nehme ich meine Vorfahren wahr?

Nehmen Sie sich einen ruhigen Moment und stellen Sie sich vor, dass hinter Ihnen alle Ihre Angehörigen stehen: Ihre Eltern, Großeltern, Urgroßeltern, all die Generationen vor Ihnen, von denen Sie kommen und die in Ihnen weiterleben. Sie können sich auf diejenigen beschränken, die wirklich für Ihre Existenz notwendig waren: Jede und jeder von ihnen musste da sein, damit auch Sie heute da sein können. Sie können sich daran erinnern, soweit Sie davon wissen, oder auch ahnen, was Ihre Vorfahren erlebt und getan haben an Beglückendem und Belastendem, was sie erhofft, verloren und gewonnen haben. Und spüren Sie einmal, wie Sie sich selbst wahrnehmen, wenn all »Ihre Leute« bei Ihnen sind, all diese Menschen, die das Leben über viele Stationen und schließlich durch Ihre Eltern an Sie weitergegeben haben. Und wie dieses Leben vielleicht auch schon in Ihren Kindern und Enkeln weiterlebt.

Wie nehmen Sie sich selbst wahr und die einzelnen Menschen in den vorangehenden Generationen? Strömt es warm in einem Bereich, und es stockt oder ist kalt in einem anderen? Ist da womöglich gar nichts, so als hätten Sie gar keine Vorfahren, oder fühlt es sich schwer an bei manchen? Meinen Sie, selbst eine Last tragen zu müssen, die Ihnen aufgebürdet wird, oder können Sie sich getragen und unterstützt fühlen?

Wie wir die Generationen vor uns erleben, hängt davon ab, wie wir sie sehen. Wir belasten uns unnötig, wenn wir an der

Überzeugung festhalten, schwere Schicksale erzeugten weiterhin schwere Schicksale. Das stimmt nur, wenn wir unbewusst und blind unseren Vorstellungen folgen und keinen Gebrauch machen von unserer vornehmsten menschlichen Fähigkeit zu Einsicht und Bewusstwerdung.

Wenn Sie also bei unserem kleinen Experiment feststellen, dass es da dunkle, kalte und belastete Stellen im Feld Ihrer Vorfahren gibt, so sind Sie eingeladen, ganz wach, aufmerksam, genau und wohlwollend wahrzunehmen: »Ah, das ist wichtig. Hier lebt etwas noch nicht, hier halte ich an einer Vorstellung fest, die ich verändern und auflösen kann – bis alle meine Vorfahren zu einem sanften Rückenwind geworden sind.«

Unmöglich? Keineswegs, denn das geschieht gewissermaßen naturgesetzlich, wenn wir unsere Vorstellungen fallen lassen und unseren Vorfahren erlauben, sich uns in ihrem ursprünglichen Wesen zu zeigen: Sie sind uns zugewandt und wohlgesinnt, wenn wir Ihnen durch die bloße Tatsache ihrer Existenz erlauben, für uns eine besondere Quelle der Teilhabe am Leben zu sein.

Diese Wandlung unsere Vorstellungen ist immer möglich, auch bei Ahnen, die schwere Untaten zu verantworten haben. Meine Erfahrungen legen mir nahe, in dieser Wandlung der Wahrnehmung früherer Generationen eine tiefe Selbstverpflichtung zu sehen, denn wir selbst können nur so frei werden, wie wir zu unseren Vorfahren sagen können: »Ihr seid meine Leute, jede und jeder von euch. Von euch komme ich, und ich bin eine(r) von euch. Genau so ist es richtig.«

Dagegen bindet uns Ablehnung regelmäßig in negativer Weise an die Abgelehnten, und die damit gewonnene vermeintliche Freiheit hat nur wenig Raum zum Atmen.

Ungehorsam gegenüber den Vorfahren als Ausdruck von Respekt

Das soeben Gesagte bedeutet alles andere als blinde Unterwerfung und andauernder kindlicher Gehorsam unseren Eltern und Vorfahren gegenüber. Dort, wo unsere Vorfahren selbst verstrickt, gebunden und unfrei geblieben sind, stellen sie an uns manchmal Forderungen – und so tun wir es gelegentlich auch mit unseren Kindern –, die Entfaltung und Lebensfreude einschränken oder zerstören. Diesen Forderungen dürfen Kinder nicht nachkommen – aus Respekt vor ihren Eltern. Wir müssen unterscheiden lernen zwischen den Eltern, die uns das Leben gegeben haben, einfach nur unseren Eltern, und den verstrickten Eltern, die unangemessene Wünsche und Erwartungen an uns richten. Wenn sie zum Beispiel verlangen, dass ihre Kinder bis zu ihrem Tod bei ihnen bleiben und so lange auf ein eigenes Leben weitgehend verzichten, so dürfen Kinder diesen Wünschen nicht nachkommen – aus Respekt und Achtung vor den Eltern, die ihnen das Leben gegeben haben. So schwer uns das im konkreten Fall auch erscheinen mag, wir ehren unsere Vorfahren, wenn wir zu ihnen sagen: »Ich folge jetzt meinem Stern und nicht euren Wünschen; und so bewahre und entfalte ich das Wertvollste, was ihr mir gegeben habt.«

Wir dürfen uns wünschen, dass unsere eigenen Kinder sich in ihrem Erwachsenwerden uns gegenüber diesen besonderen Ausdruck von Respekt auch erlauben werden!

Und zum Schluss des Kapitels mit einem Augenzwinkern noch eine kleine Erinnerung daran, was erwachsenes Verhalten schließlich auch bedeuten kann: »Menschliche Reife ist, das Richtige zu tun, selbst wenn es die Eltern empfohlen haben« (Paul Watzlawick).

Im folgenden Kapitel halten wir inne. Es geht um Sterben, Tod und Erinnern und um wertvolle Einsichten aus diesen Grenzbereichen.

3. Kapitel

Die freundlichen Toten – Gute Gedenkstätten

Im vorangegangenen Kapitel über die Generationen haben wir indirekt auch von Sterben, Tod und Erinnerung gesprochen. Auf den ersten Blick mögen diese Themen eher belastend oder unerfreulich erscheinen. Aber ein zweites Hinschauen lohnt sich. Die Bilder, die wir von den Gestorbenen haben, und die Art, wie wir uns an sie erinnern, können unser Leben ganz entscheidend beeinflussen, wie wir am Beispiel der Afroamerikanerin nach dem Hurrikan »Katrina« gesehen haben. Wir neigen zwar manchmal zu ängstigenden kindlichen Vorstellungen von den unzufriedenen, trost- und rastlosen oder neidischen Toten, die uns nachstellen und die besänftigt werden müssen, doch meine ganz anderen, positiven Erfahrungen bestätigen diese Befürchtungen nicht.
Im Folgenden geht es für uns als Erwachsene also darum, Sterben, Tod und Erinnern in einem freundlichen und dem Leben dienenden Licht wahrzunehmen. (In diesem Kapitel beziehe ich mich weitgehend auf meine Erfahrungen in Systemaufstellungen.)
Wir wissen als Lebende so gut wie nichts darüber, was im Einzelnen beim Sterben auf seelisch-geistiger Ebene ge-

schieht und was wir – wenn es uns denn in irgendeiner Weise weiterhin gibt – nach dem Tod wahrnehmen und erleben. Schamanische und spirituelle Traditionen, vor allem der tibetische Buddhismus sowie die zahlreichen und im Wesentlichen übereinstimmenden Berichte von Nahtod-Erfahrungen (zum Beispiel van Lommel 2013) oder auch Therapieformen, die von Vorleben ausgehen, weisen darauf hin, dass womöglich nicht einfach nichts über die Prozesse während und nach dem Sterben gesagt werden kann, sondern auch hier ein offener und forschender Geist angemessen erscheint.

Was auf dem Gebiet von Sterben, Tod und postmortalem Sein Wirklichkeit ist, kann zwar im üblichen naturwissenschaftlichen Sinn nicht gewusst werden. Wenn wir aber »wirklich« im Sinne von »wirksam« auffassen, und zwar genauer als das, was entweder eine belastende und einschränkende oder eine befreiende und bereichernde Wirkung auf unser Leben hat, dann können wir die Erfahrungen mit Gestorbenen, in Aufstellungen wie im übrigen Leben, ernst nehmen und sie so deuten und gestalten, dass wir besser leben können. Und für »besser leben« gibt es eine ganze Reihe klarer Kriterien: Wenn wir durch Erfahrungen und Einsichten anhaltend ruhiger, zufriedener, liebevoller mit uns selbst und anderen, mitfühlender, geduldiger und humorvoller werden, dann kommen diese Wirkungen von einer Wirklichkeit, die es verdient, ernst genommen zu werden.[9]

---

9 Kritische, wissenschaftlich geschulte Geister wie mein Sohn Johannes finden die geschilderten Erfahrungen mit Stellvertretungen von Gestorbenen unter Umständen reichlich spekulativ. Mein Sohn meinte trocken: »Es klingt, als schreibst du von Geistern.« Das lasse ich gelten ebenso wie meine Erfahrungen, die ich hier wiedergebe. Meine Einladung an die Leser lautet generell: Bitte glauben Sie mir nichts, sondern bleiben Sie bei dem, was für Sie Sinn macht und stimmig ist.

Heilsame Grenzen zwischen Lebenden und Gestorbenen

Wir wissen aus vielen Quellen von einem ganz natürlichen, offenen und unter Umständen für beide Seiten heilsamen Umgang mit Gestorbenen. Wir suchen sie innerlich auf, tauschen uns mit ihnen aus, bitten um Rat und gehen dann wieder unserem Alltag nach. Oder sie erscheinen uns im Traum und teilen uns etwas Wichtiges mit, zum Beispiel, dass sie uns wohlwollen oder dass sie, wider unsere Erwartungen, guter Dinge sind.[10]

Mein Großvater mütterlicherseits erzählte mir als 83-Jähriger, zwei Jahre bevor er starb, wie er seinen Vater nach dessen Tod oft um Rat gefragt hätte. Ich war damals zwölf Jahre alt, und mir schien der Bericht meines Großvaters seinerzeit ziemlich befremdlich. Mit seinem warmherzigen Vater war er gut ausgekommen. »Und dann«, so sprach er, »habe ich ihn nach seinem Tod öfter besucht. Auch heute noch.« Das war so, als begebe er sich auf einen Kaffee zum Nachbarn, plauderte ein bisschen, holte sich einen Rat und ging dann wieder.

---

10 C. G. Jung weist in seiner Autobiografie *Erinnerungen, Träume, Gedanken* (1962) auf die Möglichkeit hin, dass auch die Gestorbenen ein unter Umständen lebhaftes Interesse am weiteren Weg und an den besonderen Möglichkeiten der Lebenden haben. Mit einem kleinen Schmunzeln berichtet Jung Folgendes. Seine hochbetagte Mutter lebte noch, während der Vater schon vor vielen Jahren gestorben war. Die Ehe der Eltern sei bis zum Schluss immer sehr schwierig gewesen. Nachdem Jung für Jahre nicht mehr vom Vater geträumt hatte, erschien dieser nun in einem Traum. Jung war im Traum sehr erfreut und wollte dem Vater gleich von seinem Leben berichten, in dem er es inzwischen zu einem sehr anerkannten Psychiater und Tiefenpsychologen gebracht hatte. Sein Vater aber erschien merkwürdig abwesend, desinteressiert und »präokkupiert«: Anscheinend wollte er etwas anderes von ihm. Der Vater sagte ihm schließlich, er wolle von ihm die neuesten Einsichten und Erkenntnisse zur »Ehepsychologie« wissen. Jung machte sich bereit, »ihm einen längeren Exkurs über die Komplikationen der Ehe zu geben«, und daran sei er erwacht. Wenige Monate später starb Jungs Mutter, und Jung kommentierte den Traum und das Verhalten seines Vaters schließlich dahin gehend, dass dieser sich habe vorbereiten wollen.

Mein Großvater hatte in den Zwanzigerjahren und dann noch einmal im Zweiten Weltkrieg fast sein ganzes Vermögen verloren und es nun in den Fünfzigerjahren erneut zu bescheidenem Wohlstand gebracht. »Ich habe meinen Vater immer in finanziellen Sachen um Rat gefragt. Und er hat immer recht gehabt! Siehst du?«, sagte er und zeigte stolz auf das kleine Wohnhaus, in dem wir saßen und das er für sich und meine Großmutter auf seine alten Tage noch mühsam hatte bauen können. Erst viel später konnte ich nachempfinden, wie unspektakulär, natürlich und hilfreich für meinen Großvater diese Besuche bei seinem Vater waren.

Bei diesen Begegnungen wird die natürliche Grenze zwischen Lebenden und Toten immer respektiert und nicht von der einen oder der anderen Seite überschritten. Diese Grenze ist der Ort für wichtige Einsichten und Lösungsschritte, und sie ist in Aufstellungen bei der Begegnung mit Gestorbenen ein zentrales Element, das zum Beispiel durch einen Schal oder durch Zweige symbolisiert wird.

Ein Beispiel aus Ruanda

Im Genozid von Ruanda wurden 1994 innerhalb von drei Monaten etwa eine Million Tutsi und gemäßigte Hutu von der Hutu-Mehrheit umgebracht. Im April 2014, zur Zeit des zwanzigsten Gedenkens an den Völkermord, fand dort ein Seminar mit etwa zwanzig Sozialarbeitern, Psychologen, Vertretern von Witwen- und Waisenverbänden und von Ordensschwestern statt, die alle überlebt und Angehörige im Genozid verloren hatten. Sie litten sämtlich unter den Folgen dieser Traumata wie Depressionen, Ängsten, verschiedenen körperlichen Schmerzen und oft auch an den Schuldgefühlen, »unverdient« überlebt zu haben. Besonders belastend aber waren die schrecklichen Bilder, die sie von den Ermordeten und den furchtbaren Umständen ihres Sterbens in sich trugen. Einige der Teilnehmer hatten den Wunsch, ihren ermordeten Angehörigen in dem geschützten Raum eines Aufstellungsseminars zu begegnen, um vielleicht mit ihnen zusammen mehr Frieden zu finden. Neben dem uneingeschränkten Ausdruck sehr mächtiger Gefühle von Schmerz, Trauer, Wut, Verzweiflung und Schuld war vor allem dies wichtig: die gute Grenze zwischen ihnen, den Lebenden, und den Toten. Das Gute dieser Grenze wurde Schritt für Schritt darin erkannt, dass sie klar und sicher, das heißt nicht überschreitbar für beide Seiten, war; dass sie ein Ort für Heilung, ja für einige ein heiliger Ort der Begegnung war; und dass diese Grenze etwas Lichtes, Schönes und Würdiges hatte, zum Beispiel durch Kerzen, wertvolle Steine, Blumenschmuck oder Weihrauchstückchen. Und gut war die Grenze auch dadurch, dass die Gruppe sich immer wieder intensiv darin unterstützte, nicht »in der Vergangenheit zu ertrinken«, wie das an den bisherigen Gedenktagen so oft geschehen war, sondern den gestorbenen Angehörigen ganz im Jetzt zu begegnen, was zum Beispiel durch einen oder zwei Stellvertreter für diese Tatsache des »Jetzt« Ausdruck fand (mehr zum »Jetzt« im 10. Kapitel).

Eine Grunderfahrung wiederholte sich immer wieder. Die Gestorbenen hatten die schlimmen Ereignisse hinter sich gelassen, waren ruhig und in Frieden mit dem Vergangenen und voller Wohlwollen für ihre lebenden Angehörigen. Es brauchte oft lange, bis diese das zögernd wahrnehmen und für möglich halten konnten, nachdem sie zwei Jahrzehnte lang in einer inneren Welt schrecklicher Erinnerungen und Bilder gelebt hatten. Das Positive und Überzeugende der guten Erfahrungen ließ die meisten Teilnehmer aber durchhalten und schließlich etwas mehr an Boden gewinnen.

Die hier skizzierten Möglichkeiten einer heilsamen Begegnung an der guten Grenze zwischen Lebenden und Toten hat sich auch in anderen Zusammenhängen schwerer kollektiver

Traumata bestätigt, zum Beispiel bei Holocaust-Überlebenden und Nachkommen von Holocaust-Opfern.

Sterben als Wandlung

Die Erfahrungen von Aufstellungen legen es nahe, dass Sterben auch in dieser Hinsicht ein tief greifender Wandlungsprozess ist. Was im Leben nicht gelöst werden konnte, fällt im Sterben ab, bleibt zurück und verliert seine Bedeutung. Das kann dazu führen, dass der Gestorbene in der Aufstellung Wesenszüge zeigt wie zum Beispiel Wärme, Anteilnahme oder Wohlwollen, die er im Leben nicht ausdrücken konnte. Für den Klienten oder die Klientin kann das eine zunächst herausfordernde, dann aber überaus positive Erfahrung sein: Sie sind noch ganz geprägt von den belastenden Erfahrungen zu Lebzeiten des Betreffenden, der nach seinem Tod davon frei ist und nun seinem »ursprünglichen Gutsein« Ausdruck geben kann. Beides stimmt – die alten Erlebnisse und die Erfahrung der Wandlung des Gestorbenen –, beides ist wahr: Das ist die angemessene Haltung in einer solchen Situation. Sie erinnert daran, dass Versöhnung zum Beispiel mit den Eltern manchmal erst nach deren Tod und der entsprechenden Transformation möglich ist.

Vergil[11] schreibt in den folgenden Versen von dieser Wandlung:

Der Tote ist nicht tot
Er lebt fort auf geheimnisvolle Weise.
Er fügt gleichsam seine besten,

11 Publius Vergilius Maro (70–19 v. Chr.). Nach der mündlichen Mitteilung eines Altphilologen stammt dieser Vers von Vergil, was ich bisher jedoch noch nicht verifizieren konnte. Das ändert nichts am Wert der Aussage.

nun von den Lasten des Lebens befreiten Kräfte
den unseren hinzu.
So beginnt er, uns selbst verwandelnd und läuternd,
in unseren Herzen sein zweites, höheres Wesen.

Angst vor den Toten

Ich erinnere mich an die Szene in einem Gruselfilm: Friedhof kurz nach Mitternacht, Nebelschwaden, Nieselregen, duster. Die Kamera fährt auf eine Grabplatte zu, die sich langsam zur Seite schiebt, und durch die Öffnung drängt sich eine dürre Hand und greift, immer größer werdend, mit ausgezehrten spitzigen Fingern … nach uns! Die ganze Leinwand ist die nach uns Kinobesuchern greifende Hand. Es gruselt mich, ich rolle mich zusammen und schaue lieber nach unten. Als ich verstohlen zu den anderen Besuchern schaue, machen sie es genauso, keiner mag mehr diesem bösartig-gierigen Zugriff des Toten ausgesetzt sein.

Dieser Film hat die bekannte Angst vor den verfolgenden Toten geweckt, die uns vermeintlich voller zerstörerischen Neides nachstellen, um nach ihrem eigenen bitter enttäuschenden, tristen Leben und Sterben die versäumte Lebensfülle von uns zu holen und an sich zu reißen. Diese in vielen Kulturen verbreitete ängstigende Vorstellung von Toten hat zu einer Vielzahl von Beruhigungs- und Beschwichtigungsbräuchen geführt. Tägliche Rituale von Nahrungs- oder Geldgaben gehören dazu genauso wie die Beschwerung der Gräber mit massiven Grabplatten oder mit der Erde, die zum Schluss der Beerdigung auf den Sarg geworfen wird – damit es der Tote schwerer habe, wieder herauszukommen und uns nachzustellen. Solche Bräuche haben gewiss viele verschiedene Gründe. Es lohnt jedoch die Mühe, Traditionen daraufhin zu untersuchen und gegebenenfalls so zu verändern, dass sie eine positive und lichte Beziehung zu den Toten fördern und kindliche Ängste zur Ruhe kommen lassen.

Zum Wesen der Toten und unsere Vorstellungen von ihnen

Die beschriebene Vorstellung von den neidischen oder auf andere Weise aggressiven Toten wird durch Aufstellungen nicht bestätigt. Wenn Gestorbene beziehungsweise ihre Stellvertreter in einer solchen Verfassung sind, liegt der Grund dafür in aller Regel in unseren Bildern von ihnen, wie wir gleich sehen werden.

Das Wesen der Toten ist wohlwollend in dem Sinn, dass sie – soweit wir Lebende dazu beitragen können – ihren Frieden finden und zufrieden sind, wenn wir ihren bereichernden und womöglich auch herausfordernden Beitrag für unser Leben schließlich wahrnehmen und wertschätzen.

Ein Gutteil der ängstigenden und belastenden Wirkungen, die von den Gestorbenen ausgehen, kommen daher, dass wir Lebenden gefangen sind in entsprechenden Vorstellungen von den Toten. Wie schon gesagt wurde, ist »Vor-stellung« ein treffender Begriff, der darauf hinweist, dass wir etwas als wirklich wahrnehmen, was *vor* der eigentlichen Realität steht und sie verdeckt. Unsere »davorgestellten« Bilder von den Toten zeigen uns zum Beispiel belastete, leidende, gequälte oder auch vorwurfsvolle Menschen, die weiterhin in ihrem schweren Schicksal verhaftet sind. Wir halten das für die eigentliche Wirklichkeit und fühlen und handeln entsprechend: in Angst, Schwermut, Schuldgefühlen oder der Überzeugung, kein Recht auf Glück und Erfolg im Leben zu haben. Tatsächlich aber sind die Gestorbenen nicht mehr da, wo wir sie noch sehen und sie damit dort festhalten. Dieses »Dort« ist kein äußerer Ort, sondern ein innerer, eingeengter Bewusstseinsraum, der weiteres Wachstum und Erwachsenwerden verhindert – sowohl für die Lebenden als auch für die, die schon gegangen sind.

Das ist natürlich besonders stark ausgeprägt, wenn schwere Traumata bei Vorfahren und in der Folge auch bei den Nachkommen vorherrschen und als eingefrorene Energien mächtigen Einfluss haben. Die notwendigen traumatherapeutischen Maßnahmen werden dann sehr dadurch unterstützt, dass das Bewusstsein vom Unterschied zwischen unseren Vor-Stellungen und der dahinterliegenden Wirklichkeit immer klarer wird.

Zweierlei gute Gedenkstätten

Wir kennen zwei Arten von Erinnerungsstätten: unsere persönliche und kollektive Gedenkstätten.

Unsere persönliche Gedenkstätte, das ist das Feld unserer eigenen Geschichte und unserer Herkunft, unserer Eltern, unserer Vorfahren und Ahnen. Alles, was dort geschehen ist, was erlebt und getan wurde, gehört zu unserer persönlichen Erinnerungs- und Gedenkstätte. Wenn wir sie besuchen, das heißt uns absichtlich oder auch unfreiwillig an Vergangenes erinnern, können wir sehr unterschiedliche Erfahrungen machen – beglückende, angenehme, neutrale, schmerzliche, schreckliche – oder auch gar keine, wenn wir uns nicht erinnern können oder keine Informationen haben.

Jede gute Therapie hat das Ziel, dass wir unsere persönliche Gedenkstätte am Ende als einen guten Raum erleben. Gut heißt, dass wir immer mehr zu uns kommen können, zu unseren Begabungen, zu unserer Berufung, zu unserer erwachsenen Unabhängigkeit und der Zustimmung zu unseren Grenzen. Gut heißt damit auch, dass wir die kindlichen Illusionen aufgeben können, anders sein zu sollen, um akzeptabel und liebenswert zu sein; dass wir aus unserem Leben also kein Selbstoptimierungsprojekt mehr machen müssen, sondern gern bei uns selbst zu Hause sind.

Wir können auf unserem Weg zu einer guten persönlichen Gedenkstätte die geschichtlich-biografischen Tatsachen natürlich nicht ändern. Wir können aber Schritt für Schritt lernen, diesen Tatsachen zuzustimmen. Das bedeutet nicht etwa Resignation und Unterwerfung. Es ist vielmehr ein Prozess der Selbstwürdigung und der Selbstachtung mit einem untrüglichen Erfolgskriterium: Humor. Gute persönliche Erinnerungsstätten bringen es mit sich, dass wir gelassener werden und auch bei bedecktem Himmel etwas zu lachen oder zu schmunzeln finden. Diese Möglichkeit bleibt wie gesagt Erwachsenen vorbehalten.

Auch die aus Ruanda geschilderten Erfahrungen an der guten Grenze hatten zunächst einmal das Ziel, gute persönliche Erinnerungs- und Gedenkstätten entstehen zu lassen. Bei kollektiven Traumata braucht es jedoch noch weitergehende Räume guter Erinnerung.

Kollektive Gedenkstätten sind Orte, an denen Traumata verarbeitet werden, die große Teile eines Volkes oder mehrerer Völker betreffen – Krieg, Genozid, Terroranschläge oder auch Epidemien, Umwelt- und Naturkatastrophen. Beispiele sind Holocaust-Gedenkstätten wie Yad Vashem in Israel, die Gedenkstätten an den Orten früherer Konzentrationslager wie Auschwitz oder Ground Zero in New York nach dem Terroranschlag vom 11. September 2001.

Es ist eine große Kunst, solche kollektiven Erinnerungsstätten zu gestalten. Vereinfacht gesagt, geht es um das Ziel, dass zum Beispiel die Besucher einer Genozid-Erinnerungsstätte am Ende in einer besseren Verfassung sind als zu Beginn ihres Besuches. In besserer Verfassung heißt: tief berührt und gründlich informiert über die geschichtlichen Tatsachen ebenso wie über die sozialen, politischen und psychologischen Prozesse, die schließlich zu unmenschlichen Handlungen großer Gruppen geführt haben; inspiriert und ermutigt, das eigene Verhalten nach den Lernerfahrungen in der Gedenkstätte zu durchleuchten und etwas Gutes und Positives mitzunehmen in den eigenen Alltag.

Wir alle kennen aber auch gegenteilige Wirkungen von Gedenkstätten: Wir fühlen uns belastet oder gar (re)traumatisiert, entmutigt und resigniert hinsichtlich der offensichtlichen Wirkungslosigkeit des spätestens seit dem Ersten Weltkrieg ständig wiederholten »Nie wieder!«.

Was sind gute kollektive Gedenkstätten?

Die eben beschriebenen Wirkungen – berührt, informiert, ermutigt – können eintreten, wenn genau gefragt wird, wie Max Frisch das kurz nach Ende des Zweiten Weltkriegs 1946 tat:

> »Wenn Menschen, die eine gleiche Erziehung genossen haben wie ich, die gleichen Worte sprechen wie ich und gleiche Bücher, gleiche Musik, gleiche Gemälde lieben wie ich – wenn diese Menschen keineswegs gesichert sind vor der Möglichkeit, Unmenschen zu werden und Dinge zu tun, die wir den Menschen unserer Zeit, ausgenommen die pathologischen Einzelfälle, vorher nicht hätten zutrauen können, woher nehme ich die Zuversicht, dass ich davor gesichert sei?«
> (Zitiert nach Giesecke und Welzer 2012.)

Frischs Frage könnte im Eingangsbereich eines neuen Typs von Gedenkstätten zu lesen sein, dem »Haus der menschlichen Möglichkeiten«, einem Denkmodell, das D. Giesecke und H. Welzer entworfen haben.

Wir erwarten üblicherweise, dass Gedenkstätten erst einmal vergangenheitsorientiert sind. Und wir kennen auch die über die Zeit ritualisiert erstarrten Formen und Formeln traditioneller Gedenkkultur. Gute kollektive Gedenkstätten sind dagegen Unterrichtsorte, Denk-, Bedenk-, Lern- und Erfahrungsstätten, die menschliches Verhalten in all seinen Ausprägungen lernend erforschen wollen. Und das nicht nur, um zu erinnern, zu gedenken oder sogar dem »Gebot zu vergessen« zu folgen,[12] sondern vor allem, um aus bewusst reflektierter Vergangenheit konstruktive Gegenwart und Zukunft werden zu lassen. Das könnte – so Giesecke und Welzer – nach dem Vorbild der Science Center gestaltet werden, wo Geschichte, Theorie, eigenes »handgreifliches« Experimentieren und lebenspraktisches Lernen und Anwenden Hand in Hand gehen.

Ein »Haus der menschlichen Möglichkeiten« als eine gute kollektive Gedenkstätte menschlichen Potenzials und seiner positiven Entfaltung würde zum Beispiel diese Angebote bereithalten:

> Theorie und erlebnisintensive Praxis zu menschlicher Kooperation und Koevolution (wie Kultur entsteht).
> Die Untersuchung von Mythen und Irrtümern, »die im Alltagsleben kursieren: ›Der Mensch ist egoistisch‹, ›Der Firnis der Zivilisation ist dünn‹, ›Jeder ist seines Glückes Schmied‹ etc.« (Giesecke und Welzer 2012).

---

12 Von der wichtigen Arbeit »Das Gebot zu vergessen und die Unabweisbarkeit des Erinnerns. Vom öffentlichen Umgang mit schlimmer Vergangenheit« des Historikers Christian Meier (2010) wird im 10. Kapitel noch die Rede sein.

- Und schließlich das zentrale Thema: die Potenziale der Menschen zum Guten und zum Schlechten.
- Dazu sozialwissenschaftliche, psychologische, politische Fakten und ergebnisoffene Experimente, wo Anbieter und Besucher koexplorativ zusammen unterwegs sind (vgl. ebenda).

Eine gute kollektive Gedenkstätte wie das »Haus der menschlichen Möglichkeiten« könnte in summa so interessant und spannend konzipiert werden, dass der Besuch Erlebnischarakter hat. Gerade jugendliche Besucher würden diesen bürgerschaftlichen Lernort neuen Typs nicht mit dem psychologisch kontraproduktiven Bewusstsein verlassen, mit einer moralischen Botschaft oder gar Verpflichtung ausgestattet worden zu sein, der sie nachzukommen hätten. Sondern sie würden etwas wirklich Spannendes über die Menschen und sich selbst erfahren haben.

Dieses Kapitel ist ganz besonders für Erwachsene. Es braucht viel Bewusstseinsarbeit, um einen interessanten und fruchtbaren Zugang zu »freundlichen Toten« und »positiven Gedenkstätten« zu finden! Für Kinder sind solche Themen in aller Regel und zu Recht eher langweilig. Das ändert sich erst mit einem weiter gereiften Bewusstsein und dem besonderen Vergnügen, es auch anzuwenden.

Das Gleiche gilt für das folgende Thema »Identitäten« und die darin liegende Urfrage »Wer bin ich?«.

4. Kapitel

Identitäten: Segen, Abgründe und Lösungen oder »Wer bist du?« – »Ich bin niemand«

Identität ist ein persönlich, sozial und vor allem auch politisch brisantes Thema. Die Antworten auf die Frage »Wer bin ich?« – und weiter »Wer sind wir?«, »Wer bist du?«, »Wer seid ihr?« – können sehr rasch über Frieden oder Krieg entscheiden. An diesem Thema können wir kindliche und erwachsene Wahrnehmungsweisen gut erkennen und es einmal mehr schätzen, welchen Wert ein gereiftes, erwachsenes Bewusstsein gegenüber kollektivistisch-unreifen Einstellungen hat, die sich im Fundamentalismus jedweder Couleur auf gefährliche Weise durchsetzen können. Zu Beginn dazu drei kurze Geschichten.

Ein jeder ist ein Jemand!

Der ungarische Theaterregisseur George Tabori kam als kleiner Junge von der Schule heim, und sein Vater fragte ihn, was er denn heute gelernt habe. »Alle Rumänen sind schwul«, antwortete der kleine Tabori, worauf der Vater ihm eine mächtige Ohrfeige versetzte und sagte: »*Die* Rumänen gibt es nicht. Ein jeder ist ein Jemand!«

Der Russe ist ja ein Mensch!

Eine ähnliche Entdeckung beschrieb der Kabarettist Gerhard Polt in den Achtzigerjahren in dem Bericht eines früheren Kriegsteilnehmers über den heutigen Russen. Das klang sinngemäß etwa so: »Also der Russe, das ist interessant, wenn's kalt ist draußen, legt er einen Mantel an. Ja, wirklich! Und später, ob Sie's glauben oder nicht, wenn's dann wieder wärmer wird, tatsächlich, dann legt der Russe den Mantel wieder ab, ganz gewiss ...!« In der Zeit des Kalten Krieges also die große Überraschung, die erstaunliche Entdeckung: Der Russe ist ja ein Mensch, er ist so wie wir!

Ich erinnere mich, wie wir in den Fünfzigerjahren – natürlich unter der Nachwirkung der Schrecken und Schuldgefühle nach dem Zweiten Weltkrieg – einander schreckliche Geschichten von »den primitiven, ja geradezu tierischen Russen« erzählten. Und eine typische Identitätsgewissheit hieß damals: »Lieber tot als rot!« – »Rot«, »Russen«, »die Kommunisten«, diese singuläre Identitätszuschreibung enthielt »das Übel schlechthin«, »die Hölle« und so weiter, in der zu leben schlimmer als der Tod sein müsste.

»Du bist es«

Die Suche nach der Antwort auf die Frage »Wer bin ich?« – und damit auch die Frage »Wer seid ihr?« – steht im Mittelpunkt vieler spiritueller Traditionen. Aus der christlichen Mystik ist die Geschichte überliefert, wie ein Mensch nach seinem Tod an die Tür des Paradieses klopft, um eingelassen zu werden. Von innen kommt Gottes Stimme und fragt: »Wer klopft da? Wer bist du?«

»Ich bin es«, antwortet der Mensch.

Schweigen, die Tür bleibt verschlossen. Dieser Ablauf wiederholt sich über lange Zeit, bis schließlich aus dem ganz erschöpften Menschen die Antwort kommt: »Du bist es« – und die Tür sich öffnet.

Was ist da passiert? Da hat jemand offenbar eine relativ umschriebene, festgefügte Identität – »Ja klar, ich bin es doch« – schließlich aufgegeben zugunsten von etwas Weiterem, Umfassenderem, Größerem, was er oder sie auch ist: du. Und »du«, das ist alles, was mehr als nur »ich« ist. »Du« ist auch all die anderen, ja, auch die so ganz anderen.

Diese Erfahrungen nehmen mögliche, gute Ausgänge unserer Geschichte mit Identitäten vorweg – nachdem wir einen längeren Weg zurückgelegt haben.

Nun also von Anfang an.

Was ist Identität?

Wie lauten die Antworten auf die Fragen »Wer bin ich?« und, von da ausgehend, »Wer bist du, wer sind wir, wer seid ihr?«?

Die – oder besser: eine mögliche – Antwort ist ein Paradox: Identität ist etwas Konstantes, das sich ständig wandelt. Das Konstante, das Überdauernde, das *idem*[13] ist das, was wir »mein Wesen« oder »meine Essenz« nennen, ein fragloses Gefühl von »Ich-Selbst«, das bei allem Wandel etwas Gleiches, Eigenes behält wie der Duft einer Blume.

Das scheinbar Paradoxe liegt in der Tatsache, dass diese unsere Essenz einen ständigen Wandel erfährt und sucht – immer weitere Räume, in denen sich unser Wesen erneut finden und noch vollständiger ausdrücken kann, ein Prozess, der immer in

13 Das lateinische Wort *idem* zur Bezeichnung der »Gleichheit oder Übereinstimmung (Einheit) in Bezug auf Personen oder Dinge« heißt »der-, die-, dasselbe«. Daraus wurde das spätlateinische Wort *identitas* in der heutigen Bedeutung von »Identität« gebildet.

Beziehungen zu anderen stattfindet, ja nur so stattfinden kann. Das ist zentraler Teil unserer menschlichen Natur, der sich unter günstigen Bedingungen entfaltet.

Unsere neurobiologische Grundausstattung: Glückshormone bei Kooperation und Altruismus

Viele von uns sind aufgewachsen mit Überzeugungen über die menschliche Natur wie »Man muss sich durchsetzen im Konkurrenzkampf« und »Leben ist Kampf« oder der Auffassung, es bestehe ein »Kampf der Kulturen« (Huntington 2001) im globalen Kontext, als ginge es dabei um eine Art sozialer Naturgesetze. Nach dem Freiburger Neurobiologen und Psychosomatiker Joachim Bauer jedoch legen uns die neueren Befunde von Neurobiologie, Epigenetik (Erforschung der Anpassungsleistungen von Genen an Umwelteinflüsse) und Verhaltensforschung eine andere Sicht nahe, die er in seinem Buch *Prinzip Menschlichkeit. Warum wir von Natur aus kooperieren* darstellt. »Kern aller menschlicher Motivation ist es, zwischenmenschliche Anerkennung, Wertschätzung und Zuwendung zu finden und zu geben.« Neurobiologische Studien zeigen, »dass Geben aus der Sicht des menschlichen Motivationssystems ein ›lohnendes‹ Unterfangen ist, auch dann, wenn keine vorteilhaften Effekte für die eigene Reputation zu erwarten sind: Unser Trieb- beziehungsweise Motivationssystem antwortet auch darauf mit einer Ausschüttung von Glückshormonen« (Bauer 2008, vgl. auch Bauer 2011).

So spricht die gegenwärtige neurobiologische Forschung vom »sozialen Gehirn«, das uns nicht primär auf Egoismus und Konkurrenz ausrichtet, sondern auf gegenseitige Zuwendung und Wertschätzung, auf Kooperation, Austausch und

Resonanz. Das Gehirn belohnt gelungenes Miteinander durch Ausschüttung von Botenstoffen, die Wohlbefinden und Gesundheit erzeugen. Erst wenn diese Kontakt- und Bindungsbedürfnisse blockiert werden, kommt es zu einem »Absturz der Motivationssysteme«, und erst dann setzen Aggressionen ein.

Wir können also von einer biologisch begründeten Identität ausgehen, die im anderen den willkommenen, ja notwendigen Lebensgefährten dafür wahrnimmt, »ich« zu werden, und nicht primär denjenigen, der mich infrage stellt oder gefährdet.

Das wiederum ist die neurophysiologische Entsprechung des schon erwähnten »Ubuntu«, eines in südafrikanischen Völkern verankerten Gemeinschaftsprinzips, das besagt: »Ich bin durch dich und durch die anderen. Den anderen und Fremden willkommen zu heißen bedeutet, ganz zu mir zu kommen und ganz ich zu werden.«

Am Anfang: Gesunde, primäre Identitäten

Wenn wir zur Welt kommen, brauchen wir für unser gutes seelisches und körperliches Gedeihen Klarheit und Sicherheit darüber, wer wir sind. Das betrifft unser Geschlecht, wer unsere Eltern, Geschwister und Vorfahren sind, zu welcher Familie wir gehören und zu welcher Religionsgemeinschaft, welche Sprache wir sprechen und welche Werte für uns verbindlich sind. Unklarheit, Verwirrung, Verheimlichung und anhaltende Widersprüchlichkeit können uns seelisch schwer belasten oder gar verrückt werden lassen.

Wenn nun unser soziales Gehirn, unser angeborenes »Ubuntu«, in den primären Liebesbeziehungen vor allem mit unseren Eltern gefördert wird – Eltern, die versuchen, der Seele ihres Kindes freien Ausdruck und sichere Grenzen zu geben –, dann kann jene eigene Essenz, das eigene Wesen, zur primären Identität eines Menschen werden und zu einer klaren steuernden inneren Instanz.

Eine ruhige, klare Selbstgewissheit zu all dem, was mein ursprüngliches »Ich bin« ausmacht, eine solche »primäre Identität« ist als Lebensgrundlage unabdingbar, sie ist ein Segen, wie es in der Überschrift zu diesem Kapitel heißt.

Diese primäre Identität ist grundsätzlich zuversichtlich, sucht Verbindung, lebt aus Beziehungen und wird bekräftigt in ständig neuen Herausforderungen. Und besonders wichtig: Diese unsere primäre Identität bleibt auch unter schwierigen äußeren Bedingungen erhalten und kommt nicht leicht in Versuchung, in anderen eine überlegene Weisheit zu vermuten und ihnen die Führung anzuvertrauen. Diese Selbst-Sicherheit und innere Unabhängigkeit, diese guten Voraussetzungen für eine glückliche Kindheit sind jedoch eher die Ausnahme als die Regel.

Gefährliche Einengung: Hermetische Identitäten

Je unsicherer die primären Beziehungen sind, je mehr Angst, Selbst-Unsicherheit und schließlich Selbst-Verleugnung sie mit sich bringen, desto stärker ist die natürliche neurobiologische Basis überlagert von engen, sich abgrenzenden, hermetisch abgeschlossenen Identitäten. Dann entsteht immer mehr das Bedürfnis nach Abgrenzung von »den anderen« Menschen und Gruppen, die genauso wie wir auf ihren inzwischen hermetischen Identitäten bestehen.

Wir werden füreinander dann Schritt für Schritt die anderen, die Fremden, die Unverständlichen, Unheimlichen oder gar Gefährlichen. Es sind nur wenige Stufen, bis wir in den anderen – und sie in uns – erst die Fremden und dann die Gegner sehen, die unsere Werte infrage stellen, unseren Lebensraum, unsere Naturschätze und unsere Kultur vereinnahmen und womöglich zerstören wollen. Vermeintlich naturgesetzlich bleiben am Ende nur Kampf und Krieg – im Kleinen wie im Großen –, um unsere Identität zu retten.

Gefährliche Ausweitung: Kollektive Identitäten in Großgruppen

Die Kontraktion von der primären zuversichtlichen Identität in die Enge angstgeprägter, abgeschotteter Identitäten geht mit starken Wünschen nach äußerem Halt einher. Es geht um die Wünsche, in der Anlehnung an vermeintlich starke, wissende Führungspersonen und in ihren Ideologien Sicherheit und Orientierung zu finden. Diese Außenorientierung ist immer gekoppelt mit der Projektion eigener Schattenseiten (zum Beispiel Angst, Wut oder Scham) auf andere, die zu Feinden werden, zu Verkörperungen des Bösen, das bekämpft und vernichtet werden muss.

Die dann wirksamen Identitätsformationen sind kollektive oder Großgruppenidentitäten, die per definitionem andere als Feinde, das heißt als Depositorien eigener Schattenaspekte, benötigen. Dieser Prozess – die Ausbildung gefährlicher, den Außenfeind benötigender Großgruppenidentitäten – wird besonders gefördert oder erzwungen durch soziale Destabilisierung wie wirtschaftliche Not, Katastrophen, Krieg, Niederlagen oder kollektive Demütigungen.

Mörderische Identitäten – Wie kommt es dazu?

Und weiter wird die gefährliche Identitätsverschiebung bis hin zu destruktiven Massenbewegungen dadurch potenziert, dass die gesuchten und gewählten Führer an unsere tiefe spirituelle Sehnsucht appellieren, gemeinsam einem höheren Ziel zu dienen – dafür Hingabe und Verzicht zu üben bis hin zur Bereitschaft zum Selbst-Opfer – und dabei einer exklusiven, auserwählten Gruppe anzugehören.

Zu dieser kollektiven Identität gehören auch das Bedürfnis nach »Gleichschaltung«, das Aufgeben eines individuellen Bewusstseins und eines persönlichen Gewissens zugunsten des Aufgehens zum Beispiel in der »Volksgemeinschaft« und die Delegation von Verantwortung an die Führung, deren vermeintlich überlegenes Wissen von Eigenverantwortung befreien soll.

Solche Entwicklungen können zu einer explosiven Identitätsstruktur führen, die der libanesische Autor Amin Maalouf als »mörderische Identitäten« bezeichnete (Maalouf 2000). Damit ist die durch großen sozialen Stress wie Not, Bürgerkrieg oder Krieg bewirkte Aktivierung einer frühen menschlichen Evolutionsstufe gemeint, in welcher der Stamm die Bezugs- und Überlebensgruppe war, von der in gefährlicher Umgebung das Überleben auf Gedeih und Verderb abhing. In diesem regressiven Bewusstseinsmodus erscheint das unter Umständen massenhafte Töten der als Feinde wahrgenommenen Menschen notwendig und ehrenwert.

Stammesbewusstsein ist immer verbunden mit »monolithischen« Identitäten, in denen ein zentrales Identitätsmerkmal die Gesamtidentität des Stammesmitglieds ausmacht.

Beispiel: Die Stammesmacht von Fußballvereinen

Mit einem kleinen Schmunzeln können wir die folgende Geschichte aufnehmen, in der es im Keim durchaus um die gleichen Identitätsdynamiken geht.

Vor einigen Jahren erzählte mir ein holländischer Kollege, dass er auf einer Party in Amsterdam Folgendes erlebt habe. Mit einiger Verspätung kam ein auch eingeladenes Paar, die Frau war hochschwanger mit einem Sohn. Sie erklärten zu ihrer Verspätung, dass sie länger suchen mussten, um ihr Auto ganz in der Nähe quasi mit laufendem Motor zu parken, um im Bedarfsfall sofort in die Entbindungsstation fahren zu können – ins circa achtzig Kilometer entfernte Rotterdam.

»Warum denn nach Rotterdam?«, wurde er gefragt. Die Partygesellschaft erfuhr, dass der Mann und Vater des bald ankommenden Sohnes Anhänger von Feyenoord war, neben Amsterdam der zweite große holländische Fußballverein mit Sitz in Rotterdam und ständiger Rivale des führenden Clubs Ajax Amsterdam. Der Mann sagte, er werde es auf keinen Fall zulassen, dass sein Sohn in der Hochburg des Gegners Ajax Amsterdam zur Welt komme, sondern eben nur in Rotterdam bei Feyenoord. Bemerkenswert war dabei, dass Feyenoord zu diesem Zeitpunkt in den letzten vier Jahren kein Spiel mehr gegen Ajax Amsterdam gewonnen hatte.

Feyenoord war de facto seit Jahren auf der Verliererstraße. Nick Horn, leidenschaftlicher- Anhänger von Arsenal London, weiß dazu: »Der natürliche Grundzustand des Fußballfans ist bittere Enttäuschung, egal wie es steht. […] Sich zu amüsieren, indem man leidet, war für mich [als Jugendlicher] ein völlig neuer Gedanke. […] Was ich mehr als alles andere brauchte, war ein Ort, an dem ziellose Unglückseligkeit gedeihen konnte.«[14] Nicht im Feiern andauernder Siege, sondern gerade über

14 »Balzplatz für Kerle«, *Spiegel* 25/2014.

das standhafte Mitleiden mit dem eigenen Team in jahrelanger Solidarität erwirbt man sich die Zugehörigkeit eines richtigen Fans, der *wirklich* dazugehört. Dass damit der Wunsch nach dezidierter Abgrenzung von anderen »Stämmen«, sprich gegnerischen Fußballvereinen, verbunden ist bis hin zur Gewaltbereitschaft, demonstrieren Hooligans regelmäßig am Rande von Fußballspielen.

George Orwell hat diese Phänomene 1941 so kommentiert: »Ernsthafter Sport [gemeint ist vor allem der Fußball] hat nichts mit Fair Play zu tun. Er ist verbunden mit Hass und Eifersucht, Prahlsucht, Missachtung aller Regeln und sadistischem Vergnügen an unnötiger Gewalt. Mit anderen Worten, er ist Krieg abzüglich des Schießens.«[15] So gesehen kann dem Fußball und seinen »Stammeskriegen« eine wichtige ausgleichende soziale Funktion zugestanden werden, um – bildlich gesprochen – den Krieg zu Hause zu halten und ihn nicht nach außen zu tragen.

Exkurs: Ein psychopolitischer Pionier

An dieser Stelle soll Vamik Volkan kurz gewürdigt werden. Als in den USA lebender türkischer Zypriot, Psychiater und Psychoanalytiker hat er sich über Jahrzehnte wie kein anderer darum bemüht, Großgruppenkonflikte auch psychoanalytisch zu verstehen. Über seine »Initiation« zu dieser Lebensaufgabe schreibt er: »Im November 1977 flog der damalige ägyptische Präsident Anwar el-Sadat in einer kühnen Initiative nach Israel zu einer Ansprache in der Knesset, wo er über die ›psychologische Barriere‹ zwischen Ägypten und Israel sprach. In dieser Rede erklärte er, dass diese Barriere 70 % des gesamten

15 *Daily Telegraph*, 19. August 2015.

Problems zwischen den beiden Ländern ausmachten. Dieses Ereignis veränderte mein Leben« (Volkan 2006).

Volkan entwickelte in den folgenden Jahrzehnten bis heute ein reichhaltiges theoretisches und praktisches Instrumentarium zu Großgruppenidentitäten, das sich in vielen interethnischen Konflikten bewährt hat. Eine Zusammenfassung dieser Arbeit findet sich in seinem Buch *Enemies on the Couch: A Psycho-political Journey through War and Peace* (2013) und in seinem Beitrag »Großgruppenidentitäten, schweres Trauma und seine gesellschaftlichen und politischen Konsequenzen« (2015).

Um einen Eindruck der Konflikte zu vermitteln, denen sich Volkan bis heute widmet, hier ein Beispiel aus dem Jahr 1988, als ein schweres Erdbeben große Teile von Armenien heimsuchte. Die von vielen Ländern eingehenden Blutspenden kamen auch vom benachbarten Aserbaidschan, mit dem Armenien in einem jahrelangen blutigen Konflikt um die beiderseits beanspruchte Region Bergkarabach lag. Der Konflikt hatte sich so zugespitzt, dass Armenien die Blutspenden des Nachbarn ablehnte, auch als die Opferzahlen in die Zehntausende gingen. »Die Armenier wollten lieber körperlich leiden oder sogar sterben, als das [feindliche] Blut von Aserbaidschanis in ihren Adern zu akzeptieren. Aserbaidschanisches Blut zu empfangen war eine symbolische Vergiftung der armenischen Identität« (Volkan 1997/99).

Wir sehen an dem Beispiel, dass mörderische und selbstmörderische Identitäten eng verknüpft sind, wenn lange genährte Großgruppenidentitäten das Feld beherrschen. In solchen »hoffnungslosen« Situationen öffnet ein psychopolitischer Ansatz – zusammen mit den politischen, wirtschaftlichen, militärischen und weiteren Aspekten – unter Umständen den entscheidenden Ausweg aus den vermeintlich gesetzmäßigen Zirkeln von Gewalt und Gegengewalt.

Nach Anwar el-Saddats Ansprache in der Knesset und seiner Ermordung durch Gegner seiner Annäherungspolitik mit Israel ist die Lage im Nahen Osten nicht besser geworden. Die Aussage Saddats behält gleichwohl Gültigkeit: Politik wird von Menschen gemacht, die in spezifische Klein- und Großgruppendynamiken eingebunden und nicht etwa nur von unbegreiflichen, dunklen Mächten getrieben sind.

Bereits in unserem unmittelbaren Umfeld können wir von dieser Einsicht Gebrauch machen. So betrachte ich Familienaufstellungen – und jede gute Therapie – immer auch als politische Arbeit, die günstige soziale und damit auch politische Wirkungen hat. Das Wesen von persönlichem Wohlsein ist es doch, dass es auch zum Gemeinwohl beiträgt – wenn Wohlsein etwas zu tun hat mit Wohlwollen sich selbst und anderen gegenüber.

Drei weitere Faktoren, die Identitäten gefährlich verändern können

Die Lust zu gehorchen

Die Lust zu gehorchen ist Ausdruck unseres existenziellen Wunschs, geliebt zu werden und dazuzugehören, beziehungsweise der Angst, abgelehnt und ausgeschlossen zu werden – mächtige Kräfte, die unsere Identität und unser Handeln auf unter Umständen furchtbare Weise einengen können.

Der Psychologe Stanley Milgram kam in einem 1961 an der Yale-Universität durchgeführten Experiment zu dem erschreckenden Ergebnis, dass etwa zwei Drittel der Probanden der Aufforderung des autoritär auftretenden Versuchsleiters folgten und Versuchspersonen für fehlerhafte Antworten schließlich scheinbar tödliche Stromstöße verabreichten. Nach der

Versuchsanordnung konnten die Probanden nicht wissen, dass die für sie unsichtbaren, aber hörbaren Versuchspersonen ihre zunehmend schmerzhaften und schließlich ausbleibenden Antworten auf die ansteigenden (und natürlich nicht tatsächlich ausgeführten) Stromstöße nur spielten. Lediglich etwa ein Drittel der Probanden machte von der Freiheit Gebrauch, das Experiment abzubrechen.

Das Milgram-Experiment sollte ursprünglich dazu dienen, Verbrechen aus der Zeit des Nationalsozialismus sozialpsychologisch zu erklären. Dazu sollte die »Germans-are-different«-These geprüft werden, die davon ausging, dass die Deutschen einen besonders obrigkeitshörigen Charakter haben. Diese These ließ sich durch das Experiment nicht bestätigen.

Die fundamentalste Erkenntnis der Untersuchung sei, so Milgram, dass ganz gewöhnliche Menschen, die nur ihre Aufgabe erfüllten und keinerlei persönliche Feindschaft empfinden, zu Handlungen in einem Vernichtungsprozess veranlasst werden können:

> »Die rechtlichen und philosophischen Aspekte von Gehorsam sind von enormer Bedeutung, sie sagen aber sehr wenig über das Verhalten der meisten Menschen in konkreten Situationen aus. Ich habe ein einfaches Experiment an der Yale-Universität durchgeführt, um herauszufinden, wie viel Schmerz ein gewöhnlicher Mitbürger einem anderen zufügen würde, einfach weil ihn ein Wissenschaftler dazu aufforderte. Starre Autorität stand gegen die stärksten moralischen Grundsätze der Teilnehmer, andere Menschen nicht zu verletzen, und obwohl den Testpersonen die Schmerzensschreie der Opfer in den Ohren klangen, gewann in der Mehrzahl der Fälle die Autorität. Die extreme Bereitschaft von erwachsenen Menschen, einer Au-

torität fast beliebig weit zu folgen, ist das Hauptergebnis der Studie, und eine Tatsache, die dringendster Erklärung bedarf« (Milgram 1973).

Ganz ähnlich verlief das Experiment »Die Welle« an einer amerikanischen Schule in den Sechzigerjahren, mit dem ein Lehrer seinen Schülern die Ausbreitung der Naziherrschaft in Deutschland nachvollziehbar machen wollte (Rhue 1997). Mit den drei Slogans »Macht durch Disziplin!«, »Macht durch Gemeinschaft!« und »Macht durch Handeln!« gelang es in nur wenigen Tagen, die große Mehrheit der Schüler(innen) zu einer faschistoiden, gewaltbereiten und führerorientierten Gruppe umzuformen – die dann recht schockiert aus diesem Experiment »erwachte«.

Das Milgram-Experiment wurde unter besonders sorgfältigen ethischen Vorkehrungen von Jerry M. Burger 2009 wiederholt, und er kam im Wesentlichen zu den gleichen Ergebnissen wie Milgram.[16]

Die große Versuchung: Straflosigkeit

Wenn unser Handeln keine Konsequenzen mehr hat, wenn alles erlaubt ist beziehungsweise eigene Verantwortung vollständig an eine »andere Autorität« delegiert werden kann, verwandeln sich die meisten von uns in recht primitiv anmutende, von archaischer Gier gesteuerte Personen. Alle geschichtlich und aus Neuzeit und Gegenwart bekannten Massaker und Völkermorde zeigen diese menschliche Bereitschaft zur Regression auf eine Ebene, auf der wir uns – von heute aus gesehen – nicht

16 Veröffentlicht im *American Psychologist* 1/2009, Bericht in der *Süddeutschen Zeitung* 209/2009.

mehr wiedererkennen würden. Dass diese Verwandlung von einer mitfühlenden in eine unmenschliche Identität in jedem von uns bereitliegt und keineswegs nur in besonderen, »üblen« Individuen und Gruppen zu erwarten ist, konnte zum Beispiel Philipp Zimbardo in seinem 1971 an der Stanford-Universität durchgeführten Gefängnis-Experiment nachweisen, bei dem das Erleben von Straflosigkeit in der Tatsache lag, dass es ja »bloß ein Experiment« war.

Stellen Sie sich vor, die Hälfte von uns hätte die Rolle von Gefangenen zu übernehmen, die andere Hälfte die von Gefängniswärtern – ohne genauere Vorgaben von Verhaltensregeln. Dann, so das Ergebnis des Experiments, würden die Wärter von uns innerhalb von nur zwei bis drei Tagen den Gefangenen gegenüber ein sadistisches Verhalten an den Tag legen, wie es im Irak in Abu Ghraib und in anderen Gefängnissen weltweit beobachtet wurde: Willkür, Lächerlichmachen und Demütigung der Gefangenen, Quälen mit übergestülpten Plastiktüten, Fesselung, sexuelle Bloßstellung und Entwürdigungen. Das Experiment musste nach sechs Tagen abgebrochen werden.

Zimbardo hat die Möglichkeit eigentlich »guter Menschen« zu destruktivem Verhalten den »Lucifer-Effekt« genannt, den er ausführlich in seinem gleichnamigen Buch beschreibt (Zimbardo 2008). Er bestätigt darin erneut, dass es nicht prinzipiell üble Menschen sind, die Missetaten verüben, sondern dass unter entsprechenden Umständen – zum Beispiel garantierte Straflosigkeit – jeder Mensch dazu in der Lage und niemand ganz davor gefeit ist.

»Erhabene und heilige Werte« – Eine verkannte Quelle von Terrorismus

Islamistischer Terrorismus in seiner extremsten Form wie vom »Islamischen Staat« (IS) betrieben erscheint als eine besonders schreckliche und absurde Ausprägung kollektiven Wahnsinns und entsprechender pathologischer Identitätsstrukturen. Dass Anhänger des IS auch von »erhabenen« oder »heiligen Werten« geleitet sein könnten, erscheint noch absurder. Genau das aber hat der Anthropologe und Psychologe Scott Atran, unter anderem Berater der amerikanischen Regierung, in langjährigen Untersuchungen und Forschungsprojekten herausgefunden (Atran 2015, 2014, 2010). Seine Befunde zeigen, vereinfacht zusammengefasst, Folgendes.

Die Gewalt des IS ist alles andere als nihilistisch. Der IS hat das Ziel, die Aufmerksamkeit der Welt zu wecken für das, was nach Überzeugung des IS den übersättigten, karriere- und wohlstandsorientierten Demokratien nach westlichem Muster mangelt: das Befolgen einer unumstößlichen göttlichen Wahrheit, wie sie im Koran niedergelegt ist, und damit das Ergriffensein von einer auf Leben und Tod gefahrvollen Aufgabe, die alles fordert und weit über das eigene Wohlsein hinaus Dienst und Hingabe an absolute heilige Werte bedeutet wie Selbstopfer für überpersönliche Ehre, Größe und Ruhm im Verband von Gleichen. Das Ganze bringt dabei die Erfahrung eines unvergleichlichen Abenteuers und einer grandiosen Mutprobe mit sich.

Das sind starke Attraktoren keineswegs nur für Gescheiterte, sondern zum Beispiel für junge Männer (die Rolle der Frauen bleibt genauer zu untersuchen!), die in Übergangssituationen sind – Immigranten, Studenten, Menschen in unklarer Jobsituation, nach wechselnden Beziehungen, die ihr Zuhause verlassen haben, nach neuen »Familien« und nach großen Herausforderungen suchen. Die Religion spielt für die primäre Anziehung dabei zunächst eine untergeordnete Rolle.

Die vor der Weltöffentlichkeit verübten Grausamkeiten folgen dem Muster des »freudvollen Terrors«, der im fassungslosen Entsetzen der anderen die Bestätigung der überpersönlichen und schicksalhaften Macht wahrnimmt, der sich der IS-Aktivist hingibt. Atran fand, dass die Enthauptungen für den IS die gleiche Bedeutung angenommen haben wie der Kollaps der Zwillingstürme für El Kaida: die Verwandlung von Terror in den Ausdruck von Triumph über und durch Tod und Zerstörung.

Atran beschreibt eindrücklich, wie »das Sublime« – im französischen Original mit der Bedeutung von »erhaben, hehr, großartig, überwältigend« – in seiner Konnotation eines Göttlichen, das sich gerade in seiner Schrecklichkeit als unfassbar groß erweist, zu den schwer fasslichen Motiven von Terroraktivisten gehören kann.

Dabei geht es keineswegs nur um religiöse Motive. Nach einer Untersuchung des öffentlichen britischen Meinungsforschungsdienstes ICM Research vom Juli 2014 sind 16 Prozent der Franzosen und davon 27 Prozent der Adoleszenten vom IS deutlich bis stark angezogen, während nur 6 Prozent der Franzosen Muslime sind (vgl. Atran 2014).

Es ist klar, dass einer Bewegung wie dem IS mit allen nur möglichen Mitteln Einhalt geboten werden muss. Es ist aber auch klar, dass die eben skizzierten und zunächst einmal schockierend wirkenden Befunde zu kaum nachvollziehbaren Identitätsentwicklungen ernst zu nehmen sind.

Einen möglichen Zugang bieten die Initiationsrituale in indigenen Kulturen, wie sie zum Beispiel von Malidoma Somé von seinem afrikanischen Stamm der Dagara in Burkina Faso beschrieben werden (Somé 2004). Das Übergangsritual vom Jugendlichen zum Erwachsenen besteht in einer überaus ernsten Prüfung, die durchaus lebensgefährlich sein kann. Die Reifung zum Erwachsenen ist nichts Harmloses, sie muss mit Erfahrungen von äußerster Herausforderung, ja Lebensgefahr verbunden sein, um die Kindheit endgültig abzuschließen und in die Kraft des Erwachsenen zu kommen. Wenn diese Tatsache zu wenig Beachtung findet, können faschistische Bewegungen eine unter Umständen unwiderstehliche Anziehung haben. Sie versprechen nicht etwa nur Frieden, Wohlsein und ein angenehmes Leben, sondern Kampf, Opfer, gewaltige Anstrengungen und Krieg.

Das ist es, was nach George Orwells Rezension von Hitlers *Mein Kampf* aus dem Jahr 1940 in Nazideutschland geschehen ist. »Während Sozialismus und sogar Kapitalismus den Menschen gesagt haben: ›Ich biete dir eine gute Zeit‹, hat Hitler ihnen gesagt: ›Ich biete dir Kampf, Gefahr und Tod‹, und als Ergebnis hat sich eine ganze Nation Hitler zu Füßen geworfen« (Orwell 1940). Und so fragt Atran (2014):

> »Ist unser Ideal lediglich eines von ›leichtem Leben, Sicherheit und Schmerzvermeidung‹, wie Orwell angenommen hat, um zu erklären, warum der Nationalsozialismus Faschismus und Stalinismus [neben vielen anderen Ursachen] mit harten Verpflichtungen und hohen Anforderungen eine so starke Anziehungskraft ausgeübt hat, vor allem auf die abenteuerlustige Jugend? Für die Zukunft liberaler Demokratien, auch ohne die Bedrohung durch gewalttätige Dschihadisten, kann das die entscheidende Kernfrage sein.«[17]

17 Hier eine weitere Sichtweise zum IS und zum Nationalsozialismus: »Ich stimme damit nicht wirklich überein. Bei den Jugendlichen, die zum IS gehen, sowie bei den Deutschen, die sich Hitler angeschlossen haben, handelt(e) es sich um ein Gefühl der Perspektivlosigkeit. Diese Jugendlichen haben oft keine andere Perspektive, ein gutes Leben zu führen, sie fühlen sich von der Gesellschaft ausgeschlossen. Ähnlich ging es den Deutschen, die sich [nach dem Ersten Weltkrieg] international ausgeschlossen und bloßgestellt fühlten. Sich einer stark wirkenden Bewegung anzuschließen bedeutet, wieder gesehen zu werden und eine Lebensperspektive zu haben. Ich glaube nicht, dass es dabei primär um ›Kampf, Gefahr und Tod‹ geht« (Ines Lena Mahr, Sozialpsychologin, mündliche Mitteilung).

Erwachsen werden und die Notwendigkeit radikaler existenzieller Bewährung

Nach den skizzierten Befunden gilt es, nach Wegen zu suchen, die das Erwachsenwerden zu einer sehr ernsten und durchaus gefahrvollen Grenzerfahrung machen – und dazu nicht den Irrsinn mörderischer Destruktion brauchen, wohl aber die existenzielle Intensität solcher Erfahrungen.

In einem Hearing zum sogenannten Islamischen Staat vor dem UN-Sicherheitsrat hat Atran (2015) aufgrund seiner Feldforschung Bedingungen für die Förderung von Jugendlichen und jungen Erwachsenen genannt, »um deren mächtige Energien und hohen Ideale freizusetzen«, sodass sie den Raum für konstruktive Gestaltungslust bekommen und sie nicht in Gewalt zu pervertieren brauchen. Im Folgenden nur einige Stichworte zu diesen ernst zu nehmenden Vorschlägen, die ja zuvor bereits angedeutet wurden.

Der Weg der Jugend braucht die Perspektiven von existenzieller Herausforderung, schwierigem Kampf mit widrigen Umständen und im Namen von hohen Idealen und heiligen Werten in einer gleichgesinnten Gruppe, mit der und für die es sinnvoll und wertvoll ist, Opfer zu bringen. Einkommen, Komfort und Sicherheit – die üblichen gesellschaftlichen Versprechen – sind für die Jugend primär keine erstrangigen existenziellen Attraktoren, sondern eher lähmend für ihre ursprüngliche Vitalität. Heilige Werte können nicht mit Karriere- oder Geldangeboten »gekauft« werden, wie Atrans Forschung eindrücklich belegt.

Junge Erwachsene haben viele Gründe für Träume – und für Albträume. Belastende Umstände im Elternhaus, Armut, Migration, Marginalisierung, ungünstige Bedingungen, um zu lernen und Bildung zu erwerben, trostlose oder langweilige, unterfordernde Zukunftsperspektiven und so fort. Wichtig für Jugendliche sind selbst organisierte Austausch- und Unterstützungsinitiativen in Verbindung mit lokalen Mentoren, die verstehen, dass Gewaltbereitschaft Ausdruck der Sehnsucht nach sinnstiftendem Abenteuer und nach einem ernst zu nehmenden, wertvollen Beitrag für die eigene Gruppe sein kann. Gute Antworten auf die Frage »Worauf bin ich eigentlich bei mir stolz?« sind essenziell, mit anderen Worten: der Wandel dieser Frage von einer chronisch frustrierenden Leid- zu einer anspornenden Leitfrage!

Für die Zukunft scheinen mir die wirklich großen Abenteuer nicht mehr so sehr in nach außen ausagierten Katastrophen wie in Kriegen zu liegen,[18] sondern im Inneren, dort, wo das Bewusstsein Grenzen überschreitet, die bisher als ewig gültig erschienen. Einem solchen Bewusstseinsweg ist dieses Buch ja eigentlich gewidmet. Es geht um eine Alternative einerseits zum konventionellen Erwachsenwerden – im Orwell'schen Sinn ein »gutes«, aber existenziell unterfordertes Leben – und andererseits zum blinden Extremismus als einem vollkommenen Irrweg.

Der militante Dschihad im Islam versteht seine Aufgabe im äußeren Kampf gegen die »Ungläubigen«. Der nichtmilitante Dschihad sieht darin ein nach außen verlagertes Missverstehen der eigentlichen Aufgabe, die der »Triebseele« gilt.

---

18 Nach *Mein Kampf* und der politischen Entwicklung bis 1940 beschreibt Orwell Hitlers Vision vom zukünftigen Deutschen Reich: »Ein zusammenhängender Staat von 250 Millionen Deutschen mit unbegrenztem ›Lebensraum‹ (das heißt mit einer Ausdehnung bis Afghanistan oder darüber hinaus), ein furchtbares hirnloses Imperium, wo im Wesentlichen nichts geschieht als das Training junger Männer für den Krieg und das endlose Gebären frischen Kanonenfutters« (Orwell 1940). Nach den gegenwärtigen Augenzeugenberichten sähe ein zukünftiges IS-Kalifat vielleicht nicht viel anders aus als Orwells Vision vom deutschen Großreich, siehe zum Beispiel den Artikel »Tyrannei. Leben im Horror – Berichte aus dem Alltag unter der Herrschaft des ›Islamischen Staates‹« im *Spiegel* 27/2015 oder Todenhöfer 2015.

Ich verstehe darunter das Anliegen jeder soliden mystischen Praxis, das heißt die sorgsame und geduldige Auflösung jener seelischen Strukturen, die sich im Verlauf unserer Biografie zu unserem vertrauten »Ich« verfestigt haben. Diese Arbeit der Auflösung kann durchaus Formen annehmen, die dem Kampf mit äußeren Gegnern an Intensität und Radikalität in nichts nachstehen.

Exkurs: »Peace Studies« – Ein harter und guter Weg

An der Universität Innsbruck wird seit über zehn Jahren ein von der UNESCO anerkannter Masterstudiengang in »Peace Studies«[19] angeboten, der von Wolfgang Dietrich (2015) entwickelt wurde. Der Begriff »Frieden« wird dort stets kontextabhängig und damit im Plural im Sinne von »den vielen Frieden« gebraucht, die sich um die zentrale Auffassung von den »transrationalen Frieden« gruppieren. Ich unterrichte als Teil des Programms Systemaufstellungen und hier vor allem politische Aufstellungen (vgl. Mahr 2016), in denen die Teilnehmer ihre biografischen Erfahrungen und ihr angestrebtes sozialpolitisches Engagement sinnvoll miteinander zu verbinden suchen.

Neben sehr gründlicher Erarbeitung von Theorie kommen diese Peace Studies den existenziellen Herausforderungen bei der Sinnsuche junger Erwachsener recht nahe. Sehr dichtes und ständig reflektiertes Zusammenleben, intensive Selbsterfahrungen in Sufi-Camps, Schwitzhütten, beim holotropen Atmen oder in Systemaufstellungen bis hin zum Durchleben sehr konkreter Gefahrensituationen wie »Geiselnahmen« in Zusammenarbeit mit dem österreichischen Bundesheer. Die

19 Siehe unter www.uibk.ac.at/peacestudies/ma-program.

Teilnehmer erleben regelmäßig einen bis hart an die Grenze des Erträglichen gehenden und zugleich wohlwollenden und tragenden gemeinschaftlichen Prozess.

Die Peace Studies könnten als Modell zum Beispiel für die Entwicklung von Bürgerdiensten dienen als eine der Antworten auf irregeleitete Sinnsuche und Radikalisierung.

Im 9. Kapitel, »Der Krieg ist wie die Liebe …«, werde ich die bisherigen Gedanken zur Gewalt und zur Lösung von Gewalt weiterverfolgen und konkretisieren.

Eine Zwischenbilanz: Vier Merkmale für gefährliche Identitäten und die vier Medizinen dafür

Nur eine Identität pro Mensch

Das ist die kürzeste Definition für gefährliche Identitäten. Für den kleinen George Tabori in der weiter oben erwähnten Anekdote war es beispielsweise die sexuelle Orientierung »schwul«. Aber die wichtigste und folgenreichste dieser singulären oder monolithischen Identitäten war und ist die Religion, die oft in Verbindung mit der Stammes- oder ethnischen Zugehörigkeit und mit politischen Ideologien auftritt, die dann meist, wie zum Beispiel im Falle des Nationalsozialismus, religiösen Charakter haben. Wir wissen rasch Bescheid nach dem Motto: »Sag mir, welche Religion du hast, und ich sage dir, wer du bist.« Die Religion oder die politische Ideologie wird zu einer Zentralidentität, zu einer »für immer« festgeschriebenen, immer gültigen und unantastbaren Identität, die in jeder Situation die beste und unfehlbare Orientierung verspricht.

Der absolute Wahrheitsanspruch oder Welche Religion hat Gott?[20]

Wenn eine wissenschaftliche, politische, vor allem aber eine religiöse Weltanschauung in Verbindung mit Machtausübung (Politik, Kirche) einen absoluten Wahrheitsanspruch erhebt und damit zur Ideologie wird, neigen die Inhaber der jeweiligen Wahrheit sehr rasch zur Entwertung bis hin zur Entmenschlichung der Andersdenkenden oder -gläubigen. Für Christen schmerzliche Beispiele finden sich etwa bei Bernhard von Clairvaux oder beim späten Martin Luther.

Nachdem Luthers missionarischer Impetus zur Bekehrung der Juden zum christlichen Glauben erfolglos geblieben war, wurde er, mit den Worten von Thomas Mann, »ein mächtiger Hasser, zum Blutvergießen von ganzem Herzen bereit«.[21] Vor allem in seiner späten Schrift *Von den Juden und ihren Lügen* von 1543 rief Luther dazu auf, man solle ihre Synagogen und Schulen in Brand stecken, ihre Häuser zerstören und sie »wie die tollen Hunde austreiben«. Weil die Juden Jesus als den Messias nicht anerkannten, seien sie »Teufelsgeschöpfe, zur Hölle verdammt«.[22]

Anlässlich des Wendenkreuzzugs und im Zusammenhang mit dem anstehenden zweiten Kreuzzug (1147–1149) äußerte sich der heilige Bernhard von Clairvaux auf eine für uns heute erschreckend hasserfüllte Weise gegenüber Andersgläubigen. Er sprach den Nichtchristen das Menschsein ab und forder-

---

20 »Welche Religion hat Gott?« war das Thema einer ARD-Talkshow mit Sabine Christiansen und Religionsvertretern am 10. September 2006.

21 »Die göttliche Brutalität des Bruder Martin. Urteile prominenter Deutscher über Luther«, *Der Spiegel* 45/1967.

22 http://www.theologe.de/martin_luther_juden.htm. In seinem überaus differenzierten Werk *War Luther Antisemit?* kommt der Historiker und Sprachwissenschaftler Dietz Bering zu dem Schluss, »dass Luthers Verhältnis zu den Juden eine schwere Bedrückung für jene bleiben muss, die andererseits seine Freiheitsideen zu Recht feiern« (Bering 2014).

te deren sofortige Vernichtung – eine schuldlose und damit straflose Handlung, da ja keine Menschen, sondern das Böse zum Ruhme Gottes vernichtet werde (vgl. Schwinge 2000).

Jede andere Religion kann mit ähnlich unrühmlichen Beispielen aufwarten. Ein Beispiel dazu aus dem Zen-Buddhismus findet sich im Epilog.

Die Gewissheit, dass Gott »meine« Religion habe, dass er »mein« Gott sei und dass Andersgläubige in seinem Namen bekämpft werden müssten, ist eine der schwerstwiegenden und gefährlichsten Identitätsverirrungen, die in der Menschheitsgeschichte bis heute unzählige Opfer gefordert haben und weiter fordern.

Die Medizin: Identitätenvielfalt

»Identitätsfalle« nennt Amartya Sen, Philosoph und Träger des Wirtschaftsnobelpreises, die Festlegung auf nur eine »singuläre« oder »monolithische« Identität. Sen bestätigt in seinem Werk eindrücklich die Befunde der modernen Identitäts- und Konfliktforschung: Menschliche Identität ist per se vieldimensional, pluralistisch und reich gemischt aus vielen wechselnden Teilidentitäten. Identität ist von ihrer Natur her immer »Patchwork-Identität«; und alle Versuche, sie auf eine »eigentliche«, »wesentliche« oder »Kernidentität« festzuschreiben, läuft darauf hinaus, »aus vieldimensionalen Menschen eindimensionale Kreaturen zu machen« (Sen 2010).

Die Medizin gegen die Illusion von der Schicksalhaftigkeit der einen ausschließlichen Identität ist also Identitätenvielfalt[23]

---

23 Sen beschreibt diesen Sachverhalt auf seine Person bezogen zum Beispiel mit folgenden identitätsstiftenden Gruppen, denen er angehört: Asiate und indischer Staatsbürger mit bengalischen Vorfahren, wohnhaft in den USA oder in Großbritannien, Wirtschaftswissenschaftler, Philosoph, Autor, überzeugter Anhänger des Säkularismus und der Demokratie, Mann, Feminist, Heterosexueller, Verteidiger der Rechte von Homosexuellen und Lesben, mit einem nichtreligiösen Lebensstil, mit hinduistischem Hintergrund ...

und -freiheit: Wir wählen die je nach Situation am besten dienliche Identität, und das ist manchmal die Identität »Ich bin Christ«, dann wieder »Ich bin Lehrerin«, später »Ich bin Mutter« und darauf vielleicht »Ich bin CSU-Mitglied«.

Oder vielleicht bin ich in einer lebensbedrohlichen Situation »Niemand« wie der listenreiche Odysseus. Er war mit seinen Kameraden in der Höhle des einäugigen Riesen Polyphem gefangen, der ihn nach seinem Namen fragte. In kluger Voraussicht verschwieg ihm Odysseus seinen wahren Namen und gab vor, er heiße »Oudeis« (auf Deutsch »Niemand«), brannte dem Polyphem später sein Auge aus und konnte entfliehen. Die anderen Riesen hörten ihren geblendeten Freund auf ihre Frage nach dem Täter antworten: »Niemand hat es getan!«, und ließen die Angelegenheit auf sich beruhen.

Das »Niemand« als Identitätsmerkmal ist im Grunde genommen die tiefstgreifende Lösung aller »identitären Krankheiten«. Dieser vorerst etwas rätselhaften Anmerkung werden wir als Nächstes bei der Medizin für die vierte gefährliche Identitätsverirrung begegnen, der »Ausschließlichkeit«.

Identität durch Geburt, Familie, Stamm und Nation

Ein zweites Merkmal einer gefährlichen, weil »alles verschlingenden Identität« ist die durch Geburt und Gruppenzugehörigkeit, also durch Familie, Stamm, ethnische Gruppe oder Nation, vermeintlich festliegende Identität. Diese nichtgewählte Identität mit ihren vielen Regeln, Ge- und Verboten sowie Traditionen, die wie unwandelbare und unantastbare Naturgesetze vermittelt werden, können ebenso einschränkend und gewaltträchtig sein wie die Religion.

Nehmen Sie das Beispiel des türkischen Staatschefs Erdoğan, der bei seinem Deutschlandbesuch 2008 in Köln vor vielen Tausend versammelten Landsleuten ausrief: »Assimilation ist ein Verbrechen gegen die Menschlichkeit!« Was immer er genau damit meinte, Assimilation kann in der Tat auf zweierlei Weise ein Verbrechen bedeuten: wenn das Gastland nur die eigenen nationale Identität gelten lässt und damit die Zwangsassimilation verlangt, das heißt das erzwungene Abschneiden der eigenen kulturellen und religiösen Wurzeln des Gastes; und wenn vom Herkunftsland die Assimilation an das Gastland als Loyalitätsbruch verboten wird, sodass der Einwanderer ein Gefangener seiner Wurzeln und ein ewig Fremder im Gastland bleibt. In dieser »Identitätsfalle« zwischen Herkunfts- und Gastland ist es kaum möglich, seelisch und körperlich gesund zu bleiben.[24]

Die Medizin: Gegebenenfalls andere Identitäten wählen

Die Medizin gegen die blinde Gefangenschaft in Herkunft, Tradition und Anpassung besteht darin, sich andere Identitäten zu wählen, wenn es die Vernunft oder unsere eigene Entwicklung gebietet. Vielleicht gebe ich bestimmte Speisegebote oder Heiratsvorschriften meiner Herkunft in einer neuen Umgebung auf, oder ich verändere meine religiöse Praxis durch neue Gebetsformen. Wahlfreiheit und Vernunft haben Priorität vor den automatisch durch Geburt und Familienzugehörigkeit gegebenen Bindungen. »Vernunft vor Identität«, so könnte die Kurzformel lauten.

---

24 Erdoğan fand bei seinem Deutschlandbesuch 2014 eine verbindlichere Formulierung: »Wir sind für eine Integration ohne Assimilation«, die Türken in Deutschland seien »nie gegen Integration« gewesen. »Ihr werdet keine Schwierigkeiten bereiten. Aber von der Religion, der Sprache, der Kultur her können wir keine Zugeständnisse machen!« (*FAZ* vom 24. Mai 2014). Zugleich forderte Erdoğan seine Landsleute aber auch auf, ihren Kindern noch besser Deutsch beizubringen, damit diese sich nicht wie Fremde fühlten – bei aller totalitärer Problematik von Erdoğans Politik und Persönlichkeit ein bemerkenswerter interkultureller Fortschritt.

Beispiele zur Lösung aus Großgruppenidentitäten

Es braucht immer Mut zum Bruch mit ausgedienten Traditionen und zum Verlassen zu enger Herkunftsgrenzen, zur Lösung aus Großgruppenidentitäten wie Stämmen, Ethnien oder nationalen Bindungen. Es braucht Mut, sich aus solchen Identitätsdilemmata zu befreien, wie die Muslimin und Sozialwissenschaftlerin Necla Kelek bekundet, die Mitglied der Deutschen Islamkonferenz war. Sie empfand es als einen Akt der Selbstbefreiung, erstmals in eine Bratwurst, in Schweinefleisch also, zu beißen: »Ich erwartete doch tatsächlich, dass sich mit dem ersten Biss entweder die Erde auftat und mich verschlang oder dass ich vom Blitz erschlagen wurde.«[25] Und nichts dergleichen geschah.

Von dem englischen Erzähler Edward Morgan Forster wird berichtet, dass er gesagt habe: »Wenn ich vor der Wahl stünde, entweder mein Land oder meinen Freund zu verraten, hoffe ich, dass ich den Anstand hätte – mein Land zu verraten.«[26] Das kann im konkreten Fall sehr viel Selbstsicherheit und Mut verlangen!

Manche Leser kennen sicher die Fotos von gemeinsamen Weihnachtsfeiern deutscher und englischer Soldaten 1914 zu Beginn des Ersten Weltkriegs. Zwischen den Schützengräben rasch improvisierte und gemeinsam geschmückte Weihnachtsbäumchen, der Austausch von Familienfotos und kleinen Geschenken, zusammen Weihnachtslieder singen, Umarmungen – bis die Offiziere am folgenden Morgen die Fortsetzung der Kämpfe anordnen und das gegenseitige Umbringen weitergeht.

Das ist ein drastisches Beispiel des Identitätswechsels, zu dem wir in der Lage sind: Die Wahrnehmung unseres Gegners

---

25 http://www.emma.de/artikel/necla-kelek-meine-persoenliche-himmelsreise-265529.

26 https://en.wikiquote.org/wiki/E._M._Forster.

als Mensch, als Nächster, kann unter dem Druck der Gruppenzugehörigkeit beziehungsweise der Großgruppenidentität (»Deutsche«, »Engländer«) vollkommen verloren gehen und uns zur Vernichtung desjenigen zwingen, den wir noch wenige Stunden zuvor lieb gewonnen haben.

Ein zentrales Motiv für diesen raschen Wechsel zwischen einander ausschließenden Identitäten ist die Notwendigkeit, die kollektive oder Großgruppenidentität aufrechtzuerhalten, solange sie die zentrale Instanz von Zugehörigkeit ist, deren Verlust größte Unsicherheit und Angst hervorruft.

Die Heilung solch identitärer Krankheiten und Verirrungen braucht also die Bereitschaft, auch gegen den Strom, gegen den Mainstream zu schwimmen, wie wir zu Anfang von Gerhard Polts ehemaligem Kriegsteilnehmer gehört haben, als er im Russen – wohlgemerkt zur Zeit des Kalten Krieges – menschliche Züge ganz ähnlich den unseren entdeckte.

»Reine Kulturen« sind Unkulturen

Das dritte Merkmal von gefährlichen Identitäten besteht in der Behauptung von sogenannten »reinen Kulturen« – als gäbe es Kulturen mit einer einheitlichen Entstehungsgeschichte, mit eindeutig festliegenden und schon immer ureigenen geografischen Gebieten (»unser Land«), mit reinen Wurzeln, unverfälschter und unschuldiger Ursprünglichkeit und der Notwendigkeit, diese reine Kultur vor Durchmischung und Beschmutzung durch »artfremde« Einflüsse zu schützen und sie zu »säubern«.

Ein besonders schlimmes Beispiel sind die rassischen Wahnvorstellungen der Nationalsozialisten zum Typus des Ariers. Der »reine Ur-Arier« wurde von SS-Chef Heinrich Himmler in versteckten Himalajaregionen vermutet und 1938 auf einer Tibet-Expedition gesucht, die hinsichtlich der Rassenfrage natürlich erfolglos blieb. Dass zum Beispiel die führenden Machthaber des Naziregimes diesem Typus des Ariers ganz offensichtlich überhaupt nicht entsprachen, wusste ein beliebter Witz hinter vorgehaltener Hand: Der typische Arier war »blond wie Hitler, groß wie Goebbels und schlank wie Göring«. Dieses offenkundig dümmliche Lügengebilde hinderte Millionen von Deutschen nicht daran, den Arierwahn als irrwitziges Ursprünglichkeits- und Reinheitsideal zu akzeptieren.

Kein Kampf der Kulturen

Stellen Sie sich einmal vor, ein großes Fußballspiel sei zu Ende, und wir gehörten zu den Zuschauern, die über zwei Halbzeiten hingebungsvoll immer wieder den anfeuernden Schlachtruf »Olé ..., olé, olé, olé!« gerufen hätten. Nun meldet sich noch einmal die Stimme des Stadionsprechers über Lautsprecher und sagt: »Liebe Fußballfreunde, vielen Dank für Ihre Begeisterung für dieses große Spiel. Sie sollen wissen, dass Sie mit Ihren ›Olé!‹-Rufen tatsächlich Gott angerufen und gepriesen haben, denn ›Olé‹ ist das nur leicht verwandelte Wort für Alláh. Und so haben heute, wie an jedem Wochenende, die europäischen Fußballstadien von ›Alláh!‹-Rufen widergehallt – vielen Dank noch einmal für Ihre Großherzigkeit.« Das Buch *Kampfabsage* von Ilija Trojanow und Ranjit Hoskoté (2007), aus dem die vermutliche Olé/Allah-Etymologie entnommen ist, steuert zur Aufklärung über vermeintlich »reine« Kulturen viel bei.

In Anspielung auf Huntingtons Buch *Kampf der Kulturen* (2001) plädieren die Autoren für eine »Kampf*absage*«. In gleicher Richtung argumentiert Amartya Sen, der seinem Buch *Die Identitätsfalle* (2010) den Untertitel gab: *Warum es keinen Kampf der Kulturen gibt*. Es existieren keine reinen Kulturen, es gibt nur reiche Gewebe von Durchmischungen, von wechselseitigem Einfluss und vielen Quellen, die zusammenfließen und Neues schaffen, das von seinem Wesen her im besten Sinn unrein, also voller Leben und von vielen Geistern inspiriert ist.[27]

Das Schießpulver zum Beispiel und der Buchdruck kamen aus China, wurden in Europa verändert und verfeinert, gelangten auch in den arabischen Raum, aus dem wiederum das Dezimalsystem und ganz wesentliche Entdeckungen der Mathematik und der Astronomie in alle Welt gingen. Oder denken wir nur an al Andaluz, mit der jene Region und Epoche vom 9. bis 15. Jahrhundert bezeichnet wird, in der arabische, jüdische und christliche Gruppen und Gelehrte über einige Jahrhunderte ungeheuer kreativ zusammenarbeiteten und voneinander lernten. Und demokratische Gesellschaftsmodelle, die der Westen gern für sich allein in Anspruch nimmt, zum Beispiel in Gestalt der Französischen Revolution oder der amerikanischen Verfassung, sind buchstäblich in allen Kontinenten nachgewiesen und haben aufeinander einen reichen komplexen Einfluss ausgeübt.

Die Medizin: Die Entlarvung »reiner Kulturen« als Hirngeburt

Das Antidot zur Illusion von den reinen Kulturen ist damit bereits benannt. Sogenannte reine Kulturen sind Unkulturen, gefährliche Hirngeburten. Kulturen sind und waren immer die Schöpfung der unterschiedlichen vielen – sodass wir wie gesagt zum Beispiel heute in unseren Fußballstadien unbewusst mit Olé an die alte Invokation Allahs erinnern. Und das wird für Fußballfans wie für Allah gleichermaßen in Ordnung sein!

---

27 Dieser Aspekt ist ein wertvoller Beitrag zu den enormen Migrations- und Flüchtlingsbewegungen besonders während der Jahreswende 2015/16 – bei all ihren persönlichen und kollektiven Traumata, ihren Risiken und Unwägbarkeiten.

Ausschließlichkeit: Die Anderen, die Fremden, die Gefährlichen

Das vierte Merkmal gefährlicher Identitäten ist Ausschließlichkeit. Sobald meine Identität die anderen als minderwertiger, wertloser, geringer, unbedeutender ausschließt – oder auch als besser, überlegen, wertvoller überhöht –, befinden wir uns auf gefährlichem, vermintem Gebiet.

Diese Aggressivität wird zum Beispiel in vielen Witzen über »die anderen« – *die* Ostfriesen, *die* Sachsen, *die* Schweizer und so weiter – kanalisiert. Die Bayern, zu denen ich als Zugereister gehöre, können da gut mithalten: Ein Nichtbayer fragt in München einen Einheimischen: »Sagen Sie, wissen Sie wohl den Weg zum Hofbräuhaus?« Und die lakonische Antwort lautet: »I scho.« (»*Ich* schon.«)

Wenige Schritte vom Spiel zum Ernst

Von diesem scherzhaften Spiel mit den Anderen und Fremden bis zu deren unverblümter Ablehnung, Entwertung, Entmenschlichung und Verfolgung sind es nur wenige Schritte, die in erstaunlich kurzer Zeit eintreten können.

Jeder Völkermord zeugt davon, wie frühere Nachbarn einander plötzlich ermorden, wie Lehrer ihre Schüler ausliefern oder umbringen, Ärzte ihre Patienten, ja sogar Kinder ihre Eltern und umgekehrt.

Gerade während ich diese Zeilen schreibe (Anfang 2016), gibt es angesichts der Flüchtlinge in Europa sehr starke Ausschlusstendenzen. Dass diese paradoxerweise in beide Richtungen gehen, zeigt zum Beispiel die Reaktion des Vizekanzlers Sigmar Gabriel, der die rechtsradikale Szene bei der Flüchtlingsnotunterkunft im sächsischen Heidenau als »Pack« bezeichnete, das weggesperrt werden müsse (24. August 2015) – ein willkommener Anlass für ebendiese Gruppen, sich beim Besuch von Kanzlerin Merkel zwei Tage später mit der Parole »Wir sind das Pack!« zu präsentieren. »Pack« gehört ins faschistische Vokabular, das den flüchtlingsfeindlichen Neonazis zu Recht vorgeworfen wird.

Angesichts der gewaltigen Dimensionen der Flüchtlingsströme ist es für alle besonders wichtig, einen klaren Geist und ein offenes Herz zu bewahren.

Die Medizin: »Alle Menschen sind Gottesträger«

Als Medizin gegen Ausschluss und Entwertung folgt hier die Empfehlung einer ziemlich starken, guten Arznei.

Bei der Feier zu seinem siebzigsten Geburtstag in Kapstadt während einer Tagung zur Wirkung der Truth and Reconciliation Commission sprach Desmond Tutu auch über Täter und sagte dann ganz bedächtig: »Every human being is a God carrier.« (»Jeder Mensch ist ein Gottesträger.«) Das ist nicht an eine spezielle Konfession gebunden (ein Buddhist würde von der »Buddhanatur eines jeden Menschen« sprechen), und die Umsetzung dieser Erkenntnis beginnt nicht erst in großen ethnischen Konflikten, sondern jetzt, hier im Alltag. Ich erinnere mich, wie Tutu das ganze Auditorium in diese Zusicherung der Gottesträgerschaft einbezog und uns mit dieser bewegenden Konkretisierung viel Zeit ließ.

Ludwig Wittgenstein schrieb 1913 in einem Brief an Bertrand Russell: »Identity is the very devil« (»Identität ist der eigentliche Teufel«) (Landini 2007). Wenn wir diesen Satz aus seinem Kontext – der Diskussion philosophisch-logischer Probleme – lösen und ihn einmal wörtlich auf das Thema der identitären Krankheiten anwenden, kommen wir erneut zu dem »Niemand« des Odysseus, das zuerst unter der Medizin für singuläre Identitäten auftauchte. Nach dem, was wir bisher gehört haben, können wir Wittgensteins Aussage weiterführen und zunächst sagen: »Identit*ies* are the very blessing« (»Identitäten sind der eigentliche Segen«). Es geht also einmal mehr um die Identitätenvielfalt.

Die radikalere und wesensmäßig spirituelle Aussage aber lautet: Nur ohne jede festliegende und ausgrenzende Identität, alle Identitäten einschließend und in diesem Sinn als Niemand, sind wir ganz frei. Das meint Desmond Tutu wohl mit »Gotteströger« – und Gott ist ohne Identität – als des Menschen eigentliche Natur. Sie erinnern sich an das Problem der Jünger, wer im Himmelreich einen guten Platz zu erwarten habe – es sind die Niemande im obengenannten Sinne.

Mit dem Thema »Identitäten« haben wir eine weite Reise unternommen, die von ihrem Wesen her nie endet. Mit dem folgenden Kapitel über den Körper kehren wir an den Anfang der Identitätenfrage zurück. Denn die erste Antwort auf die Frage »Wer bin ich?« lautet in aller Regel: »Ich bin mein Körper.«

5. Kapitel
Unser »wissender Körper«

»Ich spüre meinen Körper, also bin ich«, so könnten wir das Descartes'sche »Ich denke, also bin ich« abwandeln. Wenn wir mitten im Getriebe einmal kurz zu uns kommen wollen, bestätigen wir uns selbst meist durch eine Körperberührung mit unseren Händen: indem wir die Hände zusammenlegen, sachte das Gesicht bedecken, den Kopf abstützen, die Hände über Herz- oder Bauchbereich legen oder über eine andere Stelle, der Berührung guttut.
Fast alles Glück und fast alles Leiden dieser Welt scheinen vom Körper auszugehen. Glückseligkeit und Not, ganz gleich, welcher Ursache, erleben wir immer auch ganz körperlich. Der Körper nimmt einen, wenn nicht *den* zentralen Platz auf unserem Lebensweg ein und verdient alle Beachtung und Wertschätzung.
Der wohlwollende und kluge Umgang mit dem Körper ist praktiziertes Erwachsensein. Es folgen vertraute und weniger bekannte Tatsachen und Erfahrungen zu Körperlichkeit, die dabei hilfreich sein können.

Das Naturwunder Körper: Einige erstaunliche Zahlen und Befunde und – nicht aufgeben!

Unser Körper besteht aus circa 10^{14} oder hundert Billionen Zellen. Davon sterben etwa fünfzig Millionen pro Sekunde, und im gleichen Zeitraum werden ebenso viele neu gebildet. Die gesunde Darmflora wird auf etwa das Tausendfache der Körperzellen geschätzt, und die natürliche Bakterienbesiedlung unserer Haut bewegt sich in gleicher Größenordnung. Das Zusammenwirken von Mensch und Mikroben als »Holobiont«, ein umfassender Gesamtorganismus, ist ein sehr zukunftsträchtiger Gegenstand biologischer Forschung (vgl. zum Beispiel Kegel 2015).

In den vergangenen rund dreißig Jahren hat die Medizin vor allem in einer Hinsicht dramatische Fortschritte gemacht. Üblicherweise wurde der Körper als ein in sich geschlossenes und gegenüber der Umwelt weitgehend abgegrenztes System betrachtet. Insbesondere die Genforschung und die Neurowissenschaften haben dieses Bild radikal gewandelt. Unter den Befunden von »Epigenetik« und »Neuroplastizität« wurde immer klarer, dass die oben skizzierte extrem komplexe Zellgemeinschaft »Körper« kein isoliertes System ist. Es steht vielmehr in regem Austausch und in unauflösbar inniger wechselseitiger Verbindung mit den Körpern der anderen Menschen und mit der belebten und unbelebten Umwelt.

Die Epigenetik hat mit der Vorstellung aufgeräumt, dass die von Genen bestimmten Merkmale unserer körperlichen und seelischen Ausstattung ein für alle Mal festlägen. Wir wissen, dass bei festliegender chemischer Genstruktur (Sequenz von Aminosäuren) die Genregulation – das heißt die Aktivität beziehungsweise die Inaktivität eines Gens – in Abhängigkeit von wechselnden inneren und äußeren Bedingungen von chemischen Strukturen (zum Beispiel Methylgruppen) mit der Funktion von »Schaltern« an- oder abgestellt wird.[28]

Es war eine der wissenschaftlichen Sensationen der vergangenen Jahrzehnte, zu erkennen, dass unser Körper sich über Genregulation ständig auf veränderliche Umweltbedingungen (zwischenmenschliche, materielle, klimatische und so weiter) einstellt, sich ständig verändert und damit andauernd lernt, buchstäblich bis zum letzten Atemzug.

Das gilt ebenso eindrücklich für ein anderes zentrales körperliches Regulationssystem: das Gehirn und die Nervenbahnen, also unser neuronales System. Auch hier galt bis in die Siebzigerjahre, Gehirn und Nervensystem seien ein mit der Geburt im Wesentlichen fertig ausgebildetes neuronales Organ, das kaum neue Strukturen bilden könne. Intensive Forschung hat uns aber gründlich eines Besseren belehrt, sodass wir heute wissen, dass unser Gehirn und unser Nervensystem ständig neue Strukturen und neue Funktionen ausbilden können – genauso wie das Stilllegen dysfunktionaler oder nicht mehr gebrauchter Strukturen und Prozesse –, und zwar von der Wiege bis zu unserem Tod.

---

28 Zum Beispiel können Hungersnöte oder andere schwere Traumata zur Aktivierung beziehungsweise Stummschaltung von Genen führen, um das Überleben etwa per Einstellung auf den Hungerstoffwechsel zu gewährleisten. Die epigenetischen Veränderungen können dann weitervererbt werden und bei der folgenden Generation unter Umständen zu Krankheiten führen, die das Resultat falscher Anpassung sind: Die für die Eltern sinnvolle epigenetische Anpassung kann für ihre Nachkommen schädlich sein, weil sie zum Beispiel bei gegenwärtig guter Nahrungsversorgung physiologisch noch auf den früheren Mangel und Hunger eingestellt sind oder im heutigen Frieden auf den immer noch fortdauernden Krieg. Die Epigenetik arbeitet unter anderem daran, krank machende Aktiv- und Stummschaltungen von Genen in gesunde Aktivitätsmuster umzugestalten. Eineiige Zwillinge, die eine identische Genausstattung (gleiches Genom) haben, können sich je nach Lebensumständen und entsprechend unterschiedlich aktivierten beziehungsweise stumm geschalteten Genen (unterschiedliches Epigenom) ganz verschieden entwickeln.

Die Neurowissenschaften sprechen von »Neuroplastizität« oder auch von »aktivitätsabhängiger Gehirnplastizität«. Damit ist die Fähigkeit unseres Körpers gemeint, je nach Anforderung und in jedem Alter neue Neurone (Nervenzellen und Nervenleitbahnen), Myelinschichten (Isolierschicht um die Neurone zur ungestörten Fortleitung der elektrischen Impulse) und Synapsen (Kontaktstellen zwischen Nervenzellen) aufzubauen.

Dazu noch einige Zahlen,[29] die den unvorstellbaren Reichtum auch der neuronalen Regulation im Körper verdeutlichen. Allein im Gehirn gibt es hundert Milliarden (10^{11}) Neurone und hundert Billiarden (10^{17}) Synapsen, das sind mehr als die angenommene Zahl der Himmelskörper im bekannten Universum. Und die Zahl möglicher Funktionszustände des Gehirns kann theoretisch die schwindelerregende Höhe von 10^{3000} (eine Eins mit 3000 Nullen) erreichen, das ist ein Vielfaches der von Astrophysikern errechneten Zahl aller Atome im bekannten Universum von etwa 10^{78}.

An diesem neuronalen Informationssystem ist an zentraler Stelle auch unser »Darmhirn« oder »zweites Gehirn« beteiligt, das sind die dichten Nervengeflechte an den Innenwänden von Magen und Darm und ihre Verbindungen zum Gehirn. Diese Darm-Gehirn-Verbindung trägt den anatomischen Namen »Vagus«, der zu neunzig Prozent sensorisch ist. Das heißt, für jede Nachricht, die das Gehirn an den Magen-Darm-Trakt sendet, sendet dieser neun Signale an das Gehirn und sorgt für unsere »Bauchgefühle«, die wir auch als »instinktives« oder »intuitives« Wissen und Erkennen einer Situation erleben. Der Vagusnerv ist ein Großmeister bei der Aufrechterhaltung von innerer Balance, Stress- und Traumabewältigung und der Weisheit unseres Körpers. Ihm ist zu Recht ein eigenes For-

29 Diese notwendigerweise geschätzten Zahlen können je nach Quelle um einige Zehnerpotenzen schwanken.

schungsgebiet gewidmet – unter Federführung von Stephan Porges, der die »polyvagale Theorie« entwickelt hat (vgl. zum Beispiel Schmidt 2014).

Ein Beispiel zum »Darmwissen«

Eine 79-jährige Seminarteilnehmerin wollte es mit ihrem baldigen achtzigsten Geburtstag »noch rund werden lassen« in ihrem Leben, »bevor ich dann irgendwann sterbe«. Das »Unrunde« hatte sich schon lange vor allem in ihrem Darm gemeldet, der sehr stresssensibel, oft unruhig und schmerzhaft angespannt war. Immer wieder hatte sie Durchfälle, die nach Auskunft ihres Internisten keine erkennbare organische Ursache hätten.

Die Frau bat eine Seminarteilnehmerin, in der Aufstellung die Stellvertretung für ihren Darm zu übernehmen, legte ihre linke Hand auf ihren eigenen Unterbauch, »meinen Darm«, und führte die Stellvertreterin mit ihrer rechten Hand durch den Raum auf die Stelle, die sich für sie stimmig anfühlte. Sie stellte sich dann selbst etwas entfernt dazu.

In der stellvertretenden Wahrnehmung spürte die Frau, die den Darm verkörperte, dass sie von Anfang an – die Frau ist 1934 geboren – sehr viel Belastendes aufgenommen und irgendwie nicht richtig verdaut hatte. Ohne die aufstellende Klientin näher zu kennen, berichtete die Stellvertreterin des Darms von sehr viel Kälte, Ungeborgenheit, großer Angst, Verwirrtheit und Einsamkeit und von dazugehörigen Bildern, zum Beispiel von vorbeihastenden gepäckbeladenen Menschen – was die Klientin aus ihren eigenen frühen Erfahrungen zögernd und etwas ungläubig bestätigte.

Sie war unehelich geboren, lernte ihren Vater nicht kennen und verlor ihre Mutter zweijährig infolge einer Hirnhautentzündung. Es folgten Waisenhaus, Pflegefamilie, Flucht, größte Armut, Verlust der warmherzigen Pflegemutter und immer wieder »Einsamkeit und Einsamkeit …«. Die Frau war verblüfft über die Genauigkeit der Wahrnehmungen ihres durch die Stellvertreterin verkörperten Darms, der Stück für Stück erlebte und ausdrückte, was sie in ihren vielen Therapieversuchen nicht so recht hatte angehen wollen.

In dem längeren Prozess gelang es der Frau, die im Darm »aufbewahrten« Erinnerungen und Gefühle als ihre eigenen anzuerkennen und diese bei sich aufzunehmen wie ein lange vernachlässigtes und abgewiesenes Kind. Ihr Darm, sowohl in Gestalt seiner Stellvertreterin als auch in ihrem eigenen Empfinden, beruhigte und entspannte sich, was sie schon lange nicht mehr gekannt hatte. Ein Beginn, den die Frau mit therapeutischer Unterstützung für einige Monate über ihren achtzigsten Geburtstag hinaus »bebaucht und beherzt« weiterführte, wie sie schrieb.

Bei diesem Prozess konnten wir miterleben, wie »Meister Vagus« seine Arbeit tut und mit seiner eigenen Weisheit gefühlte und erlebte Einsichten unterstützt.

Die Dynamik der neuronalen Regulation in unserem Körper ist kein isolierter körperinterner Vorgang, sondern auf intensiven Austausch mit den umgebenden Lebensumständen ausgerichtet. Epigenetik und Neuroplastizität sind wie gesagt Beispiele für das Wunder unserer kreativen Teilhabe an buchstäblich allem und an lebenslangem Lernen, zu dem unser Körper befähigt ist. Die medizingeschichtlich zurückliegende »kindliche« These, wir seien genetisch und neuronal weitgehend festgelegte Wesen, können wir also beiseitelassen. Negativ gesprochen, können wir uns eigentlich nie mehr auf die faule, resignative Haut legen in der Annahme, unser Leben sei »halt gelaufen«.

Und positiv gesprochen, können wir davon ausgehen, dass unsere Entwicklung sich jederzeit und bis in unsere Sterbestunde hinein weiter zum Guten entfalten kann. Diese Haltung wäre eine erwachsene Antwort auf das Naturwunder unseres Körpers.

Merkwürdige Verbindungen: Die Kommunikation mit Pflanzen und mit eigenen Körperzellen

Cleve Backster (1924–2013), die führende Autorität bei der Entwicklung von Lügendetektoren, hat in zahllosen, sorgfältig dokumentierten Versuchen herausgefunden, dass zum Beispiel Pflanzen elektrochemisch sehr empfindlich darauf reagieren, wenn Menschen in ihrer Nähe an Handlungen denken, die den Pflanzen Schaden zufügen würden. Backster hat diese Fähigkeit »ursprüngliche Wahrnehmung« genannt[30] und konnte nachweisen, dass Zellen eines Menschen, auch wenn sie über eine große Entfernung von dem Heimatkörper entfernt waren, präzise auf die emotionale Verfassung der Person mitreagierten. So wurden einem US-Kriegsveteranen, der die verheerende Attacke der japanischen Flugstreitkräfte auf die US-Flotte in Pearl Harbor 1941 miterlebt hatte, weiße Blutkörper aus der Mundschleimhaut entnommen und in ihren Reaktionen elektromagnetisch in einem mehrere Kilometer entfernten Ort kontrolliert. Als dem Probanden Filmaufnahmen der Ereignisse in Pearl Harbor gezeigt wurden und er mit starker Betroffenheit darauf reagierte, zeigte sich exakt zeitgleich, also ohne eine messbare Zeitverzögerung, bei seinen entnommenen Leukozyten ein gleichsinniges Erregungsmuster. Dasselbe Ergebnis

30 Siehe Backster und Powers 2003. Ein zusammenfassender Bericht von Derrick Jensen über Cleve Backster findet sich in *The Sun* 496/2015, unter dem Titel »The Plants Respond«, www.thesunmagazine.org/archives/1882.

trat ein, als die entfernten Zellen durch einen Faraday'schen Käfig von elektromagnetischen Außenwirkungen abgeschirmt wurden.

Trotz großer Skepsis und Ablehnung bei Physikern, Medizinern und Biologen gibt es ein stetig zunehmendes Forschungsinteresse an der Frage, wie solche vorerst noch unerklärlichen Informationswege verstanden und genutzt werden können. Ein besonders prominenter Vertreter dieser Ausrichtung ist der britische Biologe Rupert Sheldrake mit seinen Untersuchungen zu morphogenetischen Feldern (siehe zum Beispiel Sheldrake 2009, 2007 und 2005). Auch er liefert ein Beispiel dafür, dass wirklich neue Einsichten sich nur nach langem Ringen durchsetzen und wissenschaftliche Außenseiter schließlich zu akzeptierten Insidern werden können.

Die Backster'sche Biokommunikation und ihre unabsehbar weitreichenden Konsequenzen sind auf dem besten Wege zu einem respektierten Platz in einem erweiterten Wissenschafts- und Weltbild.

Im 6. Kapitel über das Herz wird das in dieser Hinsicht relevante Thema der Herztransplantation behandelt. Zunächst geht es nun um Formen des Körperwissens, das für Beratung und Therapie ebenso wie für die psychosomatische Medizin eine zentrale Bedeutung hat.

Körperwissen und Körpersprache

Nach dem bisher Gesagten können wir erwarten, dass unser Körper auch ein überaus feines und wirksames Instrument für die Aufklärung seelischer Konflikte ist. Nicht nur bei unmittelbar körperlichen Problemen, sondern in vielen Lebensbereichen können Körperwissen und -sprache in der Tat entscheidende Hilfen sein.

Zur Erinnerung zunächst einmal einige vertraute Erfahrungen: Gefühle werden ausnahmslos als Erstes körperlich erlebt und dann benannt und gewusst. Angst, Ärger und Wut, Zuneigung, Liebe, Trauer, Abscheu, Freude und all die anderen Gefühle erleben wir im Brust- oder Bauchbereich, in Muskelspannungen, als Wärme, Hitze oder Kälte, als Kopfdruck, im ganzen Körper als Fließen sowie Strömen und so weiter. Gefühle sind immer zuerst verkörpert und können von da aus bewusst werden.

Auch Gefahren werden zuerst oft körperlich gespürt oder geahnt, indem man sich zusammenzieht, fröstelt, schaudert, zittert oder Weglauf-Impulse verspürt – und damit einher gehen dann all die angstvollen Gedanken nach Flucht- oder Schutzmaßnahmen.

Bei Nahestehenden »wissen« wir auch bei räumlicher Trennung körperlich von ihrer Befindlichkeit. Zum Beispiel berichtete eine Mutter im Seminar, wie sie vor ein paar Jahren mitten in der Nacht plötzlich mit einem unerträglich schneidenden Schmerz im rechten Bein und einem heftigen diffusen Angstgefühl aufgewacht war. Am nächsten Morgen wurde sie von einem Krankenhaus in Australien aus angerufen: Ihre Tochter habe einen schweren Motorradunfall mit mehrfacher Fraktur des rechten Beins erlitten, und zwar genau zu dem Zeitpunkt, als die Mutter nachts erwachte und unwillkürlich körperlich davon »wusste«.

Traditionen und Werte finden ihren körperlichen Ausdruck – vor allem, wenn sie ausgedient haben und wider Willen aufrechterhalten werden. Sich-Zusammennehmen, Haltung, Unnachgiebigkeit und Gehorsam als familiär und gesellschaftlich tradierte Werte können zu einer chronischen, starren bis hochmütigen Aufrichtung führen.

Wer stets etwas gebeugt durchs Leben geht, steht vielleicht unter dem Einfluss eines religiös begründeten Demutsgebots, das ein gesundes und erfrischendes »Nein!« verbietet – und bei näherem Hinspüren und -schauen teilt der Körper durch störende Symptome, zum Beispiel des Bewegungsapparats, mit, dass hier etwas nicht stimmt.

Der Körper und seine Sprache sind immer näher an der Wahrheit als unsere Gedanken, Vorstellungen und Selbstbilder. Wenn jemand mit eng verschränkten Armen und Beinen vor uns sitzt und versichert: »Ich bin ein Mensch, der stets offen für alles ist«, oder ein anderer hat hängende Schultern und eingefallene Wangen und beteuert: »Ich bin von Natur aus eigentlich immer fröhlich ...«, dann stimmt eben etwas nicht.

Der Körper gehorcht uns nicht, er lässt sich nicht kontrollieren. Oft gilt, dass unser Körper zutiefst uns selbst treu ist, während wir mental und emotional versuchen, anderen – den Eltern, der ethnischen Gruppe, den religiösen Vorgaben – treu zu sein. Wenn es wirklich um unsere Wahrheit geht, ist der Körper mit seinem »Ungehorsam« eigentlich unser loyalster, wahrhaftigster und ehrlichster Freund, der unsere ganze Zuwendung und Aufmerksamkeit verdient.

Systemisches Körperwissen: »Meine Leute sind alle in meinem Körper«

Etwas genauer möchte ich nun auf die wichtige Bedeutung des Körpers im Zusammenhang von systemischen Zusammenhängen und bei traumatischen Ereignissen eingehen. Im therapeutischen Kontext verstehen wir unter »System« wie gesagt die Gruppe von Menschen, mit denen wir durch Blutsverwandtschaft, andere innige Bindungen (zum Beispiel Paarbeziehung) oder geteiltes Schicksal (gemeinsames Erleben und Überleben von Krieg oder Naturkatastrophen) verbunden sind. Unser

Körper wird dann so etwas wie ein Resonanzorgan oder Spiegel für diese Verbindungen – wir sind also nie ganz allein. Einige Beispiele sollen das veranschaulichen.

Ypern 1915 – Der Großonkel im Familiengedächtnis

In ihrem Buch *Oh, meine Ahnen!*[31] (2015) berichtet die französische Familienforscherin Anne Ancelin Schützenberger von Nathalie, einem dreieinhalbjährigen Mädchen, das unter starker Atemnot zu leiden begann, als müsse sie ersticken. Medizinische Maßnahmen blieben fast wirkungslos. Das war begleitet von deutlichen inneren Bildern, die unter anderem Gasmasken und einen Stahlhelm genau wiedergaben, wie sie von französischen Soldaten im Ersten Weltkrieg ab 1915 verwendet wurden. Ein Großonkel des Mädchens war im April 1915 in der Schlacht bei Ypern durch Chlorgas umgekommen, das von der deutschen Wehrmacht eingesetzt wurde und zum Erstickungstod führte. Bewusst war der gut dreijährigen Nathalie das Schicksal ihres Großonkels nicht bekannt.

Als sie nun aber die Einzelheiten seiner Geschichte erfuhr und auch Bilder der Soldaten, Gasmasken und Helme sah, verschwanden ihre Beschwerden dauerhaft innerhalb von wenigen Tagen. Für sie war es dabei wichtig, ihren Großonkel beim Namen zu nennen, ihre Trauer über seinen schrecklichen Tod auszudrücken und für eine Weile immer mal ein Foto von ihm anzuschauen.

Die höchst interessanten theoretischen Fragen, die solche Fälle aufwerfen, zum Beispiel zum »Jahrestagssyndrom« – Nathalie ist am 26. April 1991 geboren, der letzte Gasangriff in Ypern war am 24. April 1915 –, müssen wir hier offenlassen.

---

31 Den im Buch wiedergegebenen Bericht zu Nathalie ergänzte Anne Ancelin Schützenberger in einer mündlichen Mitteilung im Mai 1999 mit Details, die ich hier aufgenommen habe.

Kniebeschwerden – Onkel Hans

Wegen therapieresistenter chronischer Beschwerden im rechten Knie wollte ein Klient klären, ob eine systemische Erkundung weiterhelfen könnte. In der Familiengeschichte war auffällig, dass sein Onkel Hans, der ältere Bruder der Mutter, ein in der Familie recht ungeliebtes Mitglied, als »eine Schande« galt, weil er beruflich wiederholt gescheitert, alkoholabhängig und schließlich betrunken bei einem selbst verschuldeten Autounfall ums Leben gekommen war.

In der Familienaufstellung, in der Stellvertreter für das erkrankte Knie und für den Onkel Hans einbezogen wurden, gab es sofort eine innige, vertraute Beziehung zwischen diesen beiden, als hätten sie sich schon immer gekannt. Der Klient war unmittelbar berührt davon und schloss den bisher missliebigen Onkel Hans mit Wärme und Herzlichkeit in die Familie ein, was sein Knie – sowohl den Stellvertreter als auch das Knie selbst – spürbar entspannte.

Es war gut, dass der Klient auch erkennen konnte, mit wessen Schicksal der Onkel Hans seinerseits unbewusst verbunden gewesen war: mit seinem eigenen Onkel väterlicherseits, der als chronisch psychiatrisch Erkrankter in einer Anstalt bei der Familie schließlich in Vergessenheit geriet und dort starb. Onkel Hans hatte unbewusst versucht, durch seine eigene »menschliche Erfolglosigkeit« an seinen Onkel zu erinnern – ein fast naturgesetzlich zwingender systemischer Vorgang, wenn Familienmitglieder durch Vergessen und Entwerten ausgeschlossen werden.

Die Kniebeschwerden des Klienten verschwanden anhaltend ohne weitere Therapie.

Zwei Myome – Die nicht betrauerten Zwillinge

Eine Frau stand kurz vor der operativen Entfernung zweier großer Myome, gutartiger Tumoren der Gebärmuttermuskulatur. Sie wollte zuvor noch klären, ob vielleicht auch systemische Zusammenhänge eine Rolle spielten.

Es ergab sich über eine Aufstellung, dass die unter der Geburt gestorbenen Zwillingskinder ihrer Großmutter mütterlicherseits nicht betrauert waren, kein Grab hatten und ihnen keine freundliche Erinnerung in der Familie bewahrt wurde. »Sie wurden dann halt ›weggemacht‹, es war ja noch Krieg damals«, sagte die Klientin. Ihr Körper aber hatte für ihre Zwillingsonkel oder -tanten (das Geschlecht wusste sie nicht) einen Platz geschaffen, eine Erinnerung.

Bei der Klientin löste sich viel Trauer ebenso wie bei der weiteren Familie, die in der Aufstellung vertreten war, und die Zwillinge strahlten sehr viel Zuneigung und Wohlwollen aus.

Nach dieser Erfahrung gingen die Myome binnen weniger Wochen zurück, sodass keine Operation mehr nötig war. »Ich musste sie nicht noch mal ›wegmachen‹«, meinte die Klientin später in einem Brief.

Um Missverständnissen vorzubeugen: Sorgfältige medizinische Diagnostik und gegebenenfalls Therapie sind bei körperlichen Beschwerden immer notwendig! Und manchmal kann dann systemisches Körperwissen dazu beitragen, einen unerkannten Zusammenhang ans Licht zu bringen und so die Besserung oder Heilung zu unterstützen.

»Das Trauma liegt nicht im Ereignis, sondern im Körper«

Dieser Satz stammt von dem amerikanischen Biophysiker und Psychologen Peter A. Levine, der »Somatic Experiencing (SE)« entwickelt hat, eine hochwirksame körperbezogene Form der Traumatherapie (siehe zum Beispiel Levine 2014).

»Trauma« ist ein überwältigendes Ereignis, das unsere Möglichkeiten übersteigt, durch Widerstand oder durch Abstandnehmen – also durch Kampf oder Flucht – damit fertigzuwerden. Wenn diese Möglichkeiten nicht bestehen, tritt ein psychischer und physiologischer Erstarrungszustand ein, der auf seelischer und vor allem auf körperlicher Ebene zu dauernder Anspannung, ständigem Auf-dem-Sprung-Sein und entsprechenden massiven Beeinträchtigungen führt. Ein Großteil der Lebensenergie wird gebunden in dem »Zeitkollaps«, bei dem der Traumatisierte nicht realisiert hat, dass die Gefahr vorbei ist. Das ursprünglich überwältigende Ereignis bleibt ewige Gegenwart und kann jederzeit neu aufbrechen – so wird vorbewusst gefürchtet.

Je nach Vorgeschichte und Konstitution des betreffenden Menschen können die gleichen Ereignisse, zum Beispiel ein Sturz vom Fahrrad oder ein im Sturm ganz in der Nähe umstürzender Baum, bei Person A nur einen kurzen Schreck oder bei Person B einen Erstarrungszustand, eine irreversible Traumareaktion nach sich ziehen.

In beiden Fällen spielt der Körper eine zentrale Rolle. Kommt jemand mit dem Schrecken davon, so wird er das vor allem auch körperlich ausdrücken: heftig atmen und schnaufen, Worte wie »Donnerwetter!« oder »Au weia, Schwein gehabt!« unter Umständen sehr laut sagen, hefige Urlaute wie Brummen oder auch Brüllen von sich geben, zittern, sich schütteln oder auch weinen. »Abreagieren« nennen wir das, und diese Fähigkeit ist entscheidend dabei, dass aus einem heftigen Ereignis kein Trauma wird. Für ein Unfallopfer ist es wichtig, ruhige Helfer zur Seite zu haben, die neben der akuten medizinischen Versorgung dazu ermutigen, den starken Energien auf diese Weise voll Ausdruck zu geben und sie nicht etwa zu dämpfen – sie sind heilsam und schocklösend.

Tiere können das sehr gut, zum Beispiel Hunde. Wenn sie etwas Unangenehmes erlebt haben, schütteln sie sich sofort von der Nasen- bis zur Schwanzspitze. Ein Vergnügen, ihnen beim Abschütteln zuzusehen! Uns Menschen fällt eine gesunde Abreaktion viel schwerer, unter anderem weil wir mit einem weit entwickelten Bewusstsein ausgestattet sind und damit den komplexen Beziehungsregeln unterliegen, deren Einhaltung uns Sicherheit gibt beziehungsweise geben soll. Die nach einer überwältigenden Erfahrung chronisch zurückgehaltenen Energien werden im Körper gehalten – und das Trauma liegt dann nicht im Ereignis, sondern im Körper und in seinen Erstarrungsmustern.

Traumaauflösung ist Körperarbeit

Die moderne Traumatherapie ist abgerückt von der Vorstellung, dass nur eine nochmalige Konfrontation mit dem Traumaereignis therapeutisch wirksam sei. Es geht vor allem um die sorgsame Arbeit mit dem Körperwissen, worauf Trauma-Buchtitel wie *Der Körper kennt den Weg* (Schmidt 2014) oder *Der Körper erinnert sich* (Rothschild 2002) verweisen. Zwei Beispiele, in denen die wiedererweckte Fähigkeit im Mittelpunkt steht, unterdrückte Flucht- und Wutimpulse endlich auszudrücken, sollen das erläutern.

Der Tiger – Nancy kann endlich rennen

Zu Beginn der Entwicklung von Somatic Experiencing (SE) durch Peter A. Levine stand die denkwürdige Begegnung mit Nancy am 21. Juli 1969. Das war der Tag der ersten Mondlandung des Menschen, für Levine aber war es das »Erweckungserlebnis« für seine damals noch nicht formulierte SE-Traumatherapie (vgl. Levine 2014). Nancy litt unter einer Vielzahl von Symptomen, unter anderem Migräneanfällen, Menstruationsbeschwerden, chronischer Erschöpfung und Panikattacken. Levine versuchte es mit seinen damaligen Methoden von Entspannung und Stressbewältigung, was Nancy zunächst beruhigte. Plötzlich aber geriet sie in einen raschen Wechsel heftiger Übererregung mit rasendem Herzschlag und Luftschnappen und nachfolgender Erstarrung und Lähmung, begleitet von Leichenblässe, Panik, Todesangst und der flehentlichen Bitte: »Helfen Sie mir! Bitte lassen Sie mich nicht sterben!«

Levine kämpfte gegen seine eigene Hilflosigkeit und aufsteigende Panik an, als sein Unbewusstes eine »archetypische Lösung« aktivierte. Hinter Nancy, auf der gegenüberliegenden Wand des Zimmers, nahm in seiner Wahrnehmung ein geduckter Tiger Gestalt an, bereit zum Angriff. Levine weiter:

> »›Rennen Sie, Nancy!‹, befahl ich ihr, ohne nachzudenken. ›Ein Tiger verfolgt Sie! Klettern Sie auf diesen Felsen und bringen Sie sich in Sicherheit!‹ Fassungslos über mich selbst, starrte ich erstaunt auf Nancys Beine, die zu zittern begannen und sich dann in spontanen Laufbewegungen auf und ab bewegten. Ihr ganzer Körper begann sich zu schütteln – zuerst krampfartig, dann milder. Während das Schütteln (im Zeitraum von fast einer Stunde) langsam

> abklang, empfand Nancy ein Gefühl von Frieden, das sie ›… wie warme prickelnde Wellen einhüllte‹. Später berichtete Nancy, sie habe während der Sitzung albtraumhafte Bilder von sich als vierjährigem Kind gesehen, das sich aus dem Griff von Ärzten freizukämpfen sucht, die es festhalten, um sie für eine ›ganz normale‹ Mandeloperation zu betäuben. Sie habe dieses Ereignis … bislang ›völlig vergessen‹.«

Zu Levines Überraschung besserten sich Nancys dramatische Symptome anschließend dauerhaft. Levines erstes Buch über die in der Folgezeit sich entwickelnde Traumatherapie hieß denn auch *Waking the Tiger – Healing Trauma* (etwa »Den Tiger wecken – Trauma heilen«[32]).

Was war geschehen? Dass Narkosen traumatisch wirken können – vor allem wenn sie, wie früher üblich, das Festhalten des Patienten erfordern, bis das Narkosemittel wie Lachgas, Chloroform oder Äther zu wirken beginnt –, ist inzwischen hinreichend bekannt. Nancys chronische Beschwerden als Traumafolge zu erkennen galt zur Zeit der Sitzung mit Levine nicht als anerkanntes medizinisches Wissen. Und so entwickelte sich die denkwürdige »Kooperation« zwischen Nancy und ihm in einem bisher unbekannten Raum. Levines unfreiwilliges und intensives Miterleben mit Nancys chronischem posttraumatischem Stress führte zur Vision präziser symbolischer Bilder über Nancys Dilemma: Sie fühlte sich lebensgefährlich bedroht von einer überwältigenden Macht und konnte davor nicht wegrennen. Levine vermochte ihr sein unwillkürliches Wahrnehmen und Erkennen ihrer Situation zu »leihen« und

32 Der wirkliche deutsche Buchtitel ist »tigerfrei« und weniger kraftvoll: *Trauma-Heilung: Die Energien des Lebens wiederentdecken* (Levine 1999).

so ihren damals in der Situation der Vierjährigen verhinderten und in ihrem Körper eingefrorenen Fluchtimpuls zu wecken, den sie dann konkret spürte und intensiv ausführte.

Der Tiger, das »Wappentier« von SE, steht damit nach jahrzehntelanger Ausarbeitung dieser so wertvollen Traumatherapie für zweierlei: die animalisch-konkret erlebte Bedrohung und das in uns bewahrte instinktive Wissen vom »Abreagieren« der mobilisierten beziehungsweise eingefrorenen Energien, das Tieren so selbstverständlich ist, dessen wir uns Schritt für Schritt wieder erinnern und das wir erlernen können.

»Schmerzen überall« und sexueller Missbrauch

Die dreißigjährige Sara war sich eigentlich sicher, dass sie nach einer recht hilfreichen Gesprächstherapie die Folgen des sexuellen Missbrauchs gut überwunden hatte, den sie als Neunjährige durch einen im Nachbarhaus wohnenden Onkel für mehrere Monate erlitten hatte. Gleichwohl suchte sie therapeutische Hilfe wegen immer wieder einschießender oder auch länger anhaltender Schmerzen in Armen und Beinen, Muskeln und Gelenken, für die keine medizinische Ursache und keine lindernde Maßnahme gefunden werden konnten. Sie nannte ihre Beschwerden »meine Schmerzen überall«. Mehrfach wurde ihr die Diagnose einer Fibromyalgie gestellt.

In der Therapiesitzung fokussierte Sara ihre ganze Aufmerksamkeit auf die im Moment leicht spürbaren Schmerzen, und eine gute Weile geschah nichts Besonderes. »Alles ganz okay«, meinte sie. Nach vielleicht zwanzig Minuten vertiefte sich ihre Atmung etwas; und als sie das Bewusstsein auf ihren vertieften Atem lenkte, spürte sie plötzlich erneut das Einschießen der Schmerzen, erst in den Armen, dann auch in den Beinen. Sie erlebte da »ein scharfes Brennen«. In rascher Folge wurde ihre Atmung schneller, Arme und Beine machten kleine, noch unbestimmte Bewegungen, sie ballte kurz die Fäuste, Schwindelgefühle tauchten auf – dann hörten diese Erfahrungen plötzlich wieder auf. »Jetzt bin ich wieder abgeschaltet, wieder so weit okay; das kenne ich schon.« Die Schmerzen traten etwas in den Hintergrund, und es waren auch keine weiteren Bilder oder Gefühle aufgetreten – außer einer ganz kurz aufblitzenden Angst beim Ballen der Fäuste.

Wie im Vorgespräch verabredet, erholte Sara sich erst einmal, atmete ruhiger und versicherte sich der freundlichen Aufmerksamkeit der anwesenden Gruppe. Sie wollte dann aber weitergehen und verstehen und wandte sich erneut den Schmerzen zu. Über einen längeren Zeitraum hinweg wurden diese intensiver und schärfer, und die Bewegungen von Armen und Beinen wurden immer stärker, sodass Sara schließlich aufstand, im Raum herumging und zunehmende Schlagbewegungen mit den Armen ausführte.

Sie fühlte den Drang auszurufen: »Ich kann laufen, weglaufen, ja, weglaufen kann ich, das kann ich ja!« Und etwas später: »So ein Hass, so eine Wut, oooh, ich könnte den zerfetzen, zertreten, zerreißen!« Nun fand sie sich in der Missbrauchsszene wieder – mit dem Unterschied, dass sie sich jetzt in Sicherheit wusste und etwas nachholte, was ihr damals als Neunjähriger nicht möglich gewesen war: wegzulaufen und aus einem Sicherheitsabstand die mörderische Wut gegen den missbrauchenden Onkel zu fühlen und auszudrücken. Das dauerte in Wellen wiederum an die zwanzig Minuten, ebbte dann ab und machte einer entspannten Erschöpfung Platz. Die ursprünglichen Schmerzen hatten sich in ein heißes Fließen im ganzen Körper verwandelt. »Erst wie Lava, dann wurde es immer mehr mein Blut, mein Leben …«, sagte Sara.

Ihr Körperwissen half ihr auch in den folgenden Monaten dabei, die Folgen des Missbrauchs sehr viel weiter gehend als bisher zu überwinden.

Von dem skizzierten Ausmaß an Offenheit und Wissen, das unsere Körpergrenzen überschreitet, haben wir nur einen kleinen Zipfel erfasst. Wir dürfen in absehbarer Zukunft Einsichten erwarten, die jetzt noch ganz unvorstellbar sind. Einsichten, die vermutlich helfen werden, auch das Leiden am Körper besser zu verstehen und womöglich zu lindern. Davon ist im Folgenden die Rede.

Das Leiden am Körper, unreife Körperfeindlichkeit und erwachsene Körperfreundlichkeit

Eine Klientin erzählte von einem ihrer Großväter, dass er kurz vor seinem Tod in hohem Alter mit Blick auf seinen gebrechlichen Körper sagte: »Gott sei Dank werde ich nun bald aus dem Zentralgefängnis entlassen!« Dieser Stoßseufzer gibt sicher ein häufiges Körpererleben wieder. Vor allem bei Krankheit, körperlicher Behinderung oder materieller Not kann der Körper ein quälender Kerker sein.

Die Mehrzahl der etwa vierzig bekannten Wundertaten Jesu sind Krankenheilungen. Dieser Ausdruck von Nächstenliebe erkennt an, dass körperliches Leiden unter allen Umständen Vorrang hat. Unter starken körperlichen Schmerzen ziehen wir uns ganz zusammen und brauchen vor allem Schmerzlinderung, bevor wir uns irgendetwas anderem zuwenden können.

Für den Buddha waren es die »drei Himmelsboten«, die ihn als jungen, behüteten Prinzen bei seinen ersten Exkursionen außerhalb des väterlichen Palastes tief beeindruckten: ein gebrechlicher Greis, ein Schwerkranker und ein Leichnam. Fortan wurde das unausweichliche menschliche Leiden an Alter, Krankheit und Tod der wesentliche Motor auf seiner spirituellen Suche nach Leidensüberwindung. Und er schloss sich einem Wandermönch an, den er bei seinen Ausfahrten als den »vierten Himmelsboten« erkannt hatte.

Körperliches Leiden braucht zuallererst liebevolle Zuwendung, Mitgefühl und Therapie. Nur unter dieser Voraussetzung können sich im Durchstehen körperlichen Leidens eines Tages vielleicht spirituelle Erfahrungen einstellen, die über die körperliche Not hinausführen. Die Ablehnung des Körpers jedoch, scharfe Askese (die der Buddha praktiziert und dann als Irrweg verworfen hat) und Körpervernachlässigung oder gar der Hass gegen den eigenen Körper sind menschenfeindliche Irrwege. Sie führen nicht etwa zur Erleuchtung, sondern in die Gefangenschaft extremer Selbstbezogenheit in Gestalt einer tiefen Bindung an den eigenen abgelehnten Körper.

Jede Religion hat oder hatte in ihrem Lehrgebäude unrühmliche Abteilungen, in denen Körperfeindlichkeit herrscht – und natürlich im Verborgenen eine entsprechend wüste Körperverfallenheit. Körperfeindlichkeit als eine Form der Gottlosigkeit, die vor allem am Sexuellen abgehandelt wird, ist eine schlimme Kinderkrankheit spiritueller Entwicklung. Kindlich ist vor allem das Gottesbild von einer übermächtigen, allwissenden, kontrollierenden und bestrafenden Vater- und Herrscherfigur, die keineswegs der Vergangenheit angehört. Für die fundamentalistische Megakirche Grace Community Church in Sun Valley bei Los Angeles zum Beispiel – und vergleichbare Beispiele finden sich weltweit – sind Homosexuelle vor Gott »so schlimm wie Mörder oder Kinderschänder [...], denen ewige Verdammnis droht«[33]. Gegenüber diesem Gott können nur überangepasste, überkontrollierte – und natürlich untergründig bedürftige und wütende – Kinder bestehen, die sich als fromme Erwachsene verkleidet haben.

---

33 »Oh Boy«, *Süddeutsche Zeitung* vom 2. Januar 2015.

Eine mildere Form von kindlicher Körperfeindlichkeit ist die naive »Spiritualisierung« des Körpers. Diese besteht in der Idee, dass durch gründliche tiefenpsychologische, systemische, energetische, spirituelle oder ähnliche Arbeit unser Körper vor Krankheiten geschützt sei. Larry Dossey, praktischer Arzt mit Forschungsinteressen an spirituellen Themen, berichtet von einer seiner Patientinnen, die fast am Durchbruch einer hoch akuten Blinddarmentzündung gestorben wäre und gerade noch notoperiert werden konnte. Sie hatte sich nicht bei ihm, ihrem Hausarzt, gemeldet und kam erst nach überstandener Operation wieder in die Praxis. Warum sie denn nicht vorher zu ihm gekommen sei mit den Fieber- und Schmerzsymptomen und erst eine fast tödlich verlaufende Entwicklung mit Noteinweisung abgewartet habe, wollte Dossey wissen. »Weil ich mich geschämt habe«, sagte seine Patientin und erklärte etwas stockend: »Na ja, ich dachte, ich hätte irgendwie versagt; ich hätte doch noch nicht genug meditiert, ich hätte mich noch tiefer mit meiner Vaterwut und meinem Mutterschmerz konfrontieren müssen, hätte mich energetisch noch mehr reinigen müssen – dann wäre ich nicht krank geworden. Ich wollte die Bauchschmerzen irgendwie nicht wahrhaben …« (Dossey 1993).

Bei aller Psychosomatik und spiritueller Praxis – unser Körper hat seine eigenen Gesetze und braucht seine eigene Beachtung. Bis heute sterben auch erleuchtete und heilige Menschen an körperlichen Erkrankungen. Der Körper ist nicht lediglich die Materialisierung geistiger, psychologischer oder systemischer Prozesse, sondern unser Körper hat auch sein eigenes physisches Leben, und das ist unsere Lebensgrundlage. Das zu übergehen oder zu leugnen kann tödlich enden, wie es Dosseys Patientin fast passiert wäre.

Robert Gernhardt hat sich in seinen Gedichten auf seine leichtfüßige und tiefsinnige Art auch mit dem Körper beschäftigt – im folgenden Gedicht geht es um den eigenen eigen-sinnigen »Fremdkörper«:

Noch einmal: Mein Körper

Mein Körper rät mir:
Ruh dich aus!
Ich sage: Mach ich,
altes Haus!

Denk aber: Ach der
sieht's ja nicht
und schreibe heimlich
dies Gedicht.

Da sagt mein Körper:
Na, na, na!
Mein guter Freund,
was tun wir da?

Ach gar nichts! sag ich
aufgeschreckt,
und denk: Wie hat er
das entdeckt?

Die Frage scheint recht
schlicht zu sein,
doch ihre Schlichtheit
ist nur Schein.

Sie läßt mir seither
keine Ruh:
Wie weiß *mein* Körper
was *ich* tu?[34]

Die Schlussfrage dieses Gedichts könnte ebenso gut lauten: »Wie weiß ich, was mein Körper tut?« Die Eigenmächtigkeit unseres Körpers macht sich besonders bemerkbar, wenn es um Sexualität geht.

Der sexuelle Körper – Anarchie im eigenen Haus

Ich schlage vor, die Sexualität trotz der Unzahl an Büchern, Filmen und Fachleuten zum Thema, trotz aller Aufklärung und der weitverbreiteten Überzeugung »Ja klar, wir kennen uns aus« als nach wie vor schwer begreiflich, immer wieder höchst überraschend und mit einer Einstellung zu betrachten, die offen und neugierig-forschend bleibt gegenüber der großen Unbekannten »Sexualität«.

Sexuelles Erleben und Verhalten hat nichts von seinem ursprünglich anarchistischen Charakter eingebüßt. Soll heißen: Ob wir gerade unbändige sexuelle Lust erleben, starken Widerwillen dagegen, die völlige Abwesenheit jeder sexuellen Regung oder irgendetwas zwischen diesen Extremen – wir haben nicht die volle Verfügung und Kontrolle darüber. Die Idee von »Normalität«, Beherrschbarkeit, »gesund« versus »krank« oder Anpassung und »Korrektur« zum Beispiel von Homo- in

34 Gernhardt 2008, zitiert nach der »Frankfurter Anthologie« in der *FAZ* vom 24. November 2001.

Heterosexualität scheitert regelmäßig an der urwüchsigen, lebendigen Wirklichkeit.

Autoritäre politische oder religiöse Systeme beißen sich am Ende immer die Zähne aus bei dem Versuch, zum eigenen Machterhalt normgerechte Vorstellungen von richtiger Sexualität durchzusetzen. An der Oberfläche mag das für eine Weile gelingen, darunter gibt es Verlogenheit, Missbrauch, verschwiegene Kinder und allenthalben sehr viel Leid.

In der psychotherapeutischen Praxis musste ich schließlich von allen Normvorstellungen zur Sexualität Abschied nehmen und versuche nun, jedes Mal wieder ganz von vorn, bei null anzufangen.

Ein Beispiel: Eine merk-würdige Ehe

Ein älteres Ehepaar suchte meine Beratung, weil ihnen wiederholt von Bekannten und Freunden nahegelegt wurde, dass bei ihnen etwas nicht stimme. Sie stritten sich zum Leidwesen ihrer längst erwachsenen Kinder schon immer sehr viel, oft erbittert und für beide schmerzlich – und konnten das trotz großer Anstrengungen nicht abstellen. Sie berichteten schließlich auch davon, dass sie sexuelle Praktiken entwickelt hätten, bei denen sie eine »schwierige Lust« empfanden, wenn sie einander in wechselnden Rollen Schmerzen zufügten. Und so hatten sie oft gehört, dass sie wohl eine sadomasochistische Beziehung hätten, die eben krankhaft sei und Behandlung erforderte. Sie stimmten dem zwar zu, merkten aber, dass entsprechende Versuche erfolglos blieben.

Als das Paar merkte, dass ich keinen weiteren solchen Therapieversuch unternehmen wollte – es blieb mir auch gar nichts anderes übrig –, sprachen sie, zunächst noch vorsichtig zögernd, dann doch etwas offener. Sie hatten über die Jahre bemerkt, dass sie auf eine tiefe Weise, auch sexuell, aneinander gebunden waren. »Da ist irgendwie ein tiefer Sinn, wie eine Aufgabe, die wir mit all diesen Reibereien und Schmerzen erfüllen müssen. Wir können da nicht einfach raus …« Sie könnten das selbst nicht richtig verstehen, da sei auch keine »böse Macht« am Werke: »Es ist einfach so.« In dieser nüchternen Feststellung waren sie sich einig.

Als ich das wohlwollend als ihre Wahrheit anerkannte und mit keiner Andeutung von Bedauern oder gar Krankhaftigkeit kommentierte, trat nach und nach eine Entspannung im Raum ein. Ich sagte noch etwas von der Möglichkeit, ihre Situation später einmal auf systemische Zusammenhänge hin zu erkunden, wenn sie das wollten – was die beiden nie in Anspruch nahmen –, und dann verabschiedeten wir uns.

Über eine E-Mail teilte mir das Paar nach einigen Wochen mit, dass sie halt so wie bisher weitermachten, aber irgendetwas habe sich doch ziemlich entspannt. Und dass sie in Zukunft wohl keine therapeutische Beratung mehr aufsuchen müssten.

Paar- und Sexualforscher haben uns in den letzten Jahrzehnten eindringlich gezeigt, wie sehr wir in der Illusion von der »Traumvorstellung Liebe« und von einem neoromantischen Liebesideal gefangen sind und wie hartnäckig wir gar am Ideal des Bildes von der immer glücklichen Ehe und anhaltend erfüllender Sexualität festhalten. Wir wissen mittlerweile, dass die unbewusste Wiederholung leidvoller Kindheitserfahrungen in der »Kollusion«, dem unbewussten Zusammenspiel der Partner, zur Grundausstattung einer jeden Paarbeziehung gehört. Und hier wird die zerstörerische Wirkung der skizzierten Idealvorstellung von Liebe, Partnerschaft und Sexualität besonders deutlich: Wenn wir meinen, diesem unausweichlichen Leiden in der Paarbeziehung am ehesten durch Trennung und Scheidung begegnen zu können, vergeben wir die Heilungs- und Entwicklungschancen, die wir wohl nur in einer vielleicht nur selten romantischen, dafür aber lebensvollen Paarbeziehung erleben können.

»Weshalb wird nicht noch häufiger geschieden?«, könnten wir stattdessen fragen. Was bewegt doch immerhin etwa fünfzig Prozent der Paare, ihr oft beträchtliches Leiden aneinander nicht einfach nur als krankhaft zu entwerten, sondern – oft ohne kirchlichen oder materiellen Zwang – zusammenzubleiben, so wie das Ehepaar im geschilderten Beispiel? Womöglich spüren sie, dass der bloße Wunsch nach Leidlosigkeit und Wohlergehen der Tiefe einer Paarbeziehung nicht gerecht wird, dass die Ehe »keine Wohlfahrtsanstalt, sondern ein Heilsweg« ist, wie der Jung'sche Eheforscher Alfons Guggenbühl-Craig in seinem für unser Thema wertvollen Büchlein *Die Ehe ist tot – lang lebe die Ehe!* (1985) feststellt und erläutert:

> »Eine Ehe funktioniert nur, wenn man sich gerade das, was man sich sonst nicht bieten lassen würde, bieten lässt. [...] Die Ehe ist nichts Gemütliches und Harmonisches, sondern sie ist ein Ort der Individuation, wo sich der Mensch an sich selber und an dem Partner reibt, liebend und ablehnend auf ihn stößt und so sich selbst, die Welt, das Gute und das Böse, das Hohe und das Niedrige kennenlernt.«

Und das betrifft nun ganz besonders auch die Sexualität.

Sexuelle Erfahrungen – Von heilig bis schrecklich

In einem Fortbildungsseminar wollten die Teilnehmer(innen) das Thema »Sexualität« behandeln und dazu etwas von mir als Seminarleiter und vermeintlichem Experten hören. Wir vereinbarten stattdessen, uns erst einmal viel Zeit zu nehmen und alles – Erfreuliches, Neutrales, Unerfreuliches – zusammenzutragen, was uns zu dem Thema in den Sinn kommt. Hier eine ungeordnete Auswahl aus dieser Sammlung von Notizzetteln:

- Sexualität verträgt die Enge der Zweierbeziehung auf Dauer nicht. Sie ist eine Nomadin, ruhelos, ohne festen Wohnsitz.
- Sexualität? Hunger, Gier, nie richtig gesättigt. Oft auch schal, langweilig, fad wie ein abgestandener Prosecco.
- Es gibt nichts Beglückenderes als eine tiefe und erfüllende sexuelle Beziehung.
- Sexualität bedeutet für mich meist Angst, Schreckhaftigkeit, Anspannung, manchmal Panik, Grobheit, schlimme Bilder … lieber vermeiden.
- Kuscheligkeit, Entspannung, Gemütlichkeit, gute Gespräche, beste Pause.
- Solange es Kriege gibt, ist sexuelle Gewalt ein notwendiger Teil davon. Die Vergewaltigung der Frauen des Feindes, die Demütigung und Vernichtung des Feindes durch das Heranwachsen der eigenen, siegreichen Frucht in den feindlichen Frauen, ist ein archaisches Ritual der Kriegsführung. Frauen, die dem Krieg zustimmen, stimmen auch diesem Ritual zu. Ob ich mich dem als Soldat entziehen würde? Ich hoffe das.
- Die sexuelle Begegnung zwischen Mann und Frau ist das Aufgehen im Göttlichen.

> Unter dem Strich ist Sexualität lästig und lässt Gott sei Dank mit zunehmendem Alter nach.

> Leben pur! Hitze, Schweiß, sich mal ganz vergessen und aufgeben, und all diese urigen Geräusche und Gerüche – das hat echt nicht seinesgleichen!

> Sexuelle Enthaltsamkeit ist eine wichtige Voraussetzung für den Weg zum Göttlichen.

> Das ist mir ganz klar geworden: Starke sexuelle Erregung ist die intensivste Bestätigung von »Ich bin«, »Ich existiere«, »Mich gibt es wirklich!«. Das hat was Beruhigendes, Selbstbestätigendes.

> Im Orgasmus verschwinde »ich« wie sonst nirgendwo. Auf dem Meditationskissen erreiche ich das nie.

> Sexualität wird oft so aggressiv bei mir. Ich mag nicht, dass ich das mag und suche. Ich weiß auch nicht. Sexualität ist die heiligste und am tiefsten Gott geweihte Energie überhaupt, von der wir getrieben werden, sie ist *die* Lebensenergie schlechthin.

> Manchmal will ich alles wild vermischen – Sex, Essen, Anales, eins werden mit meinem Geliebten, von alle Säften triefen –, »Oh Gott!«, kommt dann. »Geht das nicht zu weit?« Ist es das, was Freud »polymorph pervers« beim kleinen Baby genannt hat? Primitiv, regrediert oder so? Das würde wohl meine Mutter sagen.

> Im Internet kann ich alles finden, wirklich alles. Unglaublich, was es alles gibt! Wenn ich das damals in meiner Pubertät schon alles gesehen hätte, vielleicht wäre ich durchgedreht. Oder auch nicht. Ob das jetzt meiner Beziehung schadet? Weiß ich nicht.

> Als mein Mann damals gestorben war, hatte ich schon bald wieder Lust auf Sex. Ich hatte meinen Mann doch geliebt. Und dann das, bald nach seinem Tod. Kam mir irgendwie schuldig und schlecht vor, Trauerjahr und so.

> Meine Meditationslehrerin hat mal gesagt, dass das letzte Stück Triebhaftigkeit vor der Erleuchtung die Sexualität sei, die uns bleibt, »wie der Duft einer Blume anhaftet«, bevor auch das sich auflöst. Bin noch ziemlich weit weg von der Erleuchtung.

Diese Sammlung könnte wohl jede(r) von uns fortschreiben. Woran dieser Ausschnitt erneut erinnert, ist die Tatsache, dass Sexualität nicht geordnet, endgültig verstanden oder in »›gesund‹ versus ›krankhaft‹« eingeteilt werden kann.

Zur »Kontrolle« von Sexualität

Die wirksamste Kontrolle von Sexualität besteht in der Anerkennung ihrer Unkontrollierbarkeit. Unkontrollierbar ist Sexualität aus zwei Gründen. Einer ihrer Antriebe ist der Fortbestand des menschlichen Lebens, das ohne Sexualität erlöschen würde, und bei allen Neigungen zur Selbstauslöschung der Spezies Mensch will das die Evolution offenbar nicht. Der zweite Grund, der dem ersten natürlich dient, liegt in der unbändigen und unwiderstehlichen Trieb- und Lustmacht der Sexualität, wie die Menschheitsgeschichte und die alltägliche Evidenz beweisen.

Welche positive Wirkung hat dann die Anerkennung dieser Tatsachen? Sie verlieren ihre Bedrohlichkeit, die vor allem aus ihrer Verleugnung resultiert – wie überall sonst auch im Leben. Wenn Sexualität genau so, wie sie sich äußert, nicht bekämpft, sondern willkommen geheißen oder zumindest interessiert oder neugierig registriert wird, entsteht im Wortsinn ein gewisser Spiel-Raum. Wenn ich eine homosexuelle, sadomasochistische oder transsexuelle Neigung bei mir wahrnehme, muss ich mich nicht selbst als »pervers« attackieren, sondern kann anfangen zu »spielen«, das heißt zu schauen, wie ich mich mit dieser Energie oder Neigung am besten zurechtfinde, mit meinem Selbstbild, meinen Nächsten und meiner Umgebung. Das mag sehr schwierig sein, aber wenn ich dabei Selbsthass, Schuld und Scham ablegen und dafür langsam Selbstliebe entwickeln kann – und das ist sehr wohl möglich –, ist viel gewonnen.

Sexualität, Gender, Kultur und systemisches Wissen

Gender – Biologisches versus soziales Geschlecht

Was sexuelles Erleben und Verhalten bestimmt, hat sehr viele verschiedene Gründe, deren Abhandlung hier nicht mein Thema sein kann. Ob Frauen und Männer in ihrem Verhalten mehr von biologischen Tatsachen oder sozialen Konstrukten gesteuert werden, wird in der Gender-Debatte heftig diskutiert. Eine kompetente, kluge und humorvolle Zusammenfassung zu der gelegentlich abwegig erscheinenden Genderforschung liefert Harald Martenstein mit seinem programmatisch überschriebenen Text »Schlecht, schlechter, Geschlecht«,[35] wo er zu der gut begründeten und kaum überraschenden Schlussfolgerung kommt: Das Zusammenwirken der beiden Tatsachen von »biologischer Ausstattung« und »gesellschaftlicher Prägung« bestimmen weibliche und männliche Selbstwahrnehmung und Sexualität in je unterschiedlicher Mischung. Er plädiert damit ebenso für die einzig realistische Haltung in Sachen Geschlecht und Sexualität: undogmatische Offenheit, Toleranz und vor allem immer wieder neugieriges Nichtwissen.

35 *ZEITmagazin* 24/2013, www.zeit.de/2013/24/genderforschung-kulturelle-unterschiede.

Kultur und Sexualität

Kultur als der Prozess und das Resultat menschlichen Gestaltens, das auf die äußere (zum Beispiel Landwirtschaft) und die innere Natur (zum Beispiel Bewusstseinsforschung) gerichtet ist, sah der große Kulturkritiker Sigmund Freud in einem ständigen Konflikt mit unseren Trieben. Daher rührt das »Unbehagen in der Kultur« (1930), wie es im Titel von Freuds wichtigster kulturkritischer Schrift heißt. Für Freud ging es um den Urkonflikt zwischen dem in der menschlichen Natur angelegten Gegensatzpaar von Liebe und Tod, Eros und Thanatos, Libido und Destrudo – von Bindung und Zerstörung. Freud stand 1930 als Jude unter dem Eindruck des Ersten Weltkriegs, der zunehmenden Judenfeindlichkeit in Gestalt des heraufziehenden Nationalsozialismus und der Ausbreitung der oft unerträglich schmerzhaften Gaumenkrebserkrankung, an der er 1939 schließlich starb. All das hat seine kulturpessimistische Haltung sicher verstärkt. Die Aggressionsneigung des Menschen, die dieser – so Freud – von der ursprünglich angelegten Tendenz zur Selbstzerstörung (»Todestrieb«) nach außen auf die Schädigung und Zerstörung anderer richtet, werde unter der Wirkung der unterdrückenden Sexualmoral seiner Zeit noch verstärkt. Die ungestüme, archaische Lebendigkeit menschlicher Sexualität – in Freuds Sicht Teil der Liebe, des Eros – wird unter kultureller Zähmung und Normierung mit Angst- und Schuldgefühlen belegt, mit einem aggressionsgeladenen Ressentiment, eben mit einem »Unbehagen in der Kultur«. Der Wunsch nach Aufbruch, Ausbruch, Befreiung und nach der Vernichtung der »Anderen«, die an alldem wohl schuld sind, geben der natürlichen Aggressionsneigung zusätzlich gefährliche Nahrung.

Wie immer wir im Einzelnen zu diesen Annahmen stehen, es ist Freuds großes Verdienst, zu einer offeneren, ja liebevolleren Einstellung zu unserer Sexualität Entscheidendes beigetragen und damit die Kultur in dieser Hinsicht wesentlich bereichert zu haben.

Freud war es auch, der in Sachen Sexualität schon früh systemisch gedacht, das heißt eine Vielzahl von Faktoren in ihren Wechselwirkungen anerkannt hat, worauf die folgende Episode anspielt.

Sexualität – Eine systemische Sicht

Während eines Seminars zur sexuellen Entwicklung[36] stellte Freud den Teilnehmern die folgende Frage: »Meine Herren [es gab offenbar nur männliche Teilnehmer], wie viele Personen sind im Raum anwesend, wenn ein Paar Geschlechtsverkehr hat?« Die richtige Antwort war damals »Sechs«: das Paar selbst und die jeweiligen Eltern.

Wenn wir diese Vorstellung weiterdenken, so sind da natürlich noch viel mehr Personen im Raum wirksam: die Großeltern, Urgroßeltern und so weiter, all die Vorfahren, deren Existenz und deren Sexualität ich ja mein Dasein verdanke – eigentlich ein mächtiges Getümmel im Schlafzimmer! Zu den systemischen Aspekten von Sexualität gehört also auch ihr transgenerationaler Charakter. Das heißt, all die Lebenserfahrungen unserer Vorfahren wirken, überwiegend auf unbewusste und körperliche Weise, in uns fort. Zum Beispiel ist es gut bekannt, dass Frauen, die sexuelle Gewalt erlitten haben, das zwar oft für sich behalten, aber auf einer tieferen Ebene nicht verschweigen können. In den folgenden Frauengenerationen bis hin zu den Urenkelinnen führt das häufig zu schwer fass-

36 Diese Episode wurde bei einer Lehrveranstaltung in meiner psychoanalytischen Ausbildung berichtet. Die Quelle konnte ich nicht verifizieren und muss ihre Authentizität offenlassen, halte sie aber zumindest für »stimmig erfunden«.

baren Symptomen von Desinteresse, Abwehr, Ekel, Angst oder Wut im Zusammenhang mit sexuellen Erfahrungen.

Weniger dramatisch, aber gleichwohl sehr einflussreich für die Nachkommen sind die familiären, religiösen und gesellschaftlichen Haltungen früherer Generationen gegenüber Sexualität. Dazu ein Beispiel.

»Ihr hattet doch auch alle Sex!«

Ein Mann Anfang fünfzig sprach in einem Seminar nach einigem Zögern schließlich seine länger schon bestehende Unzufriedenheit mit der sexuellen Beziehung zu seiner Frau an, die ebenfalls an dem Seminar teilnahm. Er berichtete auch über die unlebendig, eng und irgendwie verstaubt wirkende Sinnlichkeit bei beiden Eltern- und Großelternpaaren und über die auf ihn als Kind bedrohlich streng wirkenden kirchlichen Normen, wie sie besonders von der väterlichen Seite vermittelt wurden, bestenfalls rein fortpflanzungsorientierte Sexualität sei statthaft gewesen.

Die Gruppe nahm regen Anteil an seinem Bericht, und es ergab sich schließlich, dass der Mann am Ende alle der etwa vierzig Gruppenteilnehmer als Stellvertreter(innen) für seine Vorfahren aufgestellt hatte, beginnend mit den Eltern. Da standen sie nun alle, von denen er abstammte und so vieles übernommen hatte, und hier war er mit seinem sexuellen Anliegen. Es gab ein intensives gegenseitiges Wahrnehmen, und plötzlich rief der Mann aus: »Ihr hattet doch auch alle Sex!« – daraufhin wurde es sehr lebendig. Bei Eltern und Vorfahren kam all das Schwierige, Dogmatische und Unerfreuliche, aber auch das Schöne, Lebendige, heimlich oder unverblümt Lustvolle zum Ausdruck, was eben auf die unterschiedlichste Weise erlebt worden war, einschließlich Kirche, politischer Ideologien oder »anarchistischer« Experimente eines Großvaters, von denen der Mann als »unerhörte Zügellosigkeit« früher vage gehört hatte.

Im Raum hatte sich eine Atmosphäre von »So ist das eben mit der Sexualität« ausgebreitet, sehr warm, lebendig, gelegentlich tragisch und insgesamt voller Wohlwollen für den Mann und seine Frau. Diese hatte sich weit im Hintergrund auch als eine Ahnin des Mannes eingereiht und war überrascht von der dort zu erlebenden »kämpferischen Frauenenergie«.

In einer späteren E-Mail schrieb das Paar, dass sich nach dieser Erfahrung »viele anregende Gespräche entwickelt haben …«, versehen mit einem »Smiley«.

Mit diesem Beispiel wird natürlich nicht der Anspruch erhoben, die reichen Befunde der systemischen Sexualtherapie auch nur annähernd wiederzugeben. Es geht um einen wichtigen systemischen Aspekt der sexuellen Beziehung eines Paares, nämlich die von unseren Eltern und Vorfahren unbewusst übernommenen Vorstellungen über Sexualität und deren prägende und oftmals einschränkende Wirkung auf unser Erleben. In dem Beispiel des Mannes konnte das Paar sehr anschauliche und lebendige Einsichten für sein Liebesleben und dessen Hintergrund gewinnen und sie als Anregung, als »positive Störung« nutzen – ein systemischer Ausdruck für einen offeneren Umgang miteinander.

Nun folgt, wie oft im wirklichen Leben, ein großer Sprung: von Sexualität, Lust und neuem Leben zu dessen Ende, zu Tod und Sterben. Und zu guten und hoffnungsvollen Entwicklungen.

Der Segen medizinischen Fortschritts – Am Beispiel der Palliativmedizin

Die Palliativmedizin ist vielleicht der wichtigste medizinische Fortschritt in den vergangenen fünfzig Jahren. Die großen Erfolge der kurativen, das heißt der überwiegend auf Heilung ausgerichteten Medizin waren über lange Zeit von dem Schatten einer Sterbe- und Todesverleugnung begleitet. In diesem Schatten konnte sich keine annehmende und liebevolle Kultur medizinischer Sterbevorbereitung und -begleitung entwickeln, von vielen einzelnen persönlichen Ausnahmen natürlich abgesehen. Vor allem mit den Pionierinnen Elisabeth Kübler-Ross (1926–2004) und Cicely Saunders (1918–2005) wurde eine Entwicklung in Gang gesetzt, die der Unheilbarkeit von vielen Krankheiten, dem Sterben und dem Tod zustimmt und damit den Raum tiefer Menschlichkeit, Wärme und Verbundenheit über alle Kulturen hinweg öffnet. »Palliative Care«, so wird der Begriff auch im deutschsprachigen Raum gebraucht, heißt wörtlich »ummantelnde Fürsorge« (vom spätlateinischen Wort *palliare* für »mit einem Mantel bedecken«).

Cicely Saunders nennt als das Ziel von Palliativmedizin, sich um den »ganzen Schmerz« *(total pain)* des Betroffenen und seiner Nächsten zu kümmern: die körperlichen Schmerzen, die sozialen Schmerzen (finanzielle Sorgen, Abbruch eines beruflichen Projekts und so fort), die psychologischen Schmerzen (Zurücklassen der Familie, ungelöste Konflikte, lange unterdrückte Gefühle und anderes) sowie die spirituellen Schmerzen (Frage nach dem Sinn des ganzen Leidens, Wut oder Versagensgefühle gegenüber Gott …). Im Grunde geht es um »Morphium und Nächstenliebe«.[37]

Von der Gründung des ersten Hospizes, dem St. Christo-

37 Vgl. *Die Zeit* 16/2003, www.zeit.de/2003/16/P-Cicely_Saunders.

pher Hospice in London 1967 durch Cicely Saunders, über die erste deutsche Hospizstation in der chirurgischen Universitätsklinik in Köln 1987 und die bis heute mehr als 300 deutschen Palliativ- und Hospizeinrichtungen hat sich eine weltweite Bewegung[38] entwickelt.

Wer einmal etwa im Internet zu diesem seit nur wenigen Jahrzehnten präsenten Thema recherchiert und zum Beispiel auf YouTube die Dokumentationen zu Palliative Care aus allen Ländern und Kulturen sieht, wird sogleich von einer Wahrnehmung ergriffen: Der gute Umgang mit schwerer Krankheit, eine liebevolle Sterbebegleitung und die einfühlsame Unterstützung der Trauernden ist natürlichste und beste Friedensarbeit – kein anderes Thema lässt nationale, politische, ethnische, soziale oder religiöse Unterschiede so hinfällig und unbedeutend werden wie Krankheit, Sterben und Tod. Sterben ist wohl die beste und wirksamste Gelegenheit – für den Sterbenden wie für seine Nächsten –, alles abzulegen, ganz in der Gegenwart anzukommen und zu erleben, dass uns nichts wirklich Wesentliches von anderen Menschen unterscheidet, vorausgesetzt, wir können in liebevoller Begleitung sterben.

Die Würde-Therapie

Der kanadische Arzt Harvey M. Chochinov hat in den vergangenen zehn Jahren die Würde-Therapie (Dignity Therapy) entwickelt, eine tief greifende und berührende Hilfe für unheilbar Kranke (vgl. Chochinov 2011). Sie besteht darin, mit dem

38 Aus Anfängen 1980 entwickelte sich die heutige International Association for Hospice and Palliative Care IAHPC (www.hospicecare.com). Die Weltgesundheitsorganisation WHO nahm »Palliative Care« 1990 in ihr Programm auf. Und die Deutsche Gesellschaft für Palliativmedizin DGP besteht seit 1994 (www.dg-palliativmedizin.de).

Kranken einen Fragenkatalog zu den wichtigen Lebensstationen sorgfältig durchzugehen, zu protokollieren und schließlich zu einem wertvollen schriftlichen Dokument und Vermächtnis auszuarbeiten. Mit den Angehörigen und Freunden hilft es dem Patienten und seinen Nächsten, Wichtiges anzusprechen, Wertvolles weiterzugeben und am Ende gut mit dem Leben abschließen zu können.

Das »Genfer Gelöbnis« des Weltärztebundes und seine zeitgemäße Fortschreibung

Mit der Palliativmedizin ist die moderne Medizin erwachsener geworden, weil sie die fundamentale Wirklichkeit von unheilbaren Krankheiten, Sterben und Tod als besonders wertvolle Gelegenheit für ärztliches Handeln begreift und nicht nur als dessen bedauerliche Begrenzung. Die Genfer Deklaration des Weltärztebundes,[39] kurz auch das »Genfer Gelöbnis« genannt, die moderne Version des Hippokratischen Eids und Teil der Berufsordnung der Deutschen Bundesärztekammer, sollte heute entsprechend erweitert werden um den ärztlichen Auftrag zu palliativer Fürsorge. Zum Beispiel könnte dieser neue Passus des Genfer Gelöbnisses lauten:

> »Ich werde unheilbar Kranke und Sterbende sowie ihre Angehörigen und Nahestehenden nach besten Kräften begleiten und ihnen bei der Vermittlung aller Möglichkeiten der Palliativmedizin behilflich sein. Ich werde sie darin unterstützen, die Zeit eines würdevollen Lebensendes als besonders wertvoll und heilsam wahrzunehmen.«

39 Im September 1948 auf der 2. Generalversammlung des Weltärztebundes in Genf verabschiedet und mehrfach modifiziert, zuletzt 2006. Vgl. zum Beispiel https://de.wikipedia.org/wiki/Genfer_Deklaration_des_Welt%C3%A4rztebundes.

In summa: Erwachsen im Körper

Ich hoffe, dass all die zum Teil sehr unterschiedlichen Informationen in diesem Kapitel bei Leserin und Leser vor allem eins hinterlassen: die Einladung zur Freundlichkeit im Umgang mit dem eigenen Körper.

Zusammenfassend folgt hier also noch ein Beispiel zu Körperfreundlichkeit aus einem Seminar über Körpersymptome und Krankheiten.

Der Kampf gegen den Körper fand nicht statt

Eine Frau, die an rheumatischen Beschwerden litt, suchte einen Stellvertreter für ihren Körper und stellte ihn im Seminarraum auf. Sie selbst stellte sich nach ihrem Gefühl dazu.

Der wesentliche Teil dieser Aufstellung bestand darin, dass die Klientin ganz anders als erwartet eine wohltuende, warme und liebevolle Verbindung zu ihrem Körper fand, der sich seinerseits sehr wohl mit ihr fühlte. Der ihr vertraute Kampf »gegen meinen rheumatischen Körper« fand nicht statt, und sie konnte die Arbeit mit einem ihr unvertrauten und sehr wohltuenden »rieselnden Fließen« im ganzen Körper und dem Gefühl eines inneren Lächelns beenden.

Sie erzählte mir einige Zeit später, dass sie eine Woche nach der Aufstellung wieder einen Routinetermin bei ihrem Hausarzt hatte, einem sehr zugewandten, aber auch sehr konservativen und strikt medikamentös orientierten Praktiker. Das angenehme Rieseln am Ende der Aufstellung und das innere Lächeln konnte sie bei dem Arztbesuch noch etwas spüren, und gleich nach der Begrüßung hörte sie zu ihrem Erstaunen ihren Arzt als Erstes sagen: »Also, wir können ja doch mal was Neues versuchen, was meinen Sie?« Er wollte ihr einfach mal die Empfehlung eines Kollegen weitergeben, der mit

Darmsanierung und Diät gute Erfahrungen bei rheumatischen Beschwerden gemacht hätte. Dabei lächelte der Hausarzt vorsichtig, was die Frau mir gegenüber so kommentierte: »Und da kam er mir doch tatsächlich vor wie mein freundlicher Körper in der Aufstellung – verrückt, oder?«

Sie probierte die Empfehlung aus, konnte eine Besserung erfahren und bei Bedarf natürlich weiterhin auf die medikamentöse Unterstützung zurückgreifen.

Besonders aufgefallen war der Frau die Herzlichkeit ihres Hausarztes, die sie so deutlich zuvor noch nicht erlebt hatte.

Damit sind wir bei der nächsten Station angelangt – dem Herzen, das besondere Aufmerksamkeit und ein eigenes Kapitel verdient hat, wie wir gleich sehen werden.

6. Kapitel

Das Herz – Der springende Punkt

Der Titel für dieses Buch könnte auch einfach *Herz* oder *Mit ganzem Herzen* heißen, und das wäre ein Synonym für das »Erwachsensein«.

Weltweit führen Menschen ihre Hand zur Herzregion, wenn sie wirklich sich selbst meinen, wenn es um etwas sehr Wichtiges und Bewegendes geht. Diese in vielen Kulturen gültige Ur-Geste verweist auf die Tatsache, dass unser Herz nicht nur unser körperliches Leben erhält, sondern unsere ureigenste seelische und geistige Wahrheit verkörpert. In Redewendungen und Sprichwörtern zum Körper taucht das Herz bei Weitem am häufigsten auf: »Du hast einen Platz in meinem Herzen« – wie schön, das einem anderen Menschen zu sagen.

Auch über das Herz wissen wir noch wenig, aber das Wenige ist bereits sehr viel.

Wissenschaftliches zum Herzen

Vor gut 2300 Jahren beobachtete Aristoteles beim befruchteten Hühnerei schon nach vier Tagen »einen blutigen Punkt, der hüpft, wie beschenkt mit Leben«: »den springenden Punkt«. Und der britische Anatom William Harvey (1578–1657), dem wir die erste korrekte Beschreibung des Herz-Kreislauf-Systems verdanken, beschrieb das gleiche Phänomen 1651 als ein »pulsierendes Feuerfünkchen«, den »Beginn tierischen Lebens«.[40] In seinem Werk *Die Bewegung des Herzens und des Blutes* formulierte Harvey es 1628, offensichtlich in »politisch korrekten« Worten, die gleichwohl anschauliche Metaphern für die Aufgabe des Herzens sind:

> »Das Herz der Lebewesen ist der Grundstock ihres Lebens, der Fürst ihrer aller, der kleinen Welt Sonne, von der alles Leben abhängt, alle Frische und Kraft ausstrahlt. Gleicherweise ist ein König der Grundstock seiner Reiche und die Sonne seiner kleinen Welt, des Staates Herz, von dem alle Macht ausstrahlt, alle Gnade ausgeht. Diese Schrift hier über die Bewegung des Herzens habe ich Seiner Majestät (wie es Sitte dieser Zeit ist) um so mehr zu widmen gewagt, als [...] beinahe alle menschlichen Taten wie auch die meisten Taten eines Königs unter der Eingebung des Herzens sich vollziehen.«

Mit dem letzten Satz verweist Harvey bereits auf die noch zu nennenden Funktionen des Herzens, die weit über die Blutversorgung hinausgehen.

Auch im Lauf der menschlichen Entwicklung ist das Herz-Kreislauf-System, noch deutlich vor Gehirn und Nervensystem, das erste funktionsfähige Organsystem des Embryos,

40 Die Angaben zu Aristoteles und William Harvey sind entnommen aus www.wikipedia.org, »Herz« und »Springender Punkt«.

das bereits ab der dritten Entwicklungswoche seine Arbeit aufnimmt. Embryonale Herztätigkeit kann man schon ab der sechsten Schwangerschaftswoche durch Ultraschall nachweisen. Das Herz ist tatsächlich »der springende Punkt« unseres Lebens.

Während eines siebzigjährigen Lebens schlägt es circa 2,2 Milliarden Mal, die gut vierzig Millionen Herzschläge vor der Geburt noch nicht mitgerechnet. Und es pumpt während der siebzig Lebensjahre in jeder Minute fünf bis sechs Liter Blut durch den Kreislauf, am Tag sind das etwa 8600 Liter, und es hat für uns am Ende des siebzigjährigen Lebens etwa 22 Millionen Liter Blut transportiert. Welch eine Lebensleistung!

Um 1900 starben etwa zehn Prozent der Menschen an Herz-Kreislauf-Erkrankungen, heute sind es in den Industrienationen vierzig Prozent und mehr. Damit stellen sie die häufigste Todesursache. Entsprechend rasant hat sich die Kardiologie vor allem mit ihrer computergestützten nichtinvasiven Diagnostik entwickelt. Und die noch junge Psychokardiologie macht sich das mannigfache »Herzeleid« zur Aufgabe, das zu den vielen herzbedingten Krankheits- und Todesfällen so wesentlich beiträgt.

Das Herz ist mehr als eine komplexe Blutpumpe. Vor allem das amerikanische Institute of HeartMath in Boulder, Colorado (www.heartmath.org), hat in den letzten Jahren dazu beigetragen, dass wir über das Herz neben seiner Aufgabe in der Blut- und Sauerstoffversorgung viel dazugelernt haben. Einige dieser Befunde, die bedeutsam für das Thema des erwachsenen Umgangs mit unserem Körper sein können, werden im Folgenden beschrieben.

Das kommunikative Herz: Neuronal, hormonell, elektromagnetisch und per Druckwellen

Das Herz verfügt über circa 40 000 Neuronen des autonomen Nervensystems (Sympathikus und Parasympathikus) und ein dichtes Synapsengeflecht – das selbstständig arbeitende »Herzgehirn«, das sich in permanenter Verbindung mit dem Gehirn und allen übrigen Körpersystemen befindet. Außerdem produziert das Herz wichtige Botenstoffe beziehungsweise Neurotransmitter für alle Körperfunktionen wie Noradrenalin, Adrenalin, Acetylcholin, Dopamin oder Oxytocin.

Das Herz ist der stärkste elektromagnetische Sender des Körpers, er ist etwa fünftausendmal stärker als das Gehirn und wirkt damit um einige Meter über die Körperoberfläche hinaus. Zum Beispiel kann das EKG (Elektrokardiogramm) einer Person als Wellenüberlagerung im EEG (Elektroenzephalogramm) einer anderen etwa ein bis drei Meter entfernt stehenden Person nachgewiesen werden und umgekehrt. Welche Informationen auf diese Weise zwischen Menschen übertragen werden, wissen wir noch nicht genau. (Die »Inter-Spezies-Kommunikation« vor allem zwischen Menschen und Tieren beschäftigt sich mit ähnlichen Fragen.)

Die mit dem Herzschlag erzeugten Druckwellen (»Puls«) sind ein weiteres Kommunikationsmittel des Herzens. Die Pulswellen bewegen sich sehr viel schneller als das zirkulierende Blut. Die elektromagnetische Aktivität des Gehirns ändert sich deutlich, wenn eine Blutdruckwelle dort eintrifft. In der Traditionellen Chinesischen Medizin (TCM), aber auch in der griechisch-arabischen und in der ayurvedischen Tradition wird das Pulsmuster als differenziertes Diagnostikum schon sehr lange genutzt. In der Art, wie das Herz sich kontrahiert, wieder entspannt und pausiert, scheint es sein komplexes »Wissen« vom Zustand des Gesamtorganismus weiterzugeben.

Das intelligente Herz: Herzkohärenz, Flow und womöglich Vorausahnung

Das Herz erfüllt seine vielfältigen Aufgaben zur Koordination aller Körpersysteme am besten im Zustand der »Kohärenz«. Gemeint damit ist das optimale Zusammenwirken von Herzschlag, Atmung und Blutdruck, um einer inneren oder äußeren Anforderung am wirksamsten, sprich lebensdienlichsten, zu begegnen.[41] Im Zustand der Kohärenz erleben wir uns ganz wach, präsent, zugleich entspannt und emotional offen und geistig klar: »Ich bin ganz bei mir.« Die kognitiv-intellektuellen Fähigkeiten nehmen zu. Wenn wir mit einer wichtigen Aufgabe beschäftigt sind, kann sich dieser kohärente Zustand als »Flow«[42] äußern, ein zugleich hochbewusstes und selbstvergessenes Bezogensein auf die Aufgabe, in der wir aufgehen. Und auch unser prosoziales menschliches Potenzial wie Wohlwollen, Freundlichkeit und Mitgefühl nimmt zu. Diese alles in allem »Herzintelligenz« genannte Fähigkeit beschreibt

---

41 Zur Kohärenz gehören weiter die Synchronisierung zwischen Großhirnrinde (vereinfacht: zuständig für bewusste Wahrnehmungen und Entscheidungen) und dem limbischen System (Gefühlswahrnehmung) sowie im autonomen Nervensystem zwischen Sympathikus und Parasympathikus. Weiter ist die Herzaktivität durch eine hohe »Herzratenvariabilität« ausgezeichnet; das heißt, die Abstände zwischen den Herzschlägen variieren ständig und »elastisch« um Millisekunden als Ausdruck andauernder gesunder Feinanpassung der Pulsfrequenz an wechselnde Umstände. Die Herzratenvariabilität wird zum Beispiel für die Beurteilung der Gesundheit von Ungeborenen genutzt und gilt als Globalindikator für die Regulationsfähigkeit des Menschen.

42 Das »Flow«-Phänomen wurde von dem Psychologen Mihály Csíkszentmihályi systematisch untersucht (vgl. zum Beispiel Csíkszentmihályi 2010).

die wertvolle Möglichkeit, intuitives Herzwissen und rationales Verstandeswissen in klügerem Handeln zu verbinden, als das der Intellekt allein leisten könnte.

Herzintelligenz herstellen

Herzkohärenz und in ihrem Gefolge Herzintelligenz können auf einfache Weise hergestellt und geübt werden. Eine vom obengenannten HeartMath-Institut gut untersuchte Methode besteht in drei Schritten:

- Innehalten und sich entspannt aufrecht hinsetzen. Die Aufmerksamkeit nach innen richten, sich auf den Atem konzentrieren und ruhig ein- und ausatmen.
- Nun die Wahrnehmung zur Herzregion ausrichten mit der Vorstellung, weiter durch das Herz ruhig ein- und auszuatmen. Dabei ist es hilfreich, sich das Einatmen wie das Geschenk einer belebenden und erfrischenden Sauerstoffzufuhr vorzustellen und das Ausatmen wie das sanfte Abfließen von Verbrauchtem und Belastendem.
- Im dritten Schritt die Aufmerksamkeit auf das Empfinden von Wärme und Ausdehnung im Brustbereich richten und diese Wahrnehmung durch Gefühle von Freundlichkeit, Wohlwollen und Liebe für sich selbst und andere unterstützen, die mit Erinnerungen an schöne Begegnungen oder Naturerfahrungen verbunden sein können. Freude, Dankbarkeit und Mitgefühl für sich selbst und für andere sind weitere Herzgefühle, die sich einstellen oder die wir innerlich wachrufen können.

Diese Praxis, deren Wirkung natürlich mit Übung zunimmt, braucht nur wenige Minuten oder Momente und kann in einer stressvollen und konflikthaften Situation jene Verbindung von Körper-, Verstandes- und Herzenswissen wachrufen, die uns für überraschende intuitive Einfälle und Lösungen öffnen kann.

Vorausahnung?

Ein 2004 durchgeführter Versuch[43] legt nahe, dass unser Organismus, vor allem aber das Herz, von kommenden Ereignissen »weiß«. Über einen Zufallsgenerator erschienen in unregelmäßigen Zeitabständen und in willkürlich wechselnder Abfolge wohltuende und erschreckende Bilder auf einem Computerbildschirm. Ziel des Versuchs war es, herauszufinden, wie schnell die Versuchspersonen auf die anziehenden beziehungsweise abstoßenden optischen Reize reagieren würden. Dazu wurden Hautwiderstand, Gehirnwellen und Herzschlag kontinuierlich abgeleitet. Das verblüffende Ergebnis war, dass zunächst das Herz und mit minimaler zeitlicher Verzögerung auch das Gehirn auf negativ wirkende Bilder deutlich messbar reagierten, bevor die Zufallssoftware das Bild überhaupt ausgesucht hatte. Dieses Ergebnis blieb bei zahlreichen Wiederholungen mit unterschiedlichen Versuchspersonen stets dasselbe, mit einem Überwiegen von weiblichen gegenüber männlichen Probanden.

Vorausahnung ist ein uraltes Phänomen, das sehr viele Menschen kennen. Wir können die naheliegende Skepsis und Kritik von wissenschaftlicher Seite ernst nehmen und zugleich eine Offenheit für die menschliche Möglichkeit bewahren,

43 Referiert in Peters 2014. Mein Sohn Johannes, Kognitionswissenschaftler, wies mich darauf hin, dass die bei Peters referierte Arbeit zu Vorahnung strengen wissenschaftlichen Kriterien nicht genügt. Da unter anderem der Bewusstseinsforscher Dean Radin (www.deanradin.com) zu gleichsinnigen Ergebnissen kommt, zitiere ich die Arbeit hier dennoch, verbunden mit der Aufforderung an Sie, auch das hier Gesagte wieder kritisch zu rezipieren.

Raum- und Zeitgrenzen zu überschreiten und unserem Herzen dabei eine besondere Fähigkeit zuzuschreiben.

Im Herzen *alles* fühlen – Aus dem Herzen keine Mördergrube machen

Leben heißt fühlen. Ganz leben heißt alles bewusst fühlen. Alles bewusst fühlen heißt körperlich gesund sein, vor allem auch herzgesund – so können wir die Erfahrungen der Menschheitsgeschichte mit Gefühlen zusammenfassen. Die großen Gefühle – Liebe, Freude, Sehnsucht, Trauer, Angst, Schmerz und Wut – erleben wir besonders im Herz- und Oberbauchbereich und legen bei diesen Gefühlen unsere Hände unwillkürlich dorthin.

Von allen Gefühlen sind Ärger und seine Spielarten von Groll, Wut oder Hass für die meisten Menschen am schwersten ungehindert zu fühlen, weil sie in der Tendenz unbewusst auf Beseitigung oder Vernichtung dessen zielen, der die Kränkung oder Verletzung und damit unvermeidlich auch Wut hervorgerufen hat. Unsere Kinderseele reagiert mit Angst oder sogar Panik auf starke Ärger- oder Wutgefühle in der Vorstellung, wir hätten zum Beispiel die ungerechte Mutter oder den verletzenden Vater mit unserer mörderischen Wut schwer geschädigt oder umgebracht. Wir können als Kinder für lange Zeit nicht unterscheiden zwischen einem starken Gefühl und seiner Umsetzung in Handlung, also zum Beispiel zwischen gefühlter Wut und realem Zuschlagen. Es ist uns als Erwachsenen vorbehalten, dass wir Hass und wuterfüllte Vorstellungen bewusst erleben können und zugleich die Freiheit haben, *nicht* danach zu handeln.

Unser Herz spielt in der Psychosomatik von Wutimpulsen eine wichtige Rolle und bietet seine Hilfe an, wenn wir noch keine bessere, sprich bewusstere Lösung wissen. Die natürlich wenig tragfähige Hilfe besteht darin, dass der körperliche und der seelische Herzraum zu einem »Behälter« für Wut wird, zu einer Mördergrube. Das Ergebnis ist ein anhaltend missmutiger, grollender, freudloser und ängstlicher Mensch, der herzbelastet und gelegentlich auch unheimlich wirken kann.

So ist es mit allen Gefühlen, die nicht erlebt und gelebt werden können. Sie werden vom Körper und vor allem vom Herzen wie von einem guten Freund aufgenommen und beherbergt und finden dann indirekt Ausdruck in merkwürdigem oder schwierigem Verhalten und natürlich in körperlichen Beschwerden.

Das Herz als Wegweiser

Wenn es um etwas Wichtiges geht, um unsere eigene Wahrheit, drücken wir das durch die Geste »Hand aufs Herz« aus. Wie im folgenden Beispiel berühren und aktivieren wir damit die Herzintelligenz, das heißt ein Wissen – in diesem Fall von großen Schmerzen, Trauer und ihrer Lösung –, das unter Umständen über Jahrzehnte in der »Herzensgrube« eingeschlossen war.

Beispiel: »Der Vater kommt nicht mehr heim«

Ein damals 68-jähriger Mann wollte verstehen und wenn möglich verändern, dass er seit etwa drei Jahren immer wieder Zustände von Kraftlosigkeit und Mattigkeit, eine Art Taubheit im Körper, Leere und Teilnahmslosigkeit hatte und sich »ohne Gefühle« erlebte, verbunden mit zunehmenden Herzrhythmusstörungen, die kardiologisch bisher unbedenklich erschienen. Er sei in diesem Zustand »wie weg« und zum Beispiel von seiner Frau nicht mehr recht ansprechbar.

Als der Mann im Seminar nun das »Ohne-Gefühle-Sein« ansprach, wanderte seine rechte Hand über seine Herzregion und blieb dort. Auf meine Bitte, sich mit seiner Aufmerksamkeit ganz der so berührten Herzgegend zuzuwenden und einfach nur wahrzunehmen, tauchten im Verlauf von circa zwanzig Minuten folgende Erfahrungen auf: kurz eine starke Trauer noch ohne Inhalt, eine Leere und völlige Mattigkeit, Taubheit im Kopf, dann das Empfinden, nichts mehr zu fühlen – also das, wovon er anfangs gesprochen hatte.

»Ich vermute, du besuchst jetzt deine Vergangenheit und erinnerst dich auf deine Weise an etwas Wichtiges – wo bist du gerade, um was geht es?«, fragte ich ihn.

Zunächst wusste der Mann nichts zu antworten, aber dann konnte er Schritt für Schritt etwas längst Vergrabenes in seine bewusste Erinnerung rufen. Dabei berührte er weiterhin seine Herzgegend. Er war fünf, als sein Vater zum Kriegsende vom Russlandfeldzug nicht mehr zurückkam und als vermisst gemeldet wurde. Der Fünfjährige stieg von da an oft auf den Dachboden und hielt durch das kleine Fenster Ausschau nach seinem Vater in der Hoffnung, ihn bei dessen ersehnter Heimkehr gleich als Erster in der Ferne zu entdecken. Das tat er bis zum siebten Lebensjahr, als die Meldung eintraf, dass der Vater bei Kriegsende gefallen war.

»Da hat das angefangen«, wusste er nun. »Ich kann mich jetzt erinnern, wie es alles ganz leer und taub wurde und wie ich nichts mehr gefühlt habe. Das blieb dann eigentlich von da an so, eingekapselt, weg.« Die Mutter und die drei älteren Geschwister hätten es genauso gemacht. »Anders hätten wir das damals nicht überstanden«, meinte er. Die zuerst flüchtige Trauer wurde nun zu einer großen, starken Trauerwelle, die ihn erfasste und in der er von uns allen im Seminar auch körperlich gehalten und unterstützt wurde. – Ein erster Schritt des nachholenden Trauerns war ihm möglich geworden. Und sein

Herz hatte ihn dorthin geführt. Die Herzbeschwerden traten in den Monaten nach der beschriebenen Erfahrung im Seminar deutlich zurück.

Wie er später feststellte, hatten die Herzrhythmusstörungen drei oder vier Jahre zuvor an einem bestimmten Tag im Oktober begonnen, dem gleichen Tag, als die Nachricht vom gefallenen Vater vor etwa sechzig Jahren zu Hause eingetroffen war.

Exkurs: Das Herz der anderen – Herztransplantation

Eine Organtransplantation hat einschneidende medizinische, soziale und psychische Folgen. Ich möchte mich in diesem Abschnitt auf die seelischen Konsequenzen von Herztransplantationen beschränken. Unter den verpflanzten Organen hat das Herz bei Weitem die größte Bedeutung, wenngleich auch Lungen- oder Lebertransplantation, die den Tod des Spenders voraussetzen, und eine Nierenverpflanzung oder gelegentlich sogar Bluttransfusionen nicht nur körperlich, sondern auch seelisch als ein tiefer Eingriff erlebt werden.

Zunächst wird nach einer Herztransplantation oft ein großes Glück über das neugewonnene Leben empfunden, eine Art Flitterwochen oder *post-transplant honeymoon,* was anspielt auf die Vorstellung einer glücklichen und problemlosen Vermählung mit dem anderen, dem Spender.

Die Beziehung zum Spender, die schon vor der Transplantation wichtig war, gewinnt dann immer mehr an Bedeutung. Bereits vor dem Eingriff kann es sehr belastend sein, auf den Tod eines anderen Menschen warten zu müssen, um selbst weiterzuleben. Unwillkürliche Todeswünsche gegenüber dem unbekannten Spender als Ausdruck des dringenden Wunschs, selbst überleben zu können, führen dann nach Eintritt des Spendertods und dem Weiterleben mit dessen Herz zu bedrängenden Schuldgefühlen und zum Beispiel der Vorstellung, dass die angenommenen Rachewünsche des Spenders für sein verlorenes Leben zur Abstoßung seines Herzens im Körper des Empfängers führen könnte.

Es geschieht eine intensive Beschäftigung mit dem Spender, zum Beispiel in anhaltenden und intensiven Träumen, die gelegentlich sogar zum richtigen Namen des Spenders führen, wie sich in einzelnen Fällen bei dem späteren Kontakt mit Angehörigen schon bestätigt hat.

Die herausforderndsten Erfahrungen von Herzempfängern aber beziehen sich darauf, dass mit dem Herzen des Spenders auch dessen Seele, dessen Wesen und dessen Erinnerungen, also dessen ganzes Schicksal, nun im eigenen Inneren lebendig sind. Dass also nicht etwa nur die Kreislaufpumpe eines anderen Menschen übernommen wurde, sondern der »ganze« andere Mensch mit seiner Lebensgeschichte, seinen Gefühlen und Neigungen und auch mit dem Erleben der zum Tode führenden Ereignisse (Unfall, Krankheit), die die Herzentnahme und Transplantation ermöglicht haben.

Einige der folgenden Erfahrungen können vielleicht auch mit Nebenwirkungen der immunsuppressiven Therapie oder mit biografisch bedingten unbewussten Fantasien des Empfängers erklärt werden – dafür plädieren die Kritiker gegenüber allzu spekulativen oder esoterischen Deutungen der beschriebenen und der noch folgenden Phänomene.

Wir müssen es vorerst offenlassen, ob es eine Art von Wissen gibt, das mit Begriffen wie »Zellgedächtnis« umschrieben wird. Die nach der Herztransplantation eintretenden Veränderungen konnten wie angedeutet jedoch mittlerweile in vielen Fällen dadurch überprüft werden, dass die Eigenschaften des Spenders durch Kontakte mit dessen Angehörigen bekannt wurden und die nach der Herztransplantation auftretenden Fremdheitserfahrungen nun zugeordnet werden konnten.

Hier nun also die Zusammenstellung einiger solcher Erfahrungen (vgl. auch van Lommel 2013).

Herzensfremd nennt Sylvia Claire (1999), die Empfängerin von Spenderherz und -lungen, ihren sehr detaillierten und eindrucksvollen Erfahrungsbericht. *A Change of Heart* heißt der Originaltitel, was zugleich »Herzwechsel« und »Sinneswandel« bedeutet und damit das Wesentliche zusammenfasst.

Oft erlebt ein Empfänger nach der Herztransplantation, dass er sich selbst ganz fremd geworden ist, den eigenen Körper mit einem anderen teilt und statt des »Ich«-Gefühls nun mehr ein »Wir«-Gefühl empfindet. Es können starke Schmerzen an der Körperstelle auftreten, an der der Spender tödlich verletzt worden war. Es werden Wesensveränderungen erlebt wie zum Beispiel bei Sylvia Claire eine plötzliche Vorliebe für Fast Food, Bier und Rockmusik, wo zuvor ein Faible für veganes Essen, ein Desinteresse an Alkohol und eine Hingabe an die klassische Musik vorherrschten. Bei einem männlichen Herzempfänger können weibliche Neigungen auftreten wie die zu einem besonders femininen Parfüm – die bevorzugte Marke der Spenderin –, und Körperausdruck wie Gangtyp können sich auffällig in Richtung des Spenderkörpers verändern. Frühere, unabhängig vom Herzen bestehende Krankheiten können unter dem Einfluss der veränderten Identität zurücktreten oder verschwinden. Das »Wissen« eines Empfänger-Mädchens ging so weit, dass es präzise Bilder über den Mord an dem Spenderkind erlebte und dadurch zum Erfassen des Täters entscheidend beitragen konnte.

Die Transplantation von Lungen kann vergleichbar intensive Erfahrungen mit sich bringen, wie das folgende Beispiel zeigt.

Ein Beispiel für die »Transplantation von Erfahrungen«

Eine dreißigjährige Frau kam knapp zwei Jahre nach einer Lungentransplantation in ein Seminar, weil sie bei dem herannahenden zweiten Jahrestag der Operation nicht noch einmal das Gleiche wie am ersten erleben wollte. Sie hatte erst nach dem ersten Jahrestag erfahren, dass ihre Lungen von einem Mann stammten, der mit seinem Motorrad frontal auf einen Baum aufgeprallt und sofort gestorben war. Beim ersten Jahrestag hatte sie, ohne das zu realisieren, diesen tödlichen Unfall so wie der Motorradfahrer selbst nacherlebt: einen sehr heftigen Aufprall mit schneidenden Schmerzen an Kopf und Brustkorb, Explosionslärm, grelle Lichtblitze, Panik, eine Bilderflut wie ein Familienalbum, das im Bruchteil einer Sekunde in rasender Geschwindigkeit durchgeblättert wird, und gleich darauf vollkommene Dunkelheit, Stille, Leblosigkeit, nichts.

Die Frau war von Natur aus nüchtern, herzlich-bodenständig und hatte bisher »mit so spirituellen oder esoterischen Sachen nichts am Hut«, wie sie sagte. Nach ihrer Erfahrung war sie sich jedoch sicher, dass der Motorradfahrer seinen plötzlichen Tod nicht realisiert hatte und »dass ich das nun alles mit seinen Lungen auch in mir trage«. Damit meinte sie die Unfallerfahrung selbst und die schwer fassbare Wahrnehmung, dass danach für den Spender etwas »offen- oder steckengeblieben ist, da muss noch was für ihn geschehen, damit er weiterkommt. Und damit ich wieder ganz zu mir kommen kann.«

Nachdem sie sich vergewissert hatte, dass sie sich von der Seminargruppe sicher gehalten und unterstützt fühlte, ließ sie sich bewusst noch einmal auf die geschilderte Unfallerfahrung ein. Diesmal aber hielt sie mit unserer Unterstützung immer wieder inne und wandte sich an den Stellvertreter des Spenders mit erklärenden Worten wie »… und dann erlitt dein Körper einen so heftigen Stoß und so starke Verletzungen, dass dein Herz aufhörte zu schlagen und alles Leben aus dir gewichen ist. Dann warst du tot, gestorben.« Während sie also zugleich noch einmal das Sterben des Spenders in sich nacherlebte, war sie sich gleichzeitig der Unversehrtheit ihres eigenen Körpers und der darin atmenden Lungen bewusst.

Sie begann nun intensiv zu überlegen, was sie jetzt für den Spender respektive für die Seele des Spenders tun könne, »damit er sich von der Unfallerfahrung befreien und zur Ruhe kommen kann. Und damit ich dann vielleicht mit freien Lungen atmen kann.« Sie erinnerte sich nach langen Jahren erstmals an ihre Großmutter mütterlicherseits, die ihr als Zehnjähriger einmal erklärt hatte, dass man nach dem Tod ins Licht geht, von Engeln empfangen und geleitet werde und dort alles voller Liebe sei – als ob es sich hierbei um das Natürlichste der Welt handle. Die Frau empfand das jetzt ebenfalls als natürlich und stimmig und gab ebendiese Erklärung an den Spender und seine Seele weiter. »… und dann gehst du einfach ins Licht und wirst liebevoll empfangen …«, sagte sie ruhig und wurde selbst ganz ruhig dabei. Und etwas später noch: »Das war jetzt eine Sterbehilfe, eine Sterbebegleitung für meinen Spender. Das tut auch mir gut.«

Sie schrieb mir einige Zeit nach dem zweiten Jahrestag der Transplantation, dass dieser gut verlaufen sei und dass sie viel Dankbarkeit für ihr Schicksal und für den Mann empfunden habe, durch dessen Lungenspende sie weiterleben kann.

Damit aus einer Organtransplantation etwas Gutes werden kann

Die Möglichkeit, dank einer Organtransplantation unter Umständen noch für viele Jahre mit seinen Nächsten leben zu können, sich selbst weiterzuentwickeln und auch für andere Menschen noch viel Wertvolles beitragen zu können, ist gewiss als wunderbar zu bezeichnen. Damit diese Wirkungen eintreten können, gilt es nach dem bisher Gesagten, einiges zu beherzigen.

Die Tatsache, dass das eigene Weiterleben unter Umständen das Sterben eines anderen Menschen voraussetzt, braucht viel Bewusstheit und einfühlsame Unterstützung, um das empfangene Organ wirklich annehmen zu können und es nicht aus Schuldgefühlen unbewusst abstoßen zu müssen. Dabei hilft es sehr, Mitgefühl und Trauer für das Schicksal des Spenders und seiner Angehörigen zu spüren. Besonders heilsam aber ist es, dem Spender gegenüber Dankbarkeit zu erleben für das große Geschenk, das er dem Empfänger mit seinem lebenserhaltenden Organ gemacht hat. So berichtete ein Herzempfänger, dass er nach seiner Genesung einem Chor für geistliche Musik beigetreten sei und mit großer Intensität und Begeisterung geübt habe. »Ich habe so gern für den Spender gesungen, aus Dankbarkeit, immer wieder.«

Das ist auch eine wesentliche Grundlage für die weiteren großen Herausforderungen für den Empfänger, der mit dem Organ des Spenders auch dessen Wesen, Eigenschaften, Geschlecht und Herkunft in sich wie ein zweites Leben aufnimmt, das sich auf viele Weisen mit dem eigenen verbindet. Von einem Kollegen hörte ich eine Weile nach seiner erfolgreichen Herztransplantation einmal: »Ich lebe heute viel bewusster als früher, weil ich erfahre, wie stark meine eigene Existenz mit der Existenz dieses anderen Menschen verbunden ist. Ich empfinde das wie eine gute Zusammenarbeit, die wir da entwickelt haben. Mein Weiterleben ist nicht einfach etwas Selbstverständliches, es ist nicht einfach etwas, was mir gehört. Es ist für mich auch eine Verpflichtung, dass ich aus dem Leben, das ich mit dem anderen und durch ihn weiterführen kann, wirklich etwas mache, was gut ist.«

Das spirituelle und das wissenschaftliche Herz – *Ein* Herz

Meine Vipassana-Lehrerin Ayya Khema sagte gern: »Meditation ist die beste Sozialarbeit.« Sie war überzeugt davon, dass die Entwicklung von liebender Güte für sich selbst und für andere Menschen – eine zentrale Meditationsübung – eine Ausstrahlung über den Meditierenden hinaus in seine nähere und weitere Umgebung hat und dort unmerklich gute Sozialarbeit verrichtet. »Das Einzige, was bedeutsam ist«, meinte Ayya Khema, »ist, die Liebesfähigkeit des Herzens so zu entwickeln, dass es nichts anderes mehr empfinden kann.«

In der Sprache der Psychokardiologie wäre das Herz dann in einem andauernd kohärenten, mit Körper, Seele und Geist fließend verbundenen Zustand. Wie oben angesprochen, sendet das Herz diese Information unter anderem auf elektromagnetische Weise in seine Umgebung und wirkt auf andere Menschen und Lebewesen ausgleichend und befriedend.

Die stärkste soziale Wirkung hat, so die Befunde des HeartMath-Instituts, das intensive Erleben von Mitgefühl, Wohlwollen und Fürsorge; das heißt, die Empfänger jener Ausstrahlung entwickeln unter dieser »Ansteckung« ganz ähnliche und korrespondierende Gefühle wie Freundlichkeit und Dankbarkeit.[44] Das entspricht der Alltagserfahrung, dass unser Herz sich entspannen und öffnen kann, wenn wir mit einem warmherzigen, wohlwollenden Menschen zusammen sind.

Das HeartMath-Institut hat aus der Vielzahl dieser Befunde die couragierte »Global Coherence Initiative« entwickelt, die »Globale Kohärenz-Initiative«. In einem Verbund von wissenschaftlich begleiteten lokalen und internationalen Initiativen zur Förderung von Herzkohärenz versucht das Projekt, Hinweise auf positive soziale Veränderungen zu sammeln (siehe www.glcoherence.org). Sicherlich ein ambitioniertes Vorhaben, das in seiner »herzensbasierten« und sorgfältigen Ausgestaltung ernsthafte Beachtung verdient.

Das Herz scheint besonders geeignet zu sein, spirituelle und wissenschaftliche Aussagen zu verbinden und zu bestätigen. Der indische Weise Ramana Maharshi (1879–1950) sagte einmal: »Das gesamte Universum ist im Körper enthalten und der ganze Körper im Herzen. So ist das Herz das Zentrum des ganzen Universums.« Ohne diese viel zitierte Aussage hier erschöpfend ausloten zu wollen, spricht sie dem Herzen eine zentrale Bedeutung für die Wahrnehmung zu, über unsere Körpergrenzen hinaus verbunden zu sein – mit allen und mit allem. Das beginnt mit unseren Nächsten und weitet sich hin zu immer größeren Räumen, sodass wir manchmal erleben, wie die vertrauten Grenzen, Unterschiede und Trennungen zurücktreten und der direkten Wahrnehmung einer natürlichen Verbundenheit Raum geben.

44 Zahlreiche gut recherchierte Einzelheiten zu diesen Befunden und zur psychokardiologischen Forschung finden sich zum Beispiel bei Peters 2014.

Das Herzensgebet

Die christliche Gebetsform des »immerwährenden Herzens- oder Jesusgebets« (vgl. zum Beispiel Jungclaussen 2008) hat seinen Ursprung in der Aufforderung des Apostels Paulus an die Thessalonicher »Betet ohne Unterlass!« (1. Thess 5, 17). Die lange Geschichte des Herzensgebets beginnt bei den Wüstenvätern im 3. bis 5. Jahrhundert, geht weiter bei den Mönchsgemeinschaften des Berg Athos und durch die Verbreitung des anonymen russischen Textes »Aufrichtige Erzählungen eines russischen Pilgers« aus dem späten 19. Jahrhundert und hat sich im gegenwärtigen Christentum zu einer weitverbreiteten mystischen Bewegung entwickelt, der »Via Cordis«, die eine unmittelbare Gotteserfahrung anstrebt.

Die Praxis des Herzensgebets besteht zunächst im immer wiederholten Rezitieren heiliger Worte wie »Jesus Christus« oder »Herr Jesus Christus, erbarme dich meiner«. Im Folgenden verinnerlicht sich das Gebet, der Atem fließt durch das Herz ein und aus, und schließlich betet sich das Gebet im Inneren selbst und ist mit Atem- und Herzrhythmus zu einem Ganzen verbunden. Das sich so verselbstständigende Herzensgebet kann in tiefe Einheits- und Wandlungserfahrungen führen.

Diese Erfahrungen werden von der Forschung zur Herzkohärenz aufgegriffen, die bestätigt, dass das Herzensgebet Kohärenz herstellt, das heißt, uns psycho-physisch erleben und sozial handeln lässt, »so wie Gott uns geplant hat«.

Wenn es um Herzensangelegenheiten, also um das wirklich Wichtige, geht, gibt es keine Unterschiede zwischen Menschen, ganz gleich, welchem Land und welcher Kultur sie angehören. In dem Bemühen, diese Tatsache zu einer alltäglichen Wahrnehmung werden zu lassen – mit beträchtlich positiven sozialen und politischen Folgen –, treffen sich Wissenschaft und Spiritualität und ziehen an einem Strang.

Zusammenfassend: Das erwachsene Herz

Der amerikanische Physiker Bryan Greene sagte einmal über seinen berühmten Kollegen und Freund Richard Feynman, Quantenphysiker und Nobelpreisträger:

> »Nachdem ich Feynmans Beschreibung einer Rose gelesen hatte – in der er erläuterte, dass er den Duft und die Schönheit der Blume zu würdigen wisse wie jeder andere, dass aber seine physikalischen Kenntnisse dieses Erlebnis außerordentlich intensivierten, weil er auch das Wunder und die Herrlichkeit der zugrunde liegenden molekularen, atomaren und subatomaren Prozesse einbeziehen könne –, war ich den Naturwissenschaften auf immer verfallen.«[45]

Übertragen auf das Herz, kann wohl nicht besser ausgedrückt werden, was eine reife, erwachsene Wertschätzung bedeutet: die enormen mechanisch-physiologischen und lebenserhaltenden Leistungen des Herzens zu erkennen in Verbindung mit seinen emotionalen, kommunikativen, sozialen und spirituellen Fähigkeiten. Das könnte uns zu einer natürlichen Geste einladen – einer liebevollen Verneigung vor unserem eigenen Herzen. Und diese Geste kann es mit sich bringen, dass wir immer interessierter und geschickter werden, auf unser Herz zu hören, unserem Herzen zu folgen und von Herzen dankbar zu sein für einen solchen Schatz im eigenen Inneren.

---

45 Zitiert nach https://de.wikipedia.org/wiki/Richard_Feynman.

Das folgende Thema »Sucht« ist universell und könnte fast überall in diesem Buch seinen Platz finden. Dass Herz und Sucht verbunden sind, findet in dem Wort »Sehnsucht« seinen Ausdruck: die Sehnsucht danach, was uns wirklich am Herzen liegt. Dieser Auffassung von Sucht ist das nächste Kapitel gewidmet.

7. Kapitel

Sucht – Die Sehnsucht nach einem guten Leben

Es geht um »das unabweisbare Verlangen nach einem bestimmten Erlebniszustand«, so lautet eine medizinische Definition von Abhängigkeit oder Sucht.[46] Diese umfassende Beschreibung gibt eine gute Orientierung für den Inhalt des nun folgenden Kapitels.

Demnach sind wir eigentlich alle süchtig. Wonach? Ein gutes Leben zu haben und glücklich zu sein. Nüchtern betrachtet, stimmt diese Aussage natürlich, wie kompliziert unsere relativierenden Kommentare dazu auch immer ausfallen. Drogen sind ein Versuch, Glück zu erleben, und die Wege dazu sind so unterschiedlich und zahlreich wie die Menschen selbst.[47]

---

46 Vgl. www.wikipedia.org, »Abhängigkeit (Sucht)«. Beide Begriffe können synonym benutzt werden. Eine weitergehende Definition der Drogenabhängigkeit nach den offiziellen Diagnoseschemata ICD-10 und DSM-IV-TR umfasst erstens ein zwingendes Verlangen, psychotrope Substanzen zu konsumieren, zweitens Kontrollverlust hinsichtlich der Steuerung des Konsums, drittens Entzugssymptome, viertens Toleranz gegenüber der Substanz, das heißt ständige Dosiserhöhung zum Erzielen der gleichen Drogenwirkung, fünftens Vernachlässigung anderer lebensdienlicher Interessen und sechstens fortdauernden Drogenkonsum trotz des Wissens um seine Schädlichkeit (vgl. www.drugcom.de/drogenlexikon/abhaengigkeit).

47 Seriöse Angaben zum nationalen und internationalen Drogenkonsum finden sich zum Beispiel bei www.globaldrugsurvey.com. Die Ergebnisse der Befragung von

Nach mehr als fünfzehn Jahren Erfahrung mit der therapeutischen Aufstellungsarbeit in großen Sucht-Rehabilitationseinrichtungen berichte ich zunächst von den Schattenseiten und dem Leid der Abhängigkeitserkrankungen. Und ich beschreibe dann einige der wirksamen Therapiemöglichkeiten.

Die langjährige Arbeit mit Drogenabhängigen hinterlässt bei mir bis heute gute Wirkungen. Am nachhaltigsten bin ich berührt von dem starken Verlangen der Suchtkranken, trotz allen Scheiterns etwas Gutes in sich zu entdecken, das sie mit anderen teilen können. Der zu Beginn des Kapitels genannte »bestimmte Erlebniszustand«, den die Erfahrung des Guten im eigenen Inneren mit sich bringt, ist kein Wunschdenken, sondern eine Tatsache, die die gemeinsame Arbeit ans Licht bringen kann und für die sie sich lohnt.

Süchtig machen kann alles

Üblicherweise werden die folgenden drei Suchtformen sowie die sogenannte »Co-Abhängigkeit« unterschieden:

> stoffgebundene Abhängigkeitserkrankungen (Drogen, Alkohol und Medikamente mit Suchtpotenzial);
> der übermäßige und schädliche Gebrauch von Substanzen wie Abführmitteln oder Vitaminen, die kein Abhängigkeitspotenzial haben;

---

33 000 deutschen am Global Drug Survey beteiligten Teilnehmern durch *Die Zeit* siehe unter www.zeit.de/feature/global-drug-survey-2015-drogen-in-deutschland. Die Bundeszentrale für gesundheitliche Aufklärung zu Drogen: drug.com. Der jährlich von der EU durchgeführte European Drug Report für 2015 siehe unter www.emcdda.eu/edr2015. Und schließlich das empfehlenswerte Drogenaufklärungsbuch von J. Böckem (2015).

- nicht stoffgebundene Abhängigkeiten, die sogenannten Verhaltenssüchte oder process addictions, wie zum Beispiel ein Übermaß an Arbeit (Workaholismus), Sport und Fitness, Sexualität, Einkaufen, Sammeln (Messie-Syndrom), Spielen, Fernsehen, Internet, Handybenutzung, Selbstverletzung, plastische Chirurgie, fundamentalistisch-religiöse Aktivitäten und so weiter.

Schließlich wird von »Co-Abhängigkeit« gesprochen, wenn Angehörige, unkritisch verschreibende Ärzte oder Arbeitskollegen die Sucht verharmlosen oder leugnen und den Abhängigen dadurch schädigen.

Neben den Drogen mit Suchtpotenzial im engeren Sinne kann wirklich alles irgendwann zu dem unabweisbaren Verlangen und damit zu einer Abhängigkeit führen. Zunächst aber noch die folgende Feststellung.

»Drogen« sind nicht per se pathologisch

Nach Carl Hart, Professor für Psychiatrie, Psychologie und Neurowissenschaften an der Columbia-Universität von New York, sind bis zu neunzig Prozent der Konsumenten illegaler Drogen wie Cannabis nicht abhängig oder suchtkrank, sondern sie führen ein sozial angepasstes und oft erfolgreiches Leben mit Beruf, Familie und so weiter.[48] US-Präsidenten haben sich zu dieser Art von früherem Drogenkonsum bekannt, und die weitverbreitete Verwendung bewusstseinsverändernder Substanzen, allen voran Alkohol und Nikotin, sind so alt wie

48 Diese Aussage findet sich in Harts TED-Präsentation unter unter »TEDMED: Carl Hart 2014« und in Hart 2013.

die Menschheit. Substanzen, die je nach politischer Lage legal oder illegal sind, gehören zum Alltag so wie alles, was mehr Geselligkeit, Entspannung, Erregung und emotionale Offenheit ermöglicht oder zusätzlich auch gezielt gesundheitsfördernd (zum Beispiel schmerzlindernd, angstlösend und schlaffördernd wie bei der medizinischen Anwendung von Cannabis) sein kann.

Wann aber werden Substanzen oder bestimmte Verhaltensweisen zum Problem der Sucht? Lesen Sie dazu die folgende Geschichte.

Gabor Matés Geschichte

Gabor Maté[49] wurde 1944 in eine jüdische Familie geboren. Als er zwei Monate alt war, begannen die Deportationen der ungarischen Juden. Die Eltern der Mutter und eine Tante wurden in Auschwitz ermordet. Der Vater musste unter den Nazis Zwangsarbeit verrichten. Der kleine Gabor erlebte das Entsetzen seiner Mutter, das er nicht deuten konnte, und weinte von da an fast ständig. Der konsultierte Kinderarzt sagte: »Alle jüdischen Kinder weinen jetzt nur noch.«

Die Familie überlebte. Der kleine Gabor aber hatte seine entsetzte und kaum noch zugewandte Mutter in seinem kindlichen Bewusstsein so verstanden, »dass sie mich nicht liebte und dass das irgendwie an mir lag. [Das ist eine der typischen kindlichen Fehldeutungen oder Illusionen, wie sie im ersten Kapitel beschrieben wurden.] Daraus habe ich später meinen Workaholismus als Arzt entwickelt: Wenn ich nicht geliebt werden kann, will ich wenigstens gebraucht werden. Und das

---

49 Gabor Maté ist Arzt und sozial sehr engagierter Suchtforscher in Vancouver. Er leitet zurzeit das Portland Hotel, ein Zentrum zur Betreuung von schwer Drogenabhängigen. Siehe TEDtalks vom 6. November 2012: »The Power of Addiction and the Addiction of Power«. Und Maté 2010.

glaubte ich durch das Übermäßig-für-andere-Arbeiten erreichen zu können.«

Und er hatte noch eine andere Abhängigkeit entwickelt: von klassischer Musik, mit der er sich ständig, vorrangig und suchtartig habe versorgen müssen. Er erläutert das nicht in seinem Bericht, aber ich vermute, dass er in dem fast ständigen Umhülltsein von klassischer Musik seine von ihm entbehrte Mutter gesucht und ersatzweise auch ein Stück weit gefunden hat. Das an sich harmlose Hören klassischer Musik war zu einer tatsächlich schädlichen Sucht geworden, die ihn zum Beispiel einen dringlichen Entbindungstermin hat vergessen lassen, zu dem er gerufen worden war.

Von einem früher Heroinabhängigen hörte ich etwas Ähnliches: »Nach dem Schuss war ich wunderbar umfangen und geliebt von einer guten Kraft«, die er bei seinen Eltern nie erlebt hatte.

Hungrige Geister

Gabor Maté weiß, wodurch eine an sich noch nicht gefährliche Substanz oder Verhaltensweise in schädliche Abhängigkeit führen kann. Es sind immer die Folgen schwerer sozialer und seelischer Belastungen von früher Kindheit an, wie er sie erlebt hat. Die Folge dieser Entbehrungen wird als eine große Leere erlebt, die gefüllt werden muss. Maté vergleicht Abhängige – und wir können uns probeweise ruhig einmal dazurechnen – mit »hungrigen Geistern«. Das sind in ostasiatischen, vor allem buddhistischen Traditionen Wesen mit übergroßen Bäuchen, dick und aufgebläht. Die winzigen Münder und dünnen Hälse machen es ihnen unmöglich, den riesigen Bauch zu füllen. Aus karmischen Gründen können sie niemals satt werden, und jeder Versuch zu essen bereitet ihnen größte Qualen. Sie stehen für die tragische Situation von Suchtkranken, die durch Drogenzufuhr ihre quälende Leere nicht füllen und ihren Lebenshunger nicht stillen können.

Der bereits erwähnte Carl Hart, in den USA der bisher einzige afroamerikanische Neurowissenschaftler in anerkannter universitärer Stellung, wuchs in Miami unter extremer Armut, Rassismus, Gewalt und Kriminalität auf mit der Folge von Leere und Hunger im eben beschriebenen Sinne. Drogen waren auch dort die verschlimmernd wirkenden Folgen, aber nicht die Ursache der Verhältnisse.

Dass massiver Drogenkonsum sekundär schließlich weitere destruktive Folgen nach sich zieht, ist klar. Am Anfang aber stehen immer komplexe soziale und seelische Traumata.

Aus der Arbeit mit Drogenabhängigen

Bei meinen Erfahrungen in Sucht-Rehabilitationseinrichtungen geht es fast nur um die Abhängigkeit von Drogen, also von psychotropen Substanzen mit Suchtpotenzial. Ich biete dort im Rahmen des umfangreichen Therapie- und Reha-Programms Systemaufstellungen in einem Format an, das je nach Bedarf modifiziert wird. Die Aufstellungsseminare finden in der Regel zweimal im Jahr mit einer Gruppe von circa 25 Teilnehmer(inne)n und ihren Bezugstherapeuten statt, und es werden in dem jeweils zweitägigen Seminar etwa zwölf Aufstellungen durchgeführt.

Die Teilnehmer(innen) haben meist in den Tagen davor eine Einführung in die Aufstellungsarbeit erhalten und nehmen ausschließlich freiwillig teil. Ich fertige für die betreuenden Therapeuten nach dem Seminar ein kommentiertes Protokoll von jeder Aufstellung an und formuliere theoretische Überlegungen und, soweit möglich, kurze Empfehlungen.

Krank machende Familienstrukturen: Notgereifte und überforderte Kinder

Nach meinen Erfahrungen treffen wir bei Suchtkranken meist auf sehr komplexe Familienstrukturen, die zwar nicht per se suchtspezifisch, aber sehr oft mitverursachend sind. Zum Beispiel finden wir häufig eine frühe Trennung der Eltern mit Kindern aus mehreren vergangenen und nachfolgenden Beziehungen; das heißt, die Klienten erleben oft sehr frühe und wiederholte Beziehungsabbrüche mit Eltern und Stiefeltern und haben oft eine ganze Reihe von bekannten und unbekannten Halb- und Stiefgeschwistern.

Dabei spielen im Hintergrund der Eltern und Großeltern die Nachwirkungen unbewältigter Erfahrungen aus der Nazizeit, dem Zweiten Weltkrieg, Vertreibungsschicksale und Migration oft eine entscheidende Rolle (mehr dazu ab dem nächsten Abschnitt, »Die Bedeutungen der Drogen«).

Kinder (die späteren Klienten) werden von überforderten oder drogenkranken Eltern in Heime oder zu Pflegeeltern gegeben, oder sie kommen zu Adoptiveltern, nicht selten ohne ihre leiblichen Eltern zu kennen, häufig auch lange Zeit im Unklaren über die Tatsachen. Oft sind mehrere Familienangehörige alkohol- oder drogenabhängig mit der Folge von Haltlosigkeit, Gewalt, sexuellem Missbrauch, sozialem Abstieg, Verarmung und Verwahrlosung bei den Erwachsenen und in der Folge auch bei den Kindern.

Die Klienten selbst setzen diese Beziehungsmuster fort. Sie haben zum Beispiel mehrere Kinder von unterschiedlichen Partnern, die ebenfalls drogenabhängig sein können. Als Erwachsene fühlen sie sich mit alldem überfordert, wo sie sich selbst doch noch als notgereifte, bedürftige Kinder empfinden.

Klient(inn)en mit solchen Erfahrungen fühlen sich chronisch eingespannt in eine Situation extremer und unüberbrückbarer Widersprüche mit der Anforderung, die brüchige Familie irgendwie zusammenzuhalten, den bedürftigen und haltlosen Eltern Stütze und Halt zu bieten, deren Schuld stellvertretend für sie, die Eltern, zu tragen und auszugleichen, die eigenen Gefühle von Ungeborgenheit, Verzweiflung und einer oft massiven mörderischen Wut zu bewältigen und schließlich mit den Schuldgefühlen aus der Unzulänglichkeit als überforderte Partner und Eltern eigener Kinder zurechtzukommen. Nicht nur einmal hörten wir von Teilnehmer(inne)n sinngemäß: »Lieber sterbe ich, als das alles fühlen zu müssen.«

Besondere Beachtung verdient das spätere Dealen und seine Folgen, die im Extrem zum Tod von anderen Abhängigen führen können. Die damit verbundene Schuld wird vom Klienten meist verleugnet mit der Konsequenz, dass die unbewusste Neigung zu Sühne und Selbstbestrafung sich in einer verstärkten Drogensucht fortsetzt.

Die beschriebenen Erfahrungen führen schließlich zu einer derartigen Intensität von Gefühlen, die weder ausgedrückt noch abgewehrt werden können, dass sie traumatische Ausmaße annehmen. Das heißt, bei der Unmöglichkeit, das Beziehungsfeld zu verlassen, können die Erlebnisse mit innerseelischer Verarbeitung (zum Beispiel Verleugnung oder Projektion) nicht mehr bewältigt werden, sodass schließlich eine andauernd überfordernde Situation entsteht.

Typische Folge ist dann ein tiefes Bedürfnis, endlich einmal zu erlösender Ruhe und zu tiefer Entspannung zu kommen und anhaltend und bedingungslos geliebt und bestätigt zu werden. An dieser Stelle können Drogen dann zu unverzichtbar erscheinenden Helfern dabei werden, die unerträglichen Spannungen durch Wohlsein zu ersetzen.

Die Bedeutungen der Drogen

Eine Grunderfahrung: Die ersehnte gute Familie wird zu illusionärer Gewissheit

Ganz typisch beginnt der Drogenkonsum – meist zunächst mit Tabak als der Einstiegsdroge, dann mit Alkohol und/oder Haschisch – im Alter von zwölf bis vierzehn Jahren. Die untrüglich sich meldende Pubertät bedeutet das Ende einer überfordert-unerfüllten Kindheit und die düstere Aussicht, in ein überfordert-unerfülltes Erwachsenenleben hineinzuwachsen. Das existenzielle Bedürfnis und die Illusion, das Versäumte doch noch erleben zu können, erfüllt die Droge, wie es ein Klient beschrieb: »Die Droge gibt mir die schöne Erfahrung, die ich mit meinen Eltern nie hatte: Entspannung, Verbindung, Wärme, Aufgehobensein. So richtig genährt mit Zuwendung und Anerkennung. Mit der Droge weiß ich für ’ne Weile: Du bist richtig, du bist gut. Hat mir sonst keiner gesagt.« Der bereits zitierte Heroinabhängige hatte sich ja ganz ähnlich geäußert.

Neben dieser für fast alle Abhängigen gültigen Grunderfahrung – das heißt, mit dem Drogenerlebnis wird die entbehrte gute Familie zur illusionären Gewissheit – haben wir noch weitere und zum Teil ganz unterschiedliche Bedeutungen der Drogen gefunden. Dabei hat uns geholfen, dass wir die Sucht jedes Mal als Stellvertreter in die Aufstellung genommen haben (siehe unten) und ihre Bedeutung auf diese Weise deutlicher erkennen konnten. Im Folgenden sind nun einige Möglichkeiten genannt.

Zum Gegner überlaufen oder die »Identifikation mit dem Aggressor«

In der Kindheit und Jugend anhaltende Erfahrungen von Ablehnung, Vernachlässigung, Gewalt oder traumatischer

Überwältigung durch Eltern und wichtige Bezugspersonen führen früher oder später dazu, dass wir uns selbst so ablehnen, wie wir es zum Beispiel von unseren Eltern erlebt haben. Der geläufige Ausdruck dafür ist die »Identifikation mit dem Aggressor«, in diesem Fall mit den ablehnenden Eltern. Wir laufen gewissermaßen zu ihnen über und sind uns einig mit ihnen, dass wir schlecht sind: »Irgendwas muss an mir grundverkehrt sein, dass meine Eltern mich so runtermachen.«

So quälend diese kindliche Deutung der Umstände ist, so hat sie doch zwei Vorteile: Zum einen können wir ein relativ unbeschädigtes Bild von unseren Eltern und ihrer Liebe für uns aufrechterhalten (»Sie wollten nur mein Bestes«) – was in der Kindheit überlebenswichtig ist –, zum anderen können wir die Hoffnung hegen, unsere vermeintlichen Mängel und Fehler eines Tages zu erkennen, sie abzustellen und dann endlich die Wertschätzung zu erleben, die wir so sehr entbehrt haben.

Die Droge hilft dabei, die Illusion von den »guten, mich ganz zu Recht verurteilenden Eltern« aufrechtzuerhalten – zum Preis von Selbstaufgabe und Selbsthass.

»Positiv hoffnungslos« zu werden, wie das im ersten Kapitel beschrieben wurde, die skizzierten Verwirrungen zu erkennen und die Tatsachen nüchtern, ohne Drogen wahrzunehmen, das ist nur Erwachsenen möglich. Wir wissen dann, dass wir heute die Eltern nicht mehr existenziell brauchen, dass wir grundlegend in Ordnung sind und dass wir den Eltern die Verantwortung für ihr belastendes Verhalten lassen müssen.

Die Droge erfüllt den Wunsch zu sterben, aus Liebe, Verbundenheit und Schuld

Ignacio, Spanier, hat mit seiner Frau Carmen Söhne im Alter von vier und sieben Jahren, Pepe und Chico (Namen und Details sind wieder geändert). Seit dem Tod seines Zwillingsbruders Mario vor neun Monaten konsumierte Ignacio unter anderem Crack, ein Kokainderivat. Der Bruder, selbst abhängig, wurde im Zusammenhang mit seinem Dealen bei einer Rockergruppe von einem der Mitglieder ermordet. Der Gerichtsprozess sollte in Kürze beginnen. Ignacio, der mit seiner Familie seit einigen Jahren in Deutschland lebte, fühlte sich am Tod seines Zwillingsbruders Mario schuldig, weil er diesen nachdrücklich nach Deutschland eingeladen hatte in der Hoffnung, dass Mario sich hier stabilisieren und vom Dealen distanzieren werde.

Ignacios große Trauer und Schuldgefühle gegenüber seinem Bruder hatten zur Folge, dass er bei seinem Bruder sein und ihm in den Tod folgen wollte, was er häufig als sehr starken Suchtdruck spürte. In der Aufstellung stellte er den Bruder direkt neben sich und drückte damit sein Bedürfnis aus, den Tod und den Verlust zu verleugnen, ebenso wie den Drang, ihm folgen zu wollen.

Wichtig sind die beiden Söhne und seine Frau Carmen, die ihn in dieser kritischen Trauerzeit wohl buchstäblich am Leben halten. Als sein Bruder (das heißt natürlich dessen Stellvertreter) die Aufstellung verlässt und schließlich aus dem Raum geht – also symbolisch tatsächlich noch einmal stirbt –, ist das unerträglich für Ignacio. Ich bitte ihn an dieser Stelle, alles Weitere ganz seinem Körper zu überlassen. Und anders als zunächst erwartet geht Ignacio sofort zu Carmen, Pepe und Chico (das heißt zu deren Stellvertretern) und folgt nicht seinem gestorbenen Zwillingsbruder. Dem war ein fast schockartiges »Erwachen« vorausgegangen, als sein Zwillingsbruder ihm vor seinem Fortgehen (dem Verlassen des Raums) sehr nüchtern (!) und entschlossen zu verstehen gab, dass er, Mario, ihn nicht bei sich haben wolle und dass Ignacio gefälligst am Leben und bei seiner Familie zu bleiben habe.

Die Dauer der für die Suchtgefährdung kritischen Trauerzeit liegt wie auch sonst bei schweren Verlusten bei mindestens einem Jahr, würde also noch einige Monate anhalten, für Ignacio womöglich aber auch beträchtlich länger.

Nach einer langen Suchtkarriere stellte Bill aus Los Angeles fest: »Wir haben nicht getrunken, geraucht, gekifft, konsumiert, gefressen und süchtigen Sex gehabt, um uns besser zu fühlen, sondern um uns schlechter zu fühlen!« (Ingwersen 2002) – sprich: endlich umzukommen.

Der Todeswunsch als Ausdruck der Verbindung und der Liebe zu verlorenen oder ausgeschlossenen Familien- oder Gruppenmitgliedern spielt beim Drogenkonsum eine wichtige und vermutlich unterschätzte Rolle.

Ein Drogenabhängiger, der unbewusst seiner psychotisch erkrankten und in der Psychiatrie »vergessenen« Großmutter loyal bis in den Tod sein wollte, sagte einmal dem fachkundigen Kollegen Fide Ingwersen: »Wissen Sie, neulich das warnende Anti-Drogen-Plakat mit dem Skelett und der Spritze, das hat mich echt angemacht: Genau da will ich ja hin!«

Drogen er-innern an ein abgelehntes oder ausgeschlossenes Familienmitglied

Drogen, ähnlich wie manchmal auch Krankheiten, können die »Sprache« sein, mit der ein Klient ein abgelehntes oder ausgeschlossenes Familienmitglied er-innert, das heißt, wie schon früher einmal erwähnt wurde, wieder in das Innere und die Zugehörigkeit der Gruppe holt. Das trifft nicht nur für ausgeschlossene alkoholkranke Gruppenmitglieder zu, sondern für alle Menschen, denen ihre naturgegebene Zugehörigkeit zur Familie etwa aus moralischen Gründen abgesprochen wird. Gelingt es nun zum Beispiel durch eine Aufstellung, das aufzuklären, gelingt also die Desidentifizierung des Klienten mit dem Ausgeschlossenen, so kann er einerseits entlastet und erleichtert sein. Er kann aber auch unter kaum noch kontrollierbaren Suchtdruck kommen. Warum? Das Lösen einer Identifizierung bringt die Verunsicherung mit sich, nun ganz zu sich zu kommen und die Frage zu stellen: »Wer bin ich denn nun eigentlich? Ich kenne mich doch gar nicht …!«

Das kann zunächst als eine neue quälende Leere, Getriebenheit und Verwirrung erlebt werden, die am sichersten nur durch die Droge überwindbar scheint. Es ist gut, im Therapieverlauf mit dieser »Desidentifizierungskrise« zu rechnen, sie gehört oft einfach zur Heilung dazu.

Drogen als die bessere Alternative

Drogen sind auch kreative, zumindest aber lebenserhaltende Lösungsversuche, für die es zur gegebenen Zeit nur die Alternative von schrecklicheren Lösungen wie Gewalt, völligem Beziehungsabbruch oder Selbstmord gegeben hätte. Der Preis für diese Lösungen verbietet es natürlich, sie zu idealisieren. Ihr »dennoch Gutes« anzuerkennen aber hilft dem Klienten, seine Minderwertigkeits- und Schamgefühle zu mildern, und es hilft dem Therapeuten, seine Wertschätzung für den Klienten zu bekräftigen.

Drogen und die Nachwirkungen des Zweiten Weltkriegs und des Nationalsozialismus

Nach meinen Erfahrungen sind bis zu fünfzig Prozent der Aufstellungsklienten direkt oder indirekt von den Nachwirkungen des Zweiten Weltkriegs und des Nationalsozialismus betroffen. Ein Klient zum Beispiel war mit einem alkoholkranken Großonkel verbunden, der im nationalsozialistischen Euthanasieprogramm umgebracht wurde.

Ein anderer war unbewusst mit jüdischen Kindern identifiziert, bei deren Deportation ein Urgroßvater direkt beteiligt war. Bei den Stellvertretern dieser Kinder fühlte sich der Klient in der Aufstellung »richtig, wie zu Hause«. Der gleiche Klient hatte durch Dealen andere Abhängige schwer geschädigt und war deswegen für zwei Jahre im Gefängnis.

Wieder ein anderer Klient, dessen Eltern beide schwer alkoholabhängig waren, liebte seinen Großvater väterlicherseits sehr, »ohne ihn hätte ich es nicht geschafft«. Der Großvater nahm sich seiner an, brachte ihm Schachspielen und Holzarbeiten bei und ließ ihn bei Raufereien auch mal gewinnen. Dieser Großvater war als junger SS-Mann bei den berüchtigten Einsatzgruppen zur Judenvernichtung aktiv, blieb mit der Nazi-Ideologie ganz identifiziert und zeigte seinem Enkel gern den großen, auf seiner Brust tätowierten Adler mit dem Hakenkreuz. Wegen Eigentumsdelikten war er öfter im Gefängnis. Auch der Klient hatte wegen Diebstahls schon eingesessen.

Diese Klienten stehen für viele andere: In ihnen verschmelzen Opfer- und Täteridentitäten zu unauflösbaren Widersprüchen, die durch Drogen vorübergehend erträglich werden. Aufstellungen können manchmal einen Weg eröffnen, diese dunklen Loyalitäten zu erkennen, zu entflechten und sich daraus zurückzunehmen – kein einfacher, aber ein lohnender Weg.

Rückfälle: Wenn Therapie erfolgreich zu werden droht

Rückfälle sind in der Drogenrehabilitation häufig und durch viele Faktoren begründet. Ich möchte hier nur den zunächst überraschend wirkenden systemischen Vorgang erwähnen, den Freud bereits als »negative therapeutische Reaktion« (Freud 1996) beschrieben hatte: Ein Fortschritt in der Therapie wird mit einer deutlichen Verschlechterung des Gesundheitszustandes des Klienten beantwortet.

Wenn Fortschritt oder gar Gesundung als bedrohlich erlebt werden, dann bedeuten sie unbewusst, die Loyalität zu den Eltern oder zum Herkunftsclan aufzugeben und »Verrat« zu üben. Die damit verbundene Angst vor Schuld, Isolierung und Alleinsein führt zur Verschlechterung oder zum Rückfall. Solche Wechsel zwischen Fort- und Rückschritt/Rückfall sind immer wertvolle Schlüsselstellen für weiterführende Einsicht.

Belastete Großgruppen – Drogen sind das in der Not Verbindende

Ähnlich neigen die Beteiligten dazu, wenn die Mitglieder des eigenen Stammes oder der eigenen ethnischen oder religiösen Gruppe unter schweren Lebensbedingungen leiden, ihre Zugehörigkeit durch geteiltes Leiden zu bekräftigen.

In Russland – und das gilt entsprechend in vielen anderen Ländern – wurde mir mehrfach berichtet, dass in manchen Regionen die Lebensbedingungen und die Zukunftsperspektiven so anhaltend reduziert sind, dass schwerer Alkoholmissbrauch wie eine endemische Krankheit verbreitet ist mit der Folge, dass die Männer im Schnitt nicht älter als 55 Jahre alt werden.[50] Klienten, die aus einem solchen Gebiet kommen, trinken aus Treue zu ihren dort zurückgelassenen Leuten und teilen mit ihnen das Gefühl, dass ein derart unwürdiges Leben – Arbeitslosigkeit, keine Kraft für anhaltende Paarbe-

---

50 Russland ringt gegenwärtig noch immer mit den dramatischen Langzeitfolgen der im 16. Jahrhundert eingeführten staatlichen Förderung und hohen Besteuerung des Wodkakonsums. Die alkoholbedingte hohe Sterblichkeit – in der Gruppe der 15- bis 54-Jährigen sterben mehr als fünfzig Prozent daran (weltweit sind es nur vier Prozent) –, durch Alkohol verursachte Kriminalität und deren wirtschaftliche Folgen sind dramatisch (vgl. »Russland – Ein Land ertrinkt im Suff«, www.balkanforum.info, 15. Mai 2015).

ziehungen und dafür, Kinder zu ernähren, großzuziehen und ihnen Wege in die Welt zu öffnen – seinen Wert verloren hat und schlimmer ist, als früh zu sterben. Für Klienten, die aus einem solchen Hintergrund kommen, ist das Nüchtern- und Gesundwerden mit einer besonderen »Schuld des besseren Lebens« verbunden, bei deren Überwindung Aufstellungen manchmal helfen können. Ein Phänomen, das auch aus anderen Zusammenhängen bekannt ist wie zum Beispiel bei Kindern, die aus desolaten Verhältnissen in stabile und liebevolle Familien adoptiert werden.

Drogen und Schuld

Ein Drogenabhängiger kann auf drei Weisen mit realer eigener Schuld[51] zu tun haben. Er kann durch Dealen anderen Abhängigen schweren, unter Umständen tödlichen Schaden zugefügt haben. Er kann andere in die Abhängigkeit hineingezogen oder ihren Ausstieg erschwert haben. Und schließlich hat er oft seinen Angehörigen, seinen Partnern und vor allem auch seinen eigenen Kindern sehr viel an Verwirrung, Schmerzen, Angst und manchmal auch an Gewalt zugemutet.

Zunächst verursacht der Drogenkonsum dieses Verschulden, um anschließend dem Versuch zu dienen, mit den eigenen, meist archaisch-aggressiven Gewissensinstanzen, sprich den heftigen Scham- und Schuldgefühlen, zurechtzukommen, ganz nach der Regel »Das Über-Ich ist eine Substanz, die nur in Alkohol löslich ist«.

---

51 Reale Schuld ist zu unterscheiden von der unbewusst von anderen Mitgliedern der Familie übernommenen Schuld, ohne dass der Klient selbst schuldhaft gehandelt hat. Auch bei solchen im Ergebnis oft äußerst leidvollen systemischen Ausgleichsdynamiken können Drogen eine illusionär-entlastende Wirkung haben, solange die eigentlichen Ursachen im Dunkeln bleiben.

Was therapeutisch hilft: Spiritus contra spiritum oder Spiritualität statt Spirituosen

Als Überleitung zu therapeutischen Erfahrungen und Vorschlägen von der Aufstellungsarbeit in der Drogenrehabilitation möchte ich an jenes »Ur-Wort« von C. G. Jung erinnern, das zur Grundlage der Bewegung der Anonymen Alkoholiker (AA) wurde. Die Gründer der AA, Bill und Bob, standen mit Jung in Briefkontakt, und 1961 schrieb Jung: »Sehen Sie, Alkohol heißt auf Lateinisch ›spiritus‹, und man verwendet das gleiche Wort für die höchste religiöse Erfahrung wie auch für das verderblichste Gift. Die hilfreiche Formel ist daher: ›Spiritus Contra Spiritum‹« (zitiert nach Bell 2015).

Im genannten Briefwechsel beziehen sich Jungs Empfehlungen für einen schwer alkoholabhängigen Mann – und wir dürfen vermuten: für Abhängige allgemein – auf wirklich erlebte, tiefe spirituelle (nicht an eine bestimmte Konfession gebundene) Wandlungserlebnisse, die durch Aufsuchen eines spirituellen Umfeldes, Gebets- und Meditationspraxis und eine entsprechende Lebensführung vorbereitet und gebahnt werden können.

Das weltweit verbreitete Zwölf-Schritte-Programm der AA (www.anonyme-alkoholiker.de), auf das in vielen Drogen-Reha-Einrichtungen Bezug genommen wird, verbindet in eindrucksvoller Weise das Erfahrungswissen der Suchtkranken, die ihre Erkrankung erfolgreich zum Stillstand gebracht haben, mit den Erfahrungen und Aussagen spiritueller Lehren und differenzierter Psychotherapieansätze sowie der transpersonalen Therapieformen.

Nützliches für die Therapie

Das häufigste Anliegen der Klienten, die ich kennengelernt habe, wird in vielen Variationen etwa so formuliert: »Warum waren meine Eltern so?«, »Wieso will mein Vater nichts von mir wissen?« oder »Warum bin ich so geworden?« … Hinter diesen Fragen steht der schon beschriebene Versuch, die eigenen schlimmen Erfahrungen zu deuten: »Irgendwie muss ich verkehrt und wertlos sein, dass ich so behandelt worden bin. Wahrscheinlich verdiene ich nichts Besseres. Aber was ist an mir eigentlich so schlecht …?«

Diese letzte Frage ist eine gute Leitfrage zum Nüchternwerden!

Zu Beginn der Aufstellungsseminare sage ich immer ein paar einführende Worte. Über die Jahre sind mir suchtkranke Klienten sehr ans Herz gewachsen mit ihrem Mut, ihrer Aufrichtigkeit und ihrer Schüchternheit und Verletzlichkeit bei ihrem Ringen um ein drogenfreies Leben. So sagte ich vor Kurzem zur Einführung etwas, was mir von Herzen kam: »Die beiden Tage hier möchte ich gerne unter ein Motto stellen: ›Jede und jeder hier ist in Ordnung.‹ Wir haben alle, ohne Ausnahme, schon Mist gebaut. Ich auch, die Bezugstherapeuten und ihr auch. Auch großen Mist. Und trotzdem stimmt es, dass hier jeder und jede in Ordnung ist. Da ist in jeder und in jedem von uns etwas Gutes, und zwar von Anfang an. Das kann völlig verschüttet sein und verborgen, klar, aber es ist da. Ich habe hier schon viele Abhängige kennengelernt, und die haben mir über die Jahre beigebracht, dass wir alle in Ordnung sind. Davon gehen wir also aus in diesen beiden Tagen.«

Natürlich war der Raum voller unausgesprochener Einwände und Zweifel. Aber es war auch eine gute Atmosphäre dafür entstanden, um der Leitfrage nachzugehen: »Ist bei mir wirklich alles so schlecht, wie ich all die Jahre gemeint habe?«

Die Tatsachen erkunden

Es hat sich sehr bewährt, die Aufstellungen mit Suchtpatienten wie die ganz langsame und sehr sorgfältige Entwicklung eines Genogramms zu gestalten und dabei auch die Generationen von Groß- und Urgroßeltern einzubeziehen: Was genau ist geschehen? Wer war auf welche Weise beteiligt? Welche äußere und vor allem innere Wirkung hatte das auf die Beteiligten? Welche Deutungen wurden »vereinbart«? Das heißt zum Beispiel: Wer wurde wofür als schuldig angesehen? Welche anderen Deutungen sind auch möglich und stimmen vielleicht eher? Sie geben den Beteiligten dann mehr Kraft, Lebendigkeit, Wärme und Herzlichkeit.

Dieses Vorgehen führt regelmäßig zu intensiven Gefühlen wie Traurigkeit, Schmerz, Sehnsucht, aber auch zu heftiger kalter oder heißer Wut – und natürlich immer wieder zu Schamgefühlen und großer Angst. Es ist entscheidend, dass diese Gefühle, vielleicht erstmals, Ausdruck finden können. Ein Gutteil der Arbeit besteht darin, den Bewegungen dieser Gefühle, ihrem Aufscheinen und Verschwinden in all ihren Verzweigungen zu folgen, um dem Klienten diese Terra incognita langsam als vertrauenswürdig und nicht nur als die bekannte »haltlose und bodenlose Hölle« (wie das ein Klient nannte) erleben zu lassen.

Gefühle nüchtern erleben

Gefühle ohne Drogeneinwirkung zu erleben ist zentral. Eine der Einflüsterungen der Doge lautet ja: »Nur mit meiner wohlwollenden Hilfe kannst du mit diesen heftigen Gefühlen umgehen, von denen ja keiner etwas wissen will, die ins Leere gehen und dich in beschämende und absolut unerträgliche Situationen bringen.«

Der Mut, dieser Eingebung jetzt nicht zu folgen, kommt im Wesentlichen auch aus dem Setting und dessen bewusster Handhabe. Die anwesenden Gruppenteilnehmer sind Zeugen, die nicht urteilen oder richten, sondern bezeugen: »Damit ringst du. Genau so sind deine Ängste. Das willst du unbedingt ändern. Das ist deine Hoffnung.« Sie sind nicht Zuschauer, sondern Teilhabende, und der Klient ringt um seine eigene Wahrheit auch für sie.

Diese Gruppenkultur, die ich immer wieder anspreche und unterstütze, hat für den Umgang mit Gefühlen und damit mit einem zentralen Element der Drogendynamik einen gar nicht zu überschätzenden Wert.

Wir waren Opfer der Eltern und Umstände – Heute sind wir es nicht mehr

Die sorgfältige Entfaltung der Lebensgeschichte bedeutet auch, dass der Klient sich nicht mehr nur als das Opfer versagender Eltern oder Umstände sehen kann, wozu viele der Seminarteilnehmer neigen. Der Abschied von der Opferidentität und damit auch von kindlicher Hilflosigkeit ist – nicht nur für Drogenabhängige – eine Bastion, die nicht gern kampflos aufgegeben wird.

An dieser Stelle sind manchmal harte Konfrontationen notwendig, die zum Beispiel die verheerenden Folgen anhaltender Opfervorstellungen betreffen. Ein Teil der therapeutischen Kunst besteht darin, Entschiedenheit und grundlegendes Wohlwollen bei sich selbst in sicherer Verbindung zu halten.

Und noch einmal, weil es so wichtig ist. Die eben erwähnte Opferbastion betrifft auch den Kampf um die Illusion von den guten Eltern, in dem die Drogen ja einen wichtigen Platz einnehmen. Es kann sehr lange dauern (und natürlich nicht in nur einer Aufstellung gelingen), bis die Befreiung erlebt wird, die das Ende jener Illusion bedeutet. Die begleitenden Gefühle führen am Ende eben nicht in die gefürchtete Hölle von endgültiger Einsamkeit und Wertlosigkeit, sondern mitten hinein in ein viel besseres Leben, als es die Drogen je vermitteln konnten.

Die Eltern so wahrnehmen, wie sie waren und sind

Die Lebensgeschichte der Eltern und damit ihr Schicksal wahrzunehmen gehört zum Erwachsenwerden. Das geht nur gut, wenn wir unsere eigenen Erfahrungen vollständig anerkennen als unsere Wahrheit. Sonst sind wir in Gefahr, unseren Gefühlen ihr Recht abzusprechen »angesichts von all der Not, die meine Eltern erlebt haben«.

Auf Dauer können wir es uns nicht leisten, unsere Eltern abzulehnen, weil wir uns selbst dann ablehnen müssen. Wir haben die Fähigkeit, unsere Eltern schließlich so anzuerkennen, wie sie waren und sind. Das ist mit viel Seelen- und Bewusstseinsarbeit und mit viel Ernüchterung verbunden. Aber es erlaubt uns schließlich vielleicht, mit der ursprünglichen Liebe zu unseren Eltern wieder in Verbindung zu kommen.

Die Kinder als Helfer in der Drogentherapie

Ich habe es sehr oft erlebt, dass die wichtigsten Helfer die Kinder der Klienten sind. Es kann wirklich entscheidend sein, nach ihnen zu fragen und sie an der Aufstellung in Gestalt von Stellvertretern zu beteiligen. Sie sind es immer wieder, die eine Entscheidung des Klienten zugunsten des Lebens wenden. Nach verlorenen gemeinsamen Jahren gehört die Sehnsucht, mit den eigenen Kindern noch eine drogenfreie Beziehung aufzubauen und ihnen eine Drogenkarriere zu ersparen, zu den stärksten Therapiemotiven, und sie verbessert die Prognose erheblich.

Es ist ernst: Immer eine Stellvertretung für die Sucht

Wie erwähnt stellen wir regelmäßig auch einen Stellvertreter für die Sucht auf. Immer wieder einmal haben wir in »Co-Abhängigkeit« mit dem Klienten vergessen, sprich verleugnet, dass es ernst ist; dass es neben den Familienfragen auch um Leben und Tod, um die Drogenabhängigkeit geht und dass diese Tatsache eine unübersehbare Präsenz in der Aufstellung braucht.

Die mit aufgestellte Sucht kann Hinweise darauf geben, welche Schritte des Klienten sie zurücktreten oder stärker werden lassen. Selbst wenn sie einmal ganz in den Hintergrund tritt mit einer Mitteilung wie »Ich bin jetzt überflüssig« (was sehr selten der Fall ist), ist für den Klienten damit lediglich ein möglicher Weg bezeichnet, auf dem eine Menge Versuchungen und Herausforderungen auf ihn warten.

Sucht und Trauma

Sehr viele Suchtklienten sind zugleich schwer traumatisiert und leiden neben der Sucht an einer posttraumatischen Belastungsstörung, die sowohl durch die ursprünglichen biografischen Erfahrungen als auch sekundär durch die Folgen des Drogenkonsums bedingt sind: soziale Desintegration, Belastungen von Partnern, Eltern und Kindern, Prostitution und Kriminalität. Sucht und Trauma sind eng miteinander verknüpft, sodass die Drogen zum Beispiel eine zentrale Rolle dabei spielen, überwältigende traumabedingte Panikgefühle zu regulieren.

Die therapeutische Kompetenz für eine kombinierte Sucht- und Traumatherapie können nur stationäre Einrichtungen mit speziell geschulten Teams anbieten (vgl. etwa Lüdecke 2010). In einem solchen Kontext können Aufstellungsformen, die neben den Sucht- auch Traumadynamiken berücksichtigen, ausgesprochen gute Dienste leisten.

In summa: Co-intelligente Nüchternheit, ein erwachsener Umgang mit Sucht

In der Einleitung zu diesem Kapitel hieß es, wir seien alle süchtig. Wir könnten nach diesem Text zur Sucht versuchen, mit Wohlwollen und Freundlichkeit unsere eigenen Abhängigkeiten wahrzunehmen. Wir sind dabei immer in guter Gesellschaft, wir sind in Gemeinschaft mit Menschen aller Gesellschaftsschichten und aller Kulturen weltweit.

Rotwein, Nüsse, Fernsehen, das musste ich für lange Zeit abends in bestimmter Dosierung haben, um schlafen gehen zu können. Sicher keine ernste Sucht, aber doch »gehaltvoll«. Denn als ich dem schließlich genauer nachging, landete ich mitten in sehr frühen Zeiten meines Lebens, in denen große Angst und Ruhelosigkeit vorgeherrscht hatten. Meine kleine Sucht war Ausdruck der Sehnsucht nach einem guten, weniger angstvollen Leben.

Deshalb scheint es mir erwachsen zu sein, Sucht und Abhängigkeit immer wieder so zu verstehen – als die Suche nach einem guten Leben, das nicht von Sucht geprägt ist.

Drogenkonsum wird es weiter geben, solange die Menschheit existiert. Damit die darin liegende Sehnsucht zu guten Ergebnissen führt, brauchen wir so etwas wie »co-intelligente Nüchternheit«.

Einige der Ingredienzien dafür werden im nächsten Kapitel angesprochen. Wenn ich nur eine davon nennen sollte, so ist es das niemals erlöschende Interesse an der Unterschiedlichkeit von Menschen. Dieses genuine Interesse verhindert Gleichschaltung, Entwertung und Ausschluss von Menschen genauso wie alle anderen Prozesse kollektiver Dummheit. Eine solche wohlwollende Praxis ist in der Tiefe für jeden Menschen befriedigend und bereits Teil eines guten Lebens, das auf Drogen weniger angewiesen ist.

8. Kapitel

Kollektive Weisheit – Kollektive Dummheit – Kollektiver Wahnsinn

Selbst Einsiedler leben in einer Gemeinschaft, in einem Kollektiv. Bei aller äußeren Abgeschiedenheit begleiten sie die Menschen, die ihr bisheriges Leben geprägt haben, mal mehr, mal weniger bewusst, in ihren inneren Bildern, Vorstellungen und Selbstgesprächen. So wichtig Selbstständigkeit und Unabhängigkeit sind, so sehr können sie zur Illusion werden, wenn sie in radikale Autarkie, Weltabgewandtheit und Beziehungslosigkeit übergehen.

Die Tatsache, dass wir Gemeinschafts- und Herdenwesen sind, hat große praktische Bedeutung, im Positiven wie im Negativen.

Ich verwende im Folgenden den Begriff »kollektive Weisheit« so, dass er auch für alle weiter unten beschriebenen sinnverwandten Begriffe wie »kollektive Intelligenz« oder »Schwarmintelligenz« steht. »Weisheit« scheint mir der umfassendste Ausdruck für das weite Spektrum zu sein, von dem hier die Rede ist: vom Innerseelischen und ganz Persönlichen bis zu sehr großen Gruppen und ihren überraschenden gemeinschaftlichen Möglichkeiten.

Im Folgenden trage ich Befunde zur kreativen Kraft von Gemeinschaften, kollektive Weisheit, zusammen, ebenso aber auch von ihrem Gegenteil, von kollektiver Dummheit, Destruktivität und kollektivem Wahnsinn. Letzterem werde ich mich ausführlicher widmen in der Absicht, etwas mehr Licht in dieses Dunkel zu bringen.

Herausforderungen kollektiv lösen

Kollektive Weisheit kann sich in vielen Lebenssituationen bewähren. Bei persönlicher Not, bei Konflikten in Familien, Paarbeziehungen, allen Arten von Gruppen wie Mannschaftssport, Staffelflug im Überschallbereich, Orchestermusik, in Gemeinden, Organisationen, Unternehmen – ja sogar in ganzen Nationen, Regierungen und internationalen Organisationen wurden Methoden zur Nutzung kollektiver Weisheit in den letzten Jahren erfolgreich angewendet. Und es gibt keinen Zweifel daran, dass viele unserer kollektiven Herausforderungen wie Klima, Energiequellen, Umweltbelastung, Drogenkonsum, globale Besitzunterschiede, Konflikte zwischen Religionen und Kulturen und andere mehr auch nur kollektiv gelöst werden können.

Beispiel: »Allein wäre ich niemals auf diese Idee gekommen!«

Vor einigen Jahren erzählte unser Leiter bei einem Überlebenstraining in Nordschweden, der Schweizer Bergführer Martin Epp, abends gern von seinen Erfahrungen und begann stets mit einem gemächlichen »Ich mag mich erinnern …«. Bei einer dieser Erinnerungen ging es um ein früheres Überlebenstraining in Kanada mit einer Gruppe von zwanzig Teilnehmern. Als eine Frau plötzlich hohes Fieber und schwerste Unterleibsschmerzen bekam, sich kein Arzt in der Gruppe befand und die nächste Telefonstation mindestens zwölf Fußstunden entfernt war, bat der Bergführer die Gruppe um Folgendes. Jeder sollte auf einen Zettel zwei Dinge schreiben: erstens die wahrscheinliche Diagnose sowie die Gefährlichkeit der Situation und zweitens, was zu tun sei. Die Zettel wurden dann vorgelesen, und bei jedem Punkt wurde abgestimmt, bis die Entscheidung klar wurde. Wahrscheinliche Diagnose: akute Blinddarmentzündung mit unmittelbarer Lebensgefahr. Zu tun war: Entfachen eines Waldbrands nicht weit von einer Lichtung, dort Auslegen eines SOS-Zeichens mit den farbigen Anoraks der Teilnehmer – beide Maßnahmen, um die Piloten überfliegender Flugzeuge aufmerksam zu machen und sie zur Weitergabe eines Notsignals zu veranlassen. Die Frau war innerhalb von sechs Stunden auf dem Operationstisch, sie konnte gerade noch gerettet werden.

Und Epp kommentierte: »Allein wäre ich niemals auf diese Idee gekommen!«

Wir alle sind – um im Bild dieser Geschichte zu bleiben – unterwegs in unserer Überlebensgruppe »globale Gemeinschaft«, und wir sind eingeladen, Abschied von der vertrauten Gewohnheit zu nehmen, von Fachleuten, Bergführern und Expertengremien die Problemlösungen zu erwarten, zu denen wir selbst mehr beitragen können, als wir uns bisher zugetraut haben.

Das Buch, das Sie gerade lesen, ist selbst ein Produkt kollektiver Intelligenz. Neben meinen eigenen Erfahrungen auch mit dem Thema »Kollektive Weisheit« habe ich mich während der ganzen Zeit seines Entstehens nicht nur in Büchern, sondern im Meer des Internets bewegt, das sich als ein unerschöpflich kreativer Fundus von Wissen, Wandel und Wachstum erweist. Der häufige Vergleich des Internets mit einem Superorganismus, der seine Lebendigkeit aus der Intelligenz der Milliarden »Zellen« der beitragenden Menschen bezieht, wird durch die tägliche Erfahrung bestätigt.

Das Internet ist gegenwärtig gewiss das einflussreichste Phänomen kollektiver Intelligenz, einschließlich der Cyberkriminalität als einer der unvermeidlichen Schattenseiten dieses Phänomens.

Was ist kollektive Weisheit?

Wir alle haben sinngemäß schon Aussagen gehört wie »Zusammen wissen wir mehr«, »Vier Augen sehen mehr als zwei«, »Keiner von uns ist so intelligent wie wir alle gemeinsam«, »Zusammen können wir weiser sein als irgendeiner von uns allein« oder – in Umkehrung des vertrauten Sprichworts – »Viele Köche verbessern den Brei«. Zunächst einmal meint »kollektive Weisheit« also die Tatsache, dass sich mit jedem neuen Gruppenmitglied neue Möglichkeiten dazuaddieren – Körperkräfte, Wissen, Erfahrung – und damit auch mehr Lösungspotenzial für die anstehenden Fragen. Und so sprechen wir von »Synergien«, vom »Zusammenwirken« und vom »Leistungsvorteil der Gruppe«.

Einer der führenden »Thinktanks« zum Thema, das Massachusetts Institute of Technology (MIT) in Boston, betreibt seit einigen Jahren das »Zentrum für Kollektive Intelligenz«,[52] das sich diese Leitfrage stellt: »Wie können Menschen und Computer so verbunden werden, dass sie kollektiv intelligenter handeln, als eine Person, Gruppe oder ein Computer das je zuvor getan haben?«[53] Ausgehend von dieser Initiative, werden zunehmend und weltweit internationale Konferenzen zum Thema »Kollektive Intelligenz« abgehalten.

---

52 Center for Collective Intelligence, http://cci.mit.edu.

53 Dieses Spezialgebiet kollektiver Weisheit wird auch als »symbiotische Intelligenz« bezeichnet, das Zusammenwirken von Mensch und Computer.

Die weitreichenden Konsequenzen der Ausbreitung kollektiver Weisheit und Intelligenz fasst der Wissenschaftsjournalist Ralf Grötker wie folgt zusammen:

> »Die große Verheißung kollektiver Intelligenz ist eine radikale Demokratisierung des Wissens. Die Gesamtheit aller Informationen soll vernetzt werden. Jedermann soll Zugang dazu haben. Und allen soll es möglich sein, an der Schaffung neuen Wissens teilzuhaben. Kollektive Intelligenz steht somit nicht nur für das gigantische Projekt des Alles-mit-allem-in-Verbindung-Bringens, sondern zugleich für das Ende der Expertenherrschaft.«[54]

Das ist schon herausfordernd genug. Aber kollektive Weisheit geht noch darüber hinaus. Die Redensart »Das Ganze ist mehr als die Summe seiner Teile« beschreibt das Phänomen, dass Mitglieder einer Gruppe, zum Beispiel eines Arbeitsteams, unter bestimmten Bedingungen die Ausbreitung eines gemeinsamen größeren Bewusstseins als besondere Klarheit, Offenheit und Verbundenheit erleben können. Dieses weitere Bewusstsein wird wahrgenommen als »etwas über uns hinausgehendes Drittes, das in unserer Mitte entsteht« und Qualitäten wie große Geistesklarheit, Kreativität, überraschende gemeinsame Einsichten, gelegentlich sogar Weisheit und ein Gefühl der Ehrfurcht vor einer überpersönlichen Präsenz vermittelt. Die gleiche Erfahrung findet Ausdruck in dem Jesuswort »Wo zwei oder drei in meinem Namen versammelt sind, da bin ich mitten unter euch« (Mt 18, 20). Jesus weist dabei nicht nur auf seine

54 »Willkommen im Schwarm – Kollektive Intelligenz: Science Fiction nach dem Vorbild der Natur?«, www.heise.de.

persönliche Gegenwart hin, sondern auf etwas im Wortsinn Transpersonales, die Einzelpersonen Überschreitendes, was nicht nur im engeren Sinn religiös, aber durchaus »sehr, sehr nützlich für uns alle« sein kann, wie das ein Gruppenteilnehmer ausdrückte.

Kollektive Weisheit umfasst also einerseits die besondere praktische Leistungsfähigkeit von Gruppen auf vielen Gebieten, das ist kollektive Intelligenz im allgemeinen Sprachgebrauch. Darüber hinaus geht es um eine überpersönliche kollektive Weisheit, die in Gruppen als ein »übersummatives« Vermögen entstehen kann.

»Kollektiv«: Ein Wort mit Licht- und Schattenseiten

Im Deutschen hat das Wort »kollektiv« zwei Bedeutungen: »gemeinsam« und »gleichgeschaltet«. Wir wissen, dass Gemeinsamkeit sich leicht in blinde Konformität verwandeln kann und dass Gruppen immer auch gefährdet sind, zu »Kollektiven«, zu Massen zu werden.

Es ist wichtig, die Doppelgesichtigkeit von kleinen und großen Gruppen immer im Auge zu behalten, wenn wir uns nun weiter mit den positiven und wertvollen Möglichkeiten von kollektiver Intelligenz und mit ihren Schattenseiten beschäftigen.

Eine größere Familie: Die Verwandten von kollektiver Weisheit

Neben »kollektiver Weisheit« und »kollektiver Intelligenz« gibt es einige Begriffe, die das Gleiche oder etwas Ähnliches meinen und die hier kurz erwähnt werden sollen.

Co-Intelligenz

Der Begriff »Co-Intelligenz« wird von Tom Atlee,[55] einem der profiliertesten Forscher und Praktiker zu kollektiver Intelligenz, als der Dachbegriff für alle Formen kollektiver Intelligenz und Weisheit gebraucht:

> »Co-Intelligenz ist eine Fähigkeit, die weit über eine IQ-begründete Intelligenz hinausgeht. Co-Intelligenz wurzelt in Ganzheit, Verbundenheit und Co-Kreativität.
> Sie ist gemeinschaftlich, kooperativ, synergistisch, weise, sie lebt aus wechselseitiger Beziehung, kommt aus dem Herzen und ist mit einer höheren Quelle von Intelligenz verbunden. Wir finden Co-Intelligenz – und ihr Gegenteil kollektive Dummheit (co-stupidity) – bei: Individuen, Familien, Gruppen, Organisationen, Gemeinden, übergreifenden kollektiven Prozessen, bei Stämmen, ethnischen Gruppen und Nationen. Diese können alle co-intelligent sein, wann immer sie kollektive Weisheit in und um sich entstehen lassen – gewöhnlich dann, wenn sie mit Unterschieden kreativ umgehen« (Atlee 2003).

Smart Mobs – Intelligente Menschenmengen, schlaue Massen

Smart Mobs schließen sich vor allem über Internetforen, SMS, WhatsApp und so weiter in kurzer Zeit zusammen und handeln gemeinsam, oft ohne einander persönlich zu kennen, um in Windeseile Proteste zu organisieren und bessere politische

55 Siehe die lesenswerten Bücher Atlee 2012 und 2003. Vgl. auch www.co-intelligence.org, eine Fundgrube zu kollektiver Intelligenz.

oder wirtschaftliche Verhältnisse zu schaffen. Smart Mobs sind durch Spontaneität, sehr rasches Handeln, Selbstorganisation und eine gewisse Selbstkontrolle gekennzeichnet.[56]

Eine Art Initialzündung für Smart Mobs geschah im Januar 2001 in Manila auf den Philippinen, als Hunderttausende von Bürgern den korrupten Präsidenten Joseph Estrada aus dem Amt drängten, indem sie über Nacht mittels Internet und SMS eine gewaltige Anti-Estrada-Demonstration zusammenriefen. Amerikanische Soziologen nannten diesen Vorgang *adhocracy* (»Ad-hoc-Demokratie«), lobten die Demonstranten als »Daumen-Stämme« (*thumb tribes*, weil SMS üblicherweise mit dem Daumen geschrieben werden) und sahen in dem Ereignis einen verblüffenden Ausdruck »symbiotischer Intelligenz« des Zusammenwirkens von Mensch und Hightech.

Und seit dem Jahr 2013 findet zum Beispiel regelmäßig an jedem zweiten Samstag im Monat in allen größeren deutschen Städten ein Smart Mob unter der Bezeichnung »Pflege am Boden« statt (www.pflege-am-boden.de). Ziel dieser Aktion – viele am Boden liegende Menschen: die darniederliegende Pflege – ist es, Politik und Gesellschaft auf die anhaltenden Missstände der Pflegesituation in Deutschland aufmerksam zu machen und eine Reformierung der Pflegepolitik zu bewirken, die die Situation für Pflegende, Gepflegte und Angehörige nachhaltig verbessert.

Flashmobs – »Blitzversammlungen«

Flashmobs sind die meist verspielte Variante der Smart Mobs. Durch SMS- und Internetaktionen innerhalb von ein bis zwei Stunden einberufene Kissenschlachten in der Fußgängerzone;

56 Der Begriff *smart mobs* wurde vom amerikanischen Medientheoretiker Howard Rheingold (2003) geprägt. Auf dem Laufenden kann man sich halten über www.smartmobs.com.

das plötzliche Zusammenströmen in Lobby und Treppenhaus eines Luxushotels und, nach einem großen Applaus für Akteure und verdutzte Zuschauer, ihre ebenso plötzliche Auflösung in nichts nach fünf bis zehn Minuten; oder ein »Radioballett«, bei dem die Akteure nach den Weisungen aus ihrem portablen Radio oder Handy die merkwürdigsten Bewegungen und Sprünge auf einem öffentlichen Platz aufführen, um nach wenigen Minuten wieder zu verschwinden – das ist vorerst eine amüsante bis verstörende Kunstform, zu der auch das Vergnügen gehört, ohne erkennbare Botschaft zu bleiben.

In seinem *Zeit*-Beitrag zum Thema schreibt Peter Kümmel am Ende nachdenklich:

> »Im Idealfall wäre alles politische Geschehen der Zukunft Smart-Mob-Geschehen. Spielerisch würde sich kollektive Intelligenz organisieren. Und Gesellschaft wäre die durch das verschaltete Erfahrungswissen Tausender inspirierte Kunst der Entscheidung, die ständige Volksberatung und Volksabstimmung mittels Fernbedienung.
> Im schlimmsten Fall wäre der Flashmob, den wir jetzt erleben, nur die heitere Theaterprobe für etwas Finsteres. Wenn auch bei uns die Verhältnisse härter werden, dürften unsere Spiel- und Spaßmobs sich in tückische Sabotage-, Hetz- und Fluchtmobs verwandeln. Aus den lustigen Rivalitäten zwischen verschiedenen Flashmobs könnten blutige Kämpfe werden, und aus dem Fun würde eine bittere Intelligenz steigen.«[57]

---

57 Peter Kümmel: »Der schlaue Mob«, *Die Zeit* 38/2003.

Das war nicht nur düstere Fantasie. Seit etwa 2010 (siehe Flashmob-Wikipedia) wird von gewalttätiger Kriminalität in Gruppen als *bashmobs* (»Prügel-Mobs«) berichtet, die aus ursprünglich harmlosen Flashmobs hervorgegangen sind.

Symbiotische Intelligenz

Symbiotische Intelligenz ist der Forschungsgegenstand des anfangs genannten Zentrums für Kollektive Intelligenz am MIT in Boston. Sie beschäftigt sich mit der Frage, wie Menschen und Computer sich so verbinden können, dass sie gemeinsam intelligenter handeln können, als Einzelpersonen, Gruppen oder Computer das je könnten. So wird auch die Mensch-Internet-Kooperation als symbiotische Intelligenz beschrieben.

Schwarmintelligenz

Schwarmintelligenz betrifft zunächst einmal die unglaublichen Fähigkeiten zur Selbstorganisation und -steuerung im Tierreich: Ameisen- und Termitenkolonien, Vogel- und Fischschwärme oder Bienenvölker (»Bienenstock-Intelligenz«).

Einzelne Ameisen zum Beispiel sind unbeholfen und orientierungslos – als Spezies aber sind sie mit 140 Millionen Jahren Überlebensdauer und 12 000 Arten ausgesprochen erfolgreich. Ameisenkolonien finden, im Gegensatz zu Einzelameisen, den kürzesten Weg zur Futterquelle, verteilen Aufgaben geschickt und ökonomisch und verteidigen erfolgreich ihr Revier. Diese Schwarmintelligenz diente mittlerweile zum Beispiel als Vorbild für die effektive Routenplanung für Lastwagen auf häufig staugefährdeten Langstrecken, für Flugpläne von Fluggesellschaften oder – wie sollte es anders sein? – für die Steuerung militärischer Roboter. Der Biologe Thomas Seeley übertrug das einfache, dem Allgemeinwohl dienende Entscheidungsverhalten von Honigbienen auf die lähmenden Sitzungen seines Kirchenvorstandes und entwickelte dort ein wirksames »schwarmintelligentes« Abstimmungsverfahren.[58]

Die Streitkräfte der Großmächte wissen bereits seit Langem, dass Science-Fiction oft eine später eintretende Entwicklung vorwegnimmt. Das Thema »Schwarmintelligenz« hat schon 1964 Stanislaw Lem (1976) zu dem immer noch hochaktuellen Roman *Der Unbesiegbare* inspiriert, genauso wie Frank Schätzing (2004) zu seinem *Schwarm*.[59]

Schwarmintelligenz wird auch oft im Sinne von »Weisheit der Vielen«[60] verstanden. Damit wird zum Beispiel die Tatsache benannt, dass die korrekte Einschätzung eines Sachverhalts – Gewicht eines Fahrzeugs, Höhe eines Berges, durchschnittliche Raumtemperatur oder Verlauf einer Wetterlage – zunimmt mit der Anzahl der beteiligten Personen.

Dafür ein einfaches Beispiel: Auf der Tagung »Kollektive Intelligenz – Die Weisheit gemeinschaftlicher Felder zur Lösung von Konflikten in Familien, in sozialen und in politischen Gruppen« 2006 in Würzburg hielt Fritz Simon den Vortrag »Gemeinsam sind wir blöd – oder genial!« und bot dafür ein kleines Experiment an. Am Eingang zum Vortragssaal stand ein großes Glasgefäß, das mit Bonbons gefüllt war. Die Gäste wurden gebeten, auf einem Zettel die von ihnen geschätzte Anzahl von Bonbons zu notieren, und 94 Personen beteiligten sich. Die abgegebenen Werte schwankten zwischen 135 und

---

58 Siehe Peter Miller: »Schwarmintelligenz«, www.nationalgeographic.de, 30. August 2007.

59 Im *Unbesiegbaren* begegnet die Crew einer Mission zur Auffindung eines verlorenen Schwesterraumschiffs auf einem weit entfernten Planeten einer hochentwickelten Kolonie insektenähnlicher Maschinen, die als Einzelne unauffällig sind, als plötzlich entstehender Riesenschwarm jedoch bösartig hyperintelligent werden. *Der Schwarm* ist ein gut recherchierter »Ökothriller« über Meeresorganismen, die unheimliche Schwarmintelligenz entwickeln.

60 So der Buchtitel des Klassikers von James Surowiecky (2009).

7675 und ergaben einen Durchschnittswert von 1492 – der korrekte Wert war 1429, dem sich der Durchschnittswert mit mehr Teilnehmern weiter angenähert hätte.

Dieses intelligente Schwarmpotenzial von Gruppen funktioniert auch in komplexeren sozialen Situationen – kann aber unter bestimmten Bedingungen auch in »Schwarmdummheit« übergehen, wie wir noch sehen werden.

Gute Bedingungen für kollektive Weisheit

In den Berichten und in der umfangreichen Literatur zum Thema[61] ist man sich in dem Punkt einig, dass kollektive Weisheit in den beschriebenen Spielarten dann am zuverlässigsten auftritt, wenn vier Voraussetzungen erfüllt sind:

> Die Mitglieder der Gruppe sind an der Lösung einer existenziell wichtigen Aufgabe beteiligt.
> Sie werden ermutigt, ihre eigenen besonderen Fähigkeiten und Gaben wertzuschätzen und anzuerkennen ebenso wie die der anderen.
> Sie werden bei der Suche danach unterstützt, wie sie mit ihren persönlichen Gaben am besten zum Wohl der Gruppe und ihrer Arbeit beitragen können.
> Und es besteht Einigkeit darüber, dass Meinungsunterschiede essenziell sind und immer vorrangig Raum haben müssen.

61 Siehe etwa Briskin 2009 oder Landemore und Elster 2012.

Es geht demnach um eine typische Win-win-Situation bei Prozessen kollektiver Weisheit: Die Einzelnen erfahren sich intensiv in ihrem einzigartigen Wert gerade dadurch, dass sie zum Gemeinwohl der Gruppe (Familie, Gemeinschaft, Gesellschaft, Nation) und ihren vielen unterschiedlichen und gleichberechtigten Mitgliedern beitragen. Kollektive Weisheit ist also immer durch Einschließlichkeit und Gleichberechtigung ausgezeichnet und durch die Gleichzeitigkeit von persönlichem Wachstum, Individuation und Dienst am Gemeinwohl.

Das ist einer der Hauptunterschiede zu kollektiven Gleichschaltungs- und Massenprozessen, das heißt zu kollektiver Dummheit, die immer mit einer Form des individuellen Verschwindens im Kollektiv und auf Kosten von ausgeschlossenen »anderen« ablaufen. Dazu kommen wir nun im Folgenden.

Gemeinsam sind wir blöd – Wie entsteht kollektive Dummheit?

»Ein Kamel ist ein von einem Gremium gemeinsam gezeichnetes Pferd«: Das ist ein Insidern bekanntes Sinnbild für kollektive Dummheit. Ein Gremium, dessen Mitglieder etwas Dummes produzieren, tut das vor allem unter dem Einfluss von Gruppendenken oder »Groupthink«, was sich als englischer Begriff im Deutschen eingebürgert hat:

> »[Dabei trifft] eine Gruppe von an sich kompetenten Personen schlechtere oder realitätsfernere Entscheidungen als möglich [...], weil jede beteiligte Person ihre eigene Meinung an die erwartete Gruppenmeinung anpasst. Daraus können Situationen entstehen, bei denen die Grup-

pe Handlungen oder Kompromissen zustimmt, die jedes einzelne Gruppenmitglied unter normalen Umständen ablehnen würde.«[62]

Es können daraus schwere Fehleinschätzungen, irrationale Entscheidungen und inhumane Handlungen resultieren. Das geschieht vor allem dann, wenn das Gremium oder die Arbeitsgruppe unter dem Einfluss folgender Faktoren steht: Erfolgs- und Zeitdruck, die starke Neigung zu Konformität und zu »der« einen richtigen Lösung,[63] unbedingter Konsens als Zeichen vermeintlich guter gemeinsamer Arbeit, ein idealisiertes Gruppen-Selbstbild von Harmonie und reibungsloser Zusammenarbeit, starke Orientierung an der angenommenen Überlegenheit der Führungsperson hinsichtlich Wissen, Intelligenz und Überblick und die Angst vor den Konsequenzen abweichender Meinung wie Ablehnung, Ausschluss oder gar Verlust der Stelle – all das mit der Folge, dass eigenes kritisches Denken, Wahrnehmen und Empfinden von den Teilnehmern geleugnet und unterdrückt werden.

Groupthink spielt in jedem Lebensbereich eine störende bis verheerende Rolle. Es wurde von dem Harvard-Psychologen Irvin Janis (1972) als einflussreicher Faktor identifiziert, zum Beispiel im Nationalsozialismus 1941 bei der Entscheidung, die Sowjetunion per Blitzkrieg (»Fall Barbarossa«) anzugreifen, die in völliger Überschätzung der eigenen und Unterschätzung der sowjetischen militärischen Kräfte gefällt worden

62 http.//de.wikipedia.org/wiki/Gruppendenken; vgl. auch Janis 1972.

63 Ein Kollege, der Organisationen berät, erzählte mir von dem Akronym »TINA«, das auf Ansteckbuttons gedruckt war, die von Teilnehmern oder auch vom Leiter vor Meetings verteilt wurden: »There Is No Alternative« oder »Es gibt keine Alternative« – eine augenzwinkernd-ernste Warnung vor einer typischen Fehlwahrnehmung im Groupthink-Modus.

war. Die Unterdrückung von kritischen Gegenstimmen war wesentlich beteiligt bei der Gefahrenleugnung vor dem verheerenden japanischen Luftangriff auf Pearl Harbor 1941, der zum amerikanischen Kriegseintritt führte. Auch die späteren und in ihrer »Notwendigkeit« fragwürdigen Atombombenabwürfe von Hiroshima und Nagasaki 1945 dürften Gegenstand der Forschung zum Gruppendenken werden.

Janis sah auch in vielen anderen Fällen, dass die Entscheidungen vor allem dadurch zustande gekommen waren, dass kritische, abweichende und widersprechende Einschätzungen zurückgehalten wurden und damit der Entscheidungsfindung entzogen waren – zum Preis unzähliger Menschenleben![64]

Gruppendenken oder Groupthink ist natürlich nicht die einzige Ursache für kollektive Dummheit. Es spielt aber eine zentrale Rolle und soll für mein Thema erst einmal ausreichen und gewissermaßen stellvertretend für das Ursachenbündel stehen, das kollektive Weisheit einschränken oder ausschalten kann.

Des Teufels Advokat oder wie Gruppendenken verhindert werden kann

In der katholischen Kirche wird der Kandidat im Prozess einer Heiligsprechung seit Jahrhunderten mit einem eigens eingesetzten Advocatus Diaboli (der im katholischen Amtslatein »Promotor Iustitiae« genannt wird) konfrontiert. Dessen Auf-

64 Immerhin ein gutes Zeichen: Anders als noch vor wenigen Jahrzehnten wird Gruppendenken heute als ein ernstes Problem wahrgenommen. Barack Obama rief Ende 2014 bei einer UN-Generalversammlung zum Thema »Transparenz in Regierungen« seine Amtskollegen dazu auf, die Kritik ihrer Bürger ernst zu nehmen, um Gruppendenken in Regierungen zu vermeiden. Dazu hatte er bereits bei seinem Amtsantritt 2009 aufgefordert. Es geht in der Tat um eines der Essentials demokratischer Entscheidungsprozesse (vgl. www.washingtonexaminer.com/obama-warns-against-groupthink-in-government/article/2553923).

gabe ist es, die Heiligsprechung mit kritischen, skeptischen, alles hinterfragenden Argumenten anzufechten und zu verhindern. Nach Irvin Janis (1972) sollte diese Funktion Bestandteil jeder Arbeitsgruppe sein, die wichtige Entscheidungen zu treffen hat, und sie sollte bei jeder Sitzung von einem anderen Gruppenmitglied wahrgenommen werden. Janis nennt daneben unter anderem die folgenden Elemente, die wir unmittelbar in unsere eigene aktuelle Gruppen- und Entscheidungspraxis übersetzen können. Zur Kultur einer erfolgreichen Arbeitsgruppe gehört:

- Jede(r) sieht sich als wichtige und unter Umständen entscheidende Quelle von Wissen. Die Äußerung von Fragen, Zweifel und Kritik ist für den Arbeitserfolg unabdingbar und ausdrücklich erwünscht.
- Zum Leiterverhalten: Autorität in ihrer unvermeidlich auch entmündigenden Wirkung wird reduziert durch Zurückhaltung des Leiters bei eigener Meinungsäußerung und durch seine geplante, wiederholte Abwesenheit von Gruppensitzungen, um die Unabhängigkeit der Gruppe zu erleichtern.
- Es findet eine regelmäßige Aufteilung in Untergruppen statt, um der in größeren Gruppen bestehenden Neigung gegenzusteuern, Verantwortung auf viele Schultern zu verteilen, unter denen irgendwann die eigenen Schultern nicht mehr erkennbar, wahrnehmbar und schließlich wie nicht mehr vorhanden sind. »Verantwortungsdiffusion«[65] nennen das die Sozialpsychologen.

65 Darunter versteht man das Phänomen, dass eine Aufgabe nicht ausgeführt wird, obwohl sie anerkannt wird und genügend geeignete Personen für ihre Erledigung vorhanden sind. Besonders bekannt ist der Zuschauereffekt: Je mehr Augenzeugen bei einer Notsituation wie einem Unfall oder kriminellen Übergriff anwesend sind, desto geringer ist die Wahrscheinlichkeit, dass jemand eingreift oder Hilfe leistet. Jeder weitere passive Augenzeuge verstärkt den Eindruck, dass ein Eingreifen nicht nötig oder angemessen sei.

- Gruppenmitglieder sind eingeladen, die Aufgaben auch mit vertrauenswürdigen Nichtmitgliedern außerhalb der Gruppe zu diskutieren.
- Es werden externe Experten eingeladen, die wiederum kritisch befragt und infrage gestellt werden sollten.

Zusammenfassend können wir diese Maßnahmen als wichtige Faktoren sehen, Gleichschaltung und damit die Entwicklung von Gruppen zu blinden Massen und von kollektivem Wahnsinn zu verhindern oder wenigstens zu erschweren.

Gleichschaltung und ihre Bedingungen – Wie entsteht kollektiver Wahnsinn?

Im Folgenden trage ich, natürlich keineswegs vollständig, einige Faktoren zusammen, die ich für die Entstehung kollektiv destruktiver Entwicklungen als wichtig erachte. Es geht in diesem Passus um so ernste Fragen wie Massaker, also den Massenmord und Genozid im Sinne von systematischer Vernichtung einer Volksgruppe. Die Leserin und der Leser sind eingeladen, den Text in der Erwartung zu lesen, dass es vor allem um tieferes Verstehen, neue Sichtweisen und schließlich besonders um Lösungsmöglichkeiten geht, mit denen wir, getreu dem Thema des Buches, als Erwachsene auf die Gefahren antworten können.[66]

66 Ich empfehle hier sehr die Arbeit von Gregory H. Stanton, Präsident der Organisation »Genozide Watch« (»Völkermord-Beobachtung«), der sich seit vielen Jahren mit den Entstehungsbedingungen von genozidären Entwicklungen beschäftigt und unter anderem eine sehr gut ausgearbeitete Übersicht »Die 10 Entwicklungsstadien von Völkermord« (auf Englisch) verfasst hat mit den jeweiligen Präventionsmaßnahmen, vgl. www.Genocidewatch.net.

Zugehörigkeit und Überleben – Vom ethnozentrischen zum weltzentrischen Bewusstsein

Unser Überleben ist abhängig von sicherer Zugehörigkeit zu der Gruppe, die unser Überleben garantiert. Unser stammesgeschichtliches Erbe sagt uns bis heute, dass diese unsere Überlebensgruppe relativ klein und überschaubar ist, maximal etwa hundert Menschen, »unser Stamm«. Unser Stamm ist von anderen Stämmen unterschieden und oft genug auch bedroht, wenn es wie ursprünglich um Nahrung, Wasser, Weideplätze und heute darüber hinaus um sichere Arbeit, gesicherte Landesgrenzen oder um militärischen Schutz geht. Diesen Bewusstseinsmodus nennen wir »ethnozentrisch«; das heißt, als meine Überlebensgruppe und -garantie wird »mein Stamm«, also meine Familie, meine Gesinnungs- oder Volksgruppe bis hin zu »meiner Nation«, wahrgenommen.

Ohne sozialen Stress werden andere »Stämme« nicht als gefährlich eingeordnet. Das ändert sich sehr schnell, wenn wir unser Sozialsystem, berechtigt oder nicht, als gefährdet ansehen. Wir können dann nicht zurückgreifen auf ein schon weltzentrisch gereiftes Bewusstsein, das uns erleben ließe, dass nicht nur meine Gruppe, sondern nur alle Gruppen zusammen, die ganze Welt also, die Überlebensgruppe ist, die tatsächlich nur als Ganzes unser Überleben garantieren kann. So weit sind wir in der großen Mehrzahl noch nicht, sondern unter sozialem Stress, das heißt unter sozialer Bedrohung, kontrahieren wir uns zurück in unseren Kleingruppenraum, um unser Überleben zu sichern. Diese Kontraktion hat oft dramatische und destruktive Folgen.

Sozialer Stress, Selbstaufgabe im Kollektiv, starke Führer und Gleichschaltung

Bei sozialem Stress geht es um das Zusammenwirken von wirtschaftlicher Not, Armut, Nahrungsmangel, schlechter medizinischer Versorgung und den alsbald auftauchenden Drang, in anderen ethnischen, religiösen oder nationalen Gruppen die Schuldigen für diese komplexe und schwer durchschaubare Misere zu suchen und schließlich auch zu finden. Sozial besonders bedrohlich wirkt natürlich ein bevorstehender oder bereits eingetretener Krieg oder Bürgerkrieg.

In dieser Situation neigen die allermeisten Menschen zur Aufgabe ihres erwachsenen, individuellen Bewusstseins zugunsten des Aufgehens in einem zugleich kindlichen und kollektiven Bewusstsein: Wir fühlen uns in einem Meer von gleichermaßen Hilflosen, die danach verlangen, sich einem fraglos Wissenden und Führenden anzuschließen, der »die dort«, die schuldigen anderen, identifiziert und verfolgt oder beseitigt, während er die Unschuldigen, uns, beschützt und, wie wir glauben wollen, in gute, sichere Verhältnisse, in eine strahlende Zukunft führt.

Diese Gleichschaltung wird ein lustvoller Akt von Regression in völlige persönliche Verantwortungslosigkeit, die alles erlaubt, ja notwendig macht, was im Massenrausch als gut und wahr – im Wortsinn – »gewähnt« wird.

Es ist eindrucksvoll, in Menschenmassen den gleichen Ausdruck von Begeisterung beim Besuch des Papstes, des Dalai-Lama oder Hitlers auf einer Großveranstaltung zu sehen: Bei Stummschaltung und ohne vom Anlass zu wissen, könnten wir in den Bildern keinen Unterschied erkennen – da ist nur hingebungsvolle Begeisterung.

Sigmund Freud hat in *Massenpsychologie und Ich-Analyse* im Jahr 1925 darauf hingewiesen, dass wir uns mit dieser Bewunderung und Liebe – ein Gefühl, das Hitler gegenüber ja oft und tief, auch weit über seinen unrühmlichen Tod hinaus empfunden wurde – im idealisierten anderen eigentlich uns selbst meinen (vgl. Freud 2005), etwa: »In dir und durch dich, mein Führer, kann ich mich selbst als so vollkommen lieben, wie ich gern sein möchte.« Was uns daran erinnert, dass unser aller Bedürfnis nach einem vermeintlich weit über uns stehenden Menschen, den wir mit Weisheit, Macht und idealen Eigenschaften aller Art ausstatten können, sehr mächtig und sehr gefährlich sein kann!

Exkurs: Ein Massaker verhindern – Niederknien, zur Besinnung kommen

Und dennoch: Manchmal kann dieses gleiche Bedürfnis nach Führung und Orientierung in gute Bahnen gelenkt werden und zu etwas sehr Positivem führen, wie das folgende Ereignis aus dem zweiten Irakkrieg zeigt.[67]

Im Jahr 2003 während der amerikanischen Invasion im Irak patrouillierte eine kleine Einheit amerikanischer Soldaten durch eine Straße in Nadjaf, eine der wichtigsten schiitischen Hochburgen südlich von Bagdad. Unter den Irakis hatte sich zuvor das Gerücht verbreitet, dass die Amerikaner die heilige Grabesstätte von Ali, dem Onkel des Propheten, einnehmen wollten, und so strömten plötzlich Hunderte von Irakern aus ihren Häusern beiderseits der Straße. Geballte Fäuste, wütende Gesichter, heftige Beschimpfungen – so kamen sie immer näher und bedrängten die amerikanischen Soldaten, die einander in äußerster Panik anschauten.

---

67 Es wurde von Dan Baum unter dem Titel »Battle Lessons – What the generals don't know« im *New Yorker* aufgezeichnet, 17. Januar 2005.

»So, das war's«, dachte der Autor des Berichtes in diesem Moment. »Von irgendwoher fällt jetzt ein Schuss, wir eröffnen sofort das Feuer und haben hier im Irak unser nächstes My-Lai-Massaker, wie in Vietnam.«

In diesem Moment trat der leitende Offizier vor seine Soldaten mit hoch über seinem Kopf gehaltenem Gewehr, den Lauf nach unten auf den Boden gerichtet. Vor dem Hintergrund der mächtigen Menge aufgebrachter Iraker ein völlig verblüffendes, fast feierliches Bild. Scheinbar ganz ausdruckslos hinter seiner großen Surfer-Sonnenbrille sagte er laut vernehmlich zu seinen Leuten: »Kniet euch nieder!«

Die Soldaten sahen ihn an, als sei er verrückt geworden. Dann aber, einer nach dem anderen, knieten sie, schwankend unter der Last ihrer unförmigen armierten Uniformen, vor der aufgewühlten Menge der Iraker nieder, ihre Gewehrläufe auf den Boden gerichtet. Die Iraker wurden ruhiger, und ihr Ärger legte sich langsam. Schließlich gab der Offizier an seine Leute die Order, sich zurückzuziehen.

Als Lieutenant Colonel Chris Hughes, so sein Name, später gefragt wurde, wo er denn in seiner Ausbildung gelernt habe, eine so aufgebrachte Menge zu beruhigen – mit nach unten zeigendem Gewehrlauf und der Order zum Niederknien an seine Leute und ob solche Gesten typisch für den Irak oder die Muslime seien –, antwortete er: »Ich habe das nicht gelernt. Ich bin bei meiner Ausbildung von niemandem auf eine wütende Menge in einem arabischen Land und noch weniger auf die extrem unüberschaubaren Stammeskonflikte in Nadjaf vorbereitet worden.« Warum er denn dann so gehandelt habe in dieser prekären Lage? Hughes meinte, dass es irgendwie ganz natürlich gewesen sei. Die Iraker hätten es schon lange so empfunden, dass die Amerikaner sie und ihre Kultur nicht achten und respektieren. »... und«, so Hughes, »da war die naheliegende Antwort doch eine Geste des Respekts.«

Es sei auch nicht sein Glauben gewesen, so Hughes, der ihm diese Eingebung gegeben hätte. Er sei kein besonders religiöser Mensch.

Die beiden feindlichen Gruppen waren in der Gefahr, ihrer jeweiligen kriegsbedingten kollektiven Gleichschaltung zu erliegen: Die Iraker sahen eine Masse von US-Aggressoren, die US-Soldaten eine Masse von hasserfüllten Irakis, und es schien nur die Lösung von Gewalt zu geben. Chris Hughes, der in einer leitenden und damit orientierungsgebenden Funktion war, konnte sich seinen gesunden Menschenverstand bewahren und im Interesse aller handeln. Wir wissen nicht, was ihn vor der Gleichschaltung bewahrt hat. Er beansprucht jedenfalls nicht, besonders zu sein, und das scheint mir das Entscheidende an dem Ereignis: Im Prinzip sind wir alle zu dieser Unabhängigkeit und Klarheit in der Lage.

Nach dieser Ermutigung können wir fortfahren in der Untersuchung der Faktoren, die zu destruktiven kollektiven Entwicklungen beitragen.

Kollektiver Wahnsinn als religiöse Bewegung

Totalitäre Bewegungen nutzen oft die authentischen spirituellen Bedürfnisse des beherrschten Volkes für die Zwecke des Ausbaus der eigenen Macht aus.

Der Wunsch nach selbstlosem Dienst, nach Hingabe und nach Selbstopfer für die als heilig erlebte Sache sind genuine menschliche Wünsche danach, sich etwas Größerem anheimzugeben und das »Dein Wille geschehe« des Vaterunsers in uns zu verwirklichen. Das sind an sich wunderbare und »unschuldige« Absichten. Im Kontext eines faschistischen Regimes aber laufen sie auf den infamen Missbrauch tiefster und wertvollster menschlicher Neigungen hinaus mit dem Resultat, dass unter der Mitwirkung dieser pseudospirituellen Trance Massenmorde unterstützt werden.

Die tiefe Scham nach dem Scheitern des Nationalsozialismus und die unglaubliche Zerstörung durch diese allversprechende Bewegung war für viele Menschen unerträglich und neben der zu verantwortenden Schuld ein wichtiger Grund für das jahrelange Schweigen und Leugnen.

Politischer Missbrauch mit den Gestorbenen

Aus Gründen des Machterhalts missbrauchen totalitäre Regime die im 3. Kapitel (»Die freundlichen Toten«) beschriebenen Prozesse im Umgang mit den Gestorbenen oft für die eigenen Zwecke. Zum verführerischen Charisma eines diktatorischen Führers gehört es, dass er die natürliche Ungewissheit hinsichtlich der Toten durch vermeintliche Sicherheit und die Klarheit ersetzt, zum Beispiel von der »Vorsehung« berufen zu sein wie Hitler. Dann »weiß« er auch, anders als wir Unberufenen, was die Toten wollen, was wir ihnen schulden und wie wir dazu beitragen, dass sie endlich – manchmal nach Hunderten von Jahren – ihren Frieden finden können. Hitler und Goebbels beschworen immer wieder die »heldenhaften Gefallenen«, die sich für das deutsche Volk »geopfert« hatten, und legten es den Lebenden nahe, ihnen die Ehre zu geben, sich ihres Opfers würdig zu erweisen und schließlich, wie sie, in den totalen Krieg zu ziehen.

Überall dort, wo Menschen zur Ruhe und zu sich kommen, erfahren sie genau das Gegenteil: Wir ehren die Kriegstoten nur dadurch, dass wir in ihrem Namen den kollektiven Wahnsinn des Krieges als solchen benennen und beenden und stattdessen lebensbejahende Lösungen finden.

Polarisierung, Entmenschlichung und Straflosigkeit

Sozialer Stress, Selbstaufgabe im Kollektiv und an Führungsfiguren, Gleichschaltung, spiritueller Missbrauch und Missbrauch der Gestorbenen gehen einher mit der Polarisierung zwischen Richtigen und Falschen, Guten und Bösen, Gottgefälligen und Gottlosen. Der Reichtum von ausgleichender Vielfalt einer demokratisch verfassten Gesellschaft, die Gleichzeitigkeit vieler unterschiedlicher Lebensentwürfe sowie die damit verbundene Ausgewogenheit und Sicherheit gehen verloren und machen einer trostlos reduzierten und bedrohlichen Schwarz-Weiß-Welt Platz. Es folgen Ausgrenzung, Entwertung und schließlich Entmenschlichung der sogenannten Falschen und Bösen als unwert, als »Ungeziefer« oder »Schädlinge«. Und am Ende wird ihre »notwendige, gerechte und für den Volkskörper gesunde Vernichtung« eingeleitet als unumgängliche »Reinigung«. Das war keinesfalls nur im Nationalsozialismus so, sondern das geschieht genauso in jeder genozidären Entwicklung bis zu diesem Moment.

Ein besonders bösartiges Element in jenem komplexen Gemenge ist die schon angedeutete Straflosigkeit. Wenn nach den bisher genannten Schritten eine einzige dominante Ideologie eingeführt und mit einem tief gestaffelten System von Kontrolle, Terror und Belohnung verankert wurde, führt die kollektive Regression in die persönliche Verantwortungslosigkeit, sodass übelste Misshandlungen schuldlos erlebt werden und sanktionsfrei bleiben. Unter diesen Umständen können wir widermenschliche Dinge tun, die uns unter freieren Bedingungen nicht im Traum eingefallen und uns ganz abscheulich erschienen wären. Straffreiheit ist vielleicht die mächtigste aller Verführungen für uns Menschen, unsere dunkelsten Seiten wie skrupellose Gier oder die Durchsetzung eigener Interessen um jeden Preis auszuspielen. Deshalb ist der Wiederaufbau eines Rechtssystems und seiner Durchsetzung eine der wichtigsten Maßnahmen nach einem sozialen Zusammenbruch, um uns wirksam vor uns selbst zu schützen.

Der Krieg ist der Vater aller Dinge?

Der vorsokratische Philosoph Heraklit (535–475 v. Chr.) soll diese berühmte Aussage – ohne das Fragezeichen – gemacht haben. Er hat damit vermutlich nicht den realen Krieg gemeint, sondern als Dialektiker, der er war, »das Gegenstrebige«, das jedem Sachverhalt als sein Gegenpart innewohnt, und eine ständige natürliche dialektische Weiterentwicklung des Lebens begründet.

So weit, so gut. Wenden wir aber den Satz »Der Krieg ist der Vater aller Dinge« auf das Thema »kollektiver Wahnsinn« an, beschreibt er eine sehr ernste Schattenseite unseres Menschseins, der wir im 4. Kapitel über »Identitäten« schon begegnet sind und die auch im folgenden 9. Kapitel, »Der Krieg ist wie die Liebe …«, weiter vertieft wird. An dieser Stelle soll an die Faszination am Krieg und die an ihn geknüpften Heilserwartungen erinnert werden. Das ist in der Tat ein wörtlich sehr merk-würdiges Phänomen, das so alt wie die Menschheit ist, deren treuester Begleiter der Krieg zu sein scheint (siehe zum Beispiel Dollinger 2004).

Wir sollten nicht unterschätzen, welchen Sog »die Lösung Krieg« als eine starke Unterströmung in chronisch verfahrenen kollektiven Konflikten ausübt und friedliche Lösungen immer wieder untergräbt. Das gegenwärtig eindrücklichste Beispiel ist der Nahostkonflikt, in muslimischer Sicht »die Mutter aller Konflikte«, wo gelegentlich hinter vorgehaltener Hand Fantasien von einem alles erlösenden endzeitlichen Krieg geäußert werden, von einem Harmagedon, Ort der apokalyptischen

Entscheidungsschlacht im »Krieg des großen Tages Gottes, des Allmächtigen« (Offb 16, 16). Letztere endzeitliche Vorstellung gehört ausdrücklich zum Selbstverständnis des Kalifats, wie es zurzeit vom »Islamischen Staat« unter Berufung auf Mohammeds angebliche Vorgaben verfolgt wird.

Ob wir als Menschheit schon so weit sind, bessere als kriegstrunkene, apokalyptische Lösungen in solchen Konflikten zu entwickeln, werden wir im 9. Kapitel weiter untersuchen.

An dieser Stelle jedoch noch ein Beispiel, das durchaus Anlass zur Hoffnung gibt.

Traumaheilung in der Gemeinschaft

Simon Gasibirege, emeritierter Psychologieprofessor an der Universität von Butare im Süden von Ruanda, entwickelte 1994 unmittelbar nach dem Genozid an den Tutsis durch die Hutus in Ruanda die Initiative »Die Lebenswunden heilen« *(Guérir les blessures de la vie)* zur Traumabewältigung.

Es stellte sich rasch heraus, dass Therapie und Betreuung von Einzelnen allein keine anhaltenden Heilungswirkungen hatte, weil die zerstörten Dorfgemeinschaften und die städtischen Gemeinden fast allen Zusammenhalt verloren und kaum noch soziale Trage- und Heilungskraft hatten. Es galt zum Beispiel auch hier die oft bestätigte Erfahrung, dass vergewaltigte Frauen häufig als »vom Feind beschmutzt« von ihren Heimatgemeinschaften abgelehnt und ausgeschlossen wurden.

Mit dem kollektiven Konzept »Die seelische Gesundheit der Gemeinde« *(Santé mentale communautaire)* antwortete Gasibirege auf diese Tatsachen und entwickelte in den vergangenen zwanzig Jahren eine einzigartige sozialtherapeutische Struktur. Teil dieser Arbeit sind Gruppen mit Teilnehmern aus allen Bevölkerungsschichten, Frauen und Männer, geständige und verleugnende Täter, Überlebende, Kinder und so weiter. Gasibirege weiß, dass »sie alle auf unterschiedliche Weise traumatisiert sind. Sie alle tragen vergiftete Bilder von sich selbst und den anderen in sich, sie alle leiden.«

In der Anfangszeit des Projekts ereignete sich Folgendes. Ein junger Mann, der während des Genozids gemordet hatte und jeweils aus dem nahe gelegenen Gefängnis zu den Gruppensitzungen kam, war extrem aggressiv und beleidigend und konnte kaum in der Gruppe gehalten werden. Wut war das einzige Gefühl, das er noch aushalten konnte. Mit der Zeit begann er, den anderen zuzuhören, und schließlich traf er eine überraschende Entscheidung. Er bat darum, sein Heimatdorf zu besuchen, wo er einige Menschen getötet und die Leichen an einem Ort verscharrt hatte, den die überlebenden Angehörigen bisher nicht kannten. So ging er mit ihnen dorthin und fing selbst zu graben an. Die ersten Überreste, die er fand, waren die des Vaters eines jungen Mannes, der neben ihm stand. Der Sohn begann zu weinen, und der Täter weinte auch.

Als er gefragt wurde, warum er diesen Schritt getan hatte, sagte er: »Ich hoffte, dass ich ihnen helfen könnte, endlich ihre Toten zu finden, und ich hoffte, dass sie mir helfen würden zu weinen.«[68]

Die nach dem Genozid verbleibenden und ganz langsam wieder wachsenden Dorf- und Stadtgemeinden werden heute zu Gruppentreffen von fünfzig bis hundert Personen eingeladen, um miteinander von Grund auf zu lernen und ein gemeinsames Bewusstsein über seelisches Erleben, Zusammenleben und lebenspraktische Alltagsbewältigung zu entwickeln.

Die über einen Zeitraum von circa zwei Jahren stattfindenden drei- bis fünftägigen Versammlungen stehen jeweils unter

68 Simon Gasibirege, mündliche Mittteilung im April 2010.

einem Thema, und die Themenabfolge sieht etwa folgendermaßen aus. Beginnend bei »Bewusstsein wecken« über »Was sind Lebenswunden?« und weiter »Lebenswunden in und mit der Gemeinschaft heilen« folgen »Trauer erleben und anerkennen« und »Allein und zusammen mit Gefühlen umgehen«. Darauf geht es weiter mit »Vergebung und Versöhnung« und »Lebensziele entwickeln«. Später kamen dazu die Seminare zu »Bewusstsein wecken für häusliche Gewalt«, »Heilung von Paaren in der Gemeinschaft« – beide sind besonders wichtig für Täter, die entfremdet nach jahrelanger Haft in ihre Familien und Gemeinden zurückkehrten. Schließlich kamen noch Seminare dazu über »Mikrokredite, kleine Unternehmen, soziale Entwicklung« in Antwort auf die drückende Armut in den Gemeinden und schließlich »Gesetze, die eigenen Rechte und die der anderen kennen«.

Die Treffen geben sehr viel Zeit und Raum für eigenes Erleben und dessen Mitteilungen, für Rückzug, Kleingruppenaustausch und sehr geduldige Einbeziehung besonders der Schüchternen, Ängstlichen und Unbeholfenen. Es gibt einfache theoretische Texte, Poesie, Singen und Rituale – immer mit der Unterstützung von Austausch und des Vertrautwerdens mit den eigenen gemeinschaftlichen Fähigkeiten und dem Wert der eigenen Beiträge zur Gemeinschaft.

Seminare zu Systemaufstellungen waren und bleiben in dem Projekt hilfreich bei familiären Konflikten und besonders bei der Bewältigung der Verluste von Nächsten und einem guten Umgang mit den Gestorbenen, wie im 3. Kapitel »Die freundlichen Toten« berichtet (siehe auch Mahr 2004).

Der Leiter Simon Gasibirege und seine Teammitglieder sind im Wortsinn *facilitateurs,* Ermöglicher, Erleichterer, Ermutiger und Erinnerer an die bereitliegenden gemeindefähigen Qualitäten der Teilnehmer. In der Selbsteinschätzung der Teilnehmer ist das Projekt für ihre persönliche Heilung und die Entwicklung ihrer Gemeinschaftsfähigkeit sehr wertvoll.[69]

Wir haben jetzt gewiss eine Atempause verdient; und um es wieder etwas leichter werden zu lassen, kann uns die folgende Erfahrung von Mulla Nasrudin daran erinnern, dass wir es ja meist mit überschaubaren, einfacheren Aufgaben zu tun haben, bei denen allerdings der kollektive, hier der zweisame, Aspekt nicht vergessen werden sollte.

Ein kleines kollektives Missverständnis

Mullah Nasrudin und sein Freund Ahmed haben ein Fußballspiel besucht und sich für ihre Mannschaft die Kehle trocken geschrien. In der Halbzeitpause steht Nasrudin auf und geht fort mit der Bemerkung: »Ich gehe mal was trinken.«

Sein Freund ruft ihm noch nach: »Denk auch an mich!«, und wartet.

Nach einer Weile kommt Nasrudin zurück, ohne für seinen Freund etwas Trinkbares mitzubringen. Der fragt verdutzt: »Ja, na und?«, worauf Nasrudin nachdenklich meint: »Also, ich habe getrunken und getrunken und getrunken – bis du keinen Durst mehr hattest.«

Zum Abschluss dieses Kapitels folgt noch eine Parabel, die davon berichtet, wie das Wohlwollen und das Mitgefühl eines Einzelnen kollektive Weisheit in einer Gruppe wecken können. Die Hauptperson einer jeden Parabel ist immer diejenige, die sie gerade liest!

69 Eine Beschreibung und Evaluation des Projekts findet sich in der Masterarbeit von Ines Lena Mahr (2014).

»Einer von euch ist der Messias«[70]

Es ist die Rede von einem einstmals blühenden Kloster, das zu Beginn des 20. Jahrhunderts, nach einer langen Periode des Niedergangs, so weit dezimiert war, dass nur noch fünf Mönche in dem verfallenden Mutterhaus übrig waren, nämlich der Abt und vier Mönche, alle über siebzig Jahre. Ganz klar handelte es sich um einen sterbenden Orden.

Dem Abt, der sich wegen des bevorstehenden Todes seines Ordens quälte, kam es eines Tages in den Sinn, die nahe gelegene Einsiedelei eines alten Rabbi zu besuchen und ihn zu bitten, ob er vielleicht einen Rat wüsste, wie das Kloster zu retten sei.

Als der Abt den Zweck seines Besuches erklärte, konnte der Rabbi nur seine Anteilnahme bekunden. »Ich weiß, wie es ist!«, rief er aus. »Der Geist hat die Leute verlassen. Es ist dasselbe in meiner Gemeinde. Fast niemand kommt mehr zur Synagoge.«

So weinten der alte Abt und der alte Rabbi miteinander. Dann lasen sie Passagen aus der Thora und sprachen leise von tiefen Dingen. Die Zeit kam für den Abt, Abschied zu nehmen. Sie umarmten einander. »Es war wunderbar, dass wir uns nach langer Zeit einmal wieder begegnet sind«, sagte der Abt, »aber trotzdem habe ich den Zweck meines Besuches nicht erfüllt. Gibt es nichts, was du mir sagen könntest, keinen Rat, den du mir geben kannst, der mir helfen könnte, meinen sterbenden Orden zu retten?«

»Nein, es tut mir leid«, antwortete der Rabbi. »Ich habe keinen Rat zu geben. Das Einzige, was ich sagen kann, ist, dass der Messias einer von euch ist.«

70 Diese Geschichte ist dem Buch von Feldmann und Kornfield (1991) entnommen.

Als der Abt zum Kloster zurückkehrte, umringten ihn seine Klosterbrüder und wollten wissen: »Nun, was hat der Rabbi gesagt?«

»Er konnte mir nicht helfen«, antwortete der Abt. »Wir haben nur geweint und zusammen die Thora gelesen. Das Einzige, was er sagte, als ich gerade im Begriff war zu gehen – es war ziemlich geheimnisvoll –, war, dass der Messias einer von uns ist. Ich weiß nicht, was er meinte.«

In den darauffolgenden Tagen, Wochen und Monaten sannen die alten Mönche darüber nach und fragten sich, ob die Worte des Rabbi wohl irgendeine Bedeutung haben könnten.

Der Messias ist einer von uns? Könnte er womöglich gemeint haben, einer von uns Mönchen hier im Kloster? Wenn ja, welchen von uns? Glaubt ihr, er meinte den Abt? Ja, wenn er irgendeinen meinte, dann vermutlich den Abt. Er ist seit über einer Generation unser geistiger Führer.

Andererseits, er könnte auch Bruder Thomas gemeint haben. Gewiss ist Bruder Thomas ein heiliger Mann. Jeder weiß, dass Thomas ein Mann des Lichts ist.

Gewiss könnte er nicht Bruder Elred gemeint haben!

Elred mit seinen schlechten Launen. Aber, genauer besehen, auch wenn er den Leuten ein Dorn im Auge ist, Elred hat praktisch immer recht. Oft sehr recht.

Vielleicht meinte der Rabbi tatsächlich Bruder Elred.

Doch sicher nicht Bruder Philipp. Philipp ist so passiv, ein richtiger Niemand.

Doch andererseits, fast auf wundersame Weise hat er eine Gabe, immer da zu sein, wenn man ihn braucht. Er taucht einfach wie durch ein Wunder an deiner Seite auf. Vielleicht ist Philipp der Messias.

Selbstverständlich meinte der Rabbi nicht mich. Keineswegs hätte er mich meinen können. Ich bin nur ein ganz gewöhnlicher Mensch.

Doch angenommen, er meinte mich? Angenommen, ich bin der Messias? O Gott, nicht ich. Ich könnte doch nicht so viel für dich sein, oder?

Wie sie in dieser Weise nachdachten, begannen die alten Mönche einander mit außerordentlichem Respekt zu behandeln für den unwahrscheinlichen Fall, dass einer von ihnen doch der Messias wäre.

Und für den allerunwahrscheinlichsten Fall, dass jeder der Mönche selber der Messias sein könnte, begannen sie, auch sich selbst mit außerordentlichem Respekt zu behandeln.

Die seltenen Besucher des Klosters, so wird berichtet, begannen die Ausstrahlung dieses ungewöhnlichen Respekts zu spüren, die die fünf alten Mönche zu umgeben begonnen hatte und die ganze Atmosphäre an dem Ort zu durchdringen schien.

Der Ort hatte etwas seltsam Anziehendes, ja Unwiderstehliches an sich.

Und so verwundert es vielleicht nicht, dass schließlich Novizen um Aufnahme baten und das Kloster dank des Rabbinergeschenks im Laufe weniger Jahre zu neuem, pulsierendem Leben erwachte.

Ein guter Umgang mit kollektiver Weisheit und ihren Widersachern

Freude am Thema

Im 5. Kapitel über unseren »wissenden Körper« war von Neuroplastizität und unserer großen Wandlungsfähigkeit die Rede. Hier soll ergänzt werden, dass unsere neuronalen Strukturen sich in dem Maße für uns positiv ändern, wie wir uns mit Freude und Begeisterung einem Thema widmen. Dann »feuert« unser Nervensystem, wie die Neurophysiologen sagen, und führt zu günstiger neuronaler Strukturveränderung und glücksfördernder Hormonlage.[71]

Die Frage ist also: Wie können wir uns dem Thema »Kollektive Weisheit und ihre Widersacher« mit Interesse und Neugier nähern und nicht etwa aus moralischer Verpflichtung, die ja noch niemanden hinter dem Ofen vorgelockt hat?

Noch einmal anders: Gruppendenken – Groupthink

Das ist, wie wir gesehen haben, ein »dicker Brocken«, der anhaltend unsere ganz Aufmerksamkeit verdient. Inspirierend und konstruktiv-verstörend finde ich da zum Beispiel das durchaus auch witzige Buch *Selbst denken. Eine Anleitung zum Widerstand* des früher schon erwähnten Sozialpsychologen Harald Welzer (2013), der hier unter anderem zehn gelungene Beispiele von konstruktiver Abwegigkeit wiedergibt. Zum Beispiel im Kapitel »Schridde denkt selbst«, wie der Betriebswirt und Coach Stefan Schridde eine erfolgreiche Initiative zur Beendigung von industriell eingebauten Verfallsdaten und Wegwerfprodukten entwickelte.

Der Lohn innerer Arbeit: »Aber ich handle nicht danach«

Von Ajahn Chah (1918–1992), einem hochverehrten thailändischen buddhistischen Weisen, wird die folgende Episode berichtet. Bei einer seiner Lehrreden stand plötzlich ein Mann aus der großen Zuhörerschaft auf und schrie: »Ach, alle diese heiligen Worte – in Wirklichkeit bist du doch voller Hass!«

---

71 Es ist das große Verdienst des Neurowissenschaftlers Gerald Hüther, auf diese Zusammenhänge unermüdlich hinzuweisen. Sie können sich kundig machen auf seiner Website unter www.gerald-huether.de.

Ajahn Chah schwieg, überlegte eine Weile und sagte dann: »Ja, das stimmt. Aber ich handle nicht danach.«[72]

Das Glück des Erwachsenseins besteht zu einem Gutteil darin, sich gern nach innen zu wenden und die eigenen Gefühle und Gedanken zu erkunden. Betont ist das »gern«, das sich aus den vielen Vorteilen dieser Orientierung ergibt. Ohne diese innere Achtsamkeit geht gar nichts, kann man ohne Übertreibung sagen. Das betrifft zunächst vor allem die sogenannten negativen Impulse und Gefühle wie Wut, Neid oder Angst. Ihre Leugnung führt uns rasch in die Fallen kollektiver Dummheit, ihre Anerkennung erhöht beträchtlich die Chancen der Teilhabe und Mitgestaltung an kollektiver Weisheit.

Dann betrifft es die Wahrnehmung unserer kindlichen Sehnsucht nach führenden Autoritäten, die für uns denken und wissen und uns rasch zum Teil einer gleichgeschalteten Gefolgschaft werden lassen.

Und schließlich bedeutet innere Arbeit, die Verbindung zu unserer eigenen inneren Wahrheit und zu ihren Wahrnehmungsorganen Herz und Körper nicht abreißen zu lassen und uns auch in widrigen Umständen treu zu bleiben.

Bei unserer inneren Arbeit können wir durchaus so weit kommen wie Ajhan Chah: Wir nehmen wahr, was in uns geschieht, und deshalb brauchen wir nicht mehr blindlings danach zu handeln – eine große Erleichterung.

Das folgende Kapitel wendet sich nun wieder dem Krieg und der alten Frage zu, ob er ebenso unvermeidlich wie die Liebe zum Leben gehört oder ob es auch anders sein könnte, wie es in Leonard Cohens berühmtem Song »Anthem« (»Hymne«) heißt: »There is a crack in everything, that's how the light gets in.« (»In allem findet sich ein Spalt, dort kommt das Licht herein.«)

---

72 Bhante Nyanabhodi, mündliche Mitteilung vom November 2014.

9. Kapitel

»Der Krieg ist wie die Liebe: Er findet immer einen Weg«

Anmerkungen zur Unvermeidbarkeit von Krieg und zu Möglichkeiten jenseits von Krieg

Dieser Text ist ein Versuch, unserer gewalttätigen Geschichte und den täglichen Nachrichten über Krieg und Gewalt nicht nur hilflos und resignativ zu begegnen, sondern Raum für realistischere, positive Sichtweisen zu schaffen.

Das Zitat »Der Krieg ist wie die Liebe: Er findet immer einen Weg« wird Bertolt Brecht zugeschrieben. Er misst der Gewalt des Krieges die gleiche triebhafte und unkontrollierbare Urkraft wie der Liebe zu, die sich – Krieg wie Liebe – uns nicht fügen wollen, sondern vielmehr über uns verfügen.

Von diesem eher skeptischen Ausgangspunkt sammle ich zunächst einmal Tatsachen und Erfahrungen, die diese Skepsis bestätigen: naive Vorstellungen vom Frieden, die Menschheitsgeschichte als Kriegsgeschichte und das – bereits kurz erwähnte – Faszinierende am Krieg bis hin zu unserer paradoxen und unheimlichen Liebe zum Krieg.

Es folgt die »herausfordernde Liste« der Elemente, die Gewalt und Krieg zum Beispiel auch in Terrorgruppen so attraktiv machen. Herausfordernd daran ist unter anderem, Angebote für Jugendliche sowie junge Männer und Frauen

zu finden, die hinsichtlich ihrer existenziellen Attraktivität gleichwertig wie die gewaltträchtigen, aber konstruktiver als diese sind.
Weiter geht es mir um gute Nachrichten, die stimmen. Und dazu gehören vor allem die folgenden wissenschaftlichen Befunde: die kontinuierliche Abnahme von kriegerischer Gewalt über sehr lange Zeiträume, sodass wir, schwer zu glauben, heute in der sichersten Epoche der Menschheitsgeschichte leben.
Und schließlich erreichen wir Perspektiven von einer Welt und von Formen des Zusammenlebens, die womöglich keine Kriege mehr benötigen. Daraus lassen sich am Ende Hinweise ableiten, wie wir als Erwachsene unsere Bewegungen in Richtung »jenseits von Krieg« fördern können.

Naive Vorstellungen vom Frieden

Wie wir wissen, sind in der Menschheitsgeschichte alle Versuche gescheitert, in einer dualistischen Welt Frieden zu schaffen. Hier bei uns ist das Gute, dort bei den anderen das Böse, das am Ende besiegt und das für immer beseitigt oder wenigstens unter sichere Kontrolle gebracht wird; Himmel und Hölle, die Achse des Guten versus die Achse des Bösen, hier die Unschuldigen und dort die Schuldigen, die Reinen triumphieren über die Unreinen – eine endlose Liste gefährlicher, kindlicher Illusionen. Das Kindliche und Illusionäre dualistischer Friedensüberzeugungen lässt sich am besten daran erkennen, dass Gut und Böse von Gruppe zu Gruppe ganz unterschiedlich festgelegt sind – ob die Guten beziehungsweise Bösen zum Beispiel »*die* Muslime«, »*die* Christen«, »*die* Amerikaner« und so fort sind – und jeweils völlig Unterschiedliches als »die einzige

Wahrheit« gilt. Dualistische Friedensvorstellungen waren immer eine der intellektuell dürftigsten und zugleich mächtigsten Triebkräfte für Gewalt, Krieg und Vernichtung der als übel, schlecht oder bösartig wahrgenommenen anderen.

Satan, den Teufel, besiegen – Die Welt verbessern

Zu dieser geläufigen Gleichung hat Khalil Gibran (1990) mit seiner Geschichte »Satan« Nachdenkliches beigetragen, das ich hier kurz ansprechen möchte.

Der überaus fromme Vater Samaan hatte sein Leben vollkommen der Aufgabe gewidmet, die einfachen Menschen im Norden Palästinas vor den Machenschaften des Teufels zu bewahren. Er durchquerte rastlos auch die einsamsten Gegenden, um den Menschen zu helfen, alle Arten von Sünden und die schlimmen Versuchungen durch Satan abzuwehren.

Zu seinem großen Entsetzen traf Vater Samaan eines späten Nachmittags in einer verlassenen Gegend auf den schwer verwundet am Wegesrand liegenden Satan. Der Erzengel Michael hatte ihm im Kampf tödliche Wunden zugefügt. Vater Samaan verharrte eine ganze Weile in Abscheu und Entsetzen gegen den schlechthin Bösen, doch nach langem Ringen wurde er vom sterbenden Satan schließlich davon überzeugt, ihn zu retten – denn ohne ihn, den Satan, würde Vater Samaan schließlich seinen Daseinsgrund verlieren, angefangen bei seinem einzigen Einkommen als Teufelsbekämpfer bis hin zu seiner Glaubwürdigkeit als geistige antisatanische Autorität. Und so endet die Geschichte denn folgendermaßen:

> »Nun rollte Vater Samaan seine Ärmel auf, hob Satan auf und machte sich in der beginnenden Nacht auf den weiten Weg zur nächsten Behausung, sein Rücken tief ge-

> beugt unter der schweren Last. Sein schwarzes Gewand und sein langer Bart waren durch und durch getränkt von Satans herabströmendem Blut – aber er wankte weiter voran, während sich seine Lippen ohne Unterlass in inbrünstigem Gebet für die Rettung des sterbenden Satan bewegten.«

Wir begegnen hier wieder der uralten Warnung davor, wie katastrophal am Ende womöglich der endgültige Sieg des Guten über das Böse ausginge. In den Worten von Khalil Gibrans Satan würde dann nichts mehr übrig bleiben »als die erbarmungslosen Dornen reiner Tugendhaftigkeit«.

Der ehemalige Literaturprofessor an der Boston University Lance Morrow (2003) fragt in seiner Studie über »das Böse«:

> »Nehmen wir an, alles Übel wäre auf der Erde plötzlich verschwunden. Stellen wir uns vor, die Erde bestünde auf einmal nur noch aus Gutem. Wie würde sie aussehen? Würde sie der Himmel sein? Wäre sie erträglich? Krieg würde verschwinden. Grausamkeit und Folter gäbe es nicht mehr ... Welche Folgen hätte eine Welt ohne das Böse? Würde irgendetwas fehlen? ... Könnten Menschen ohne das Böse leben? ... Wird das Gute bedeutungslos in einer Welt ohne das Böse? Verschwinden die Engel womöglich zusammen mit den Teufeln?«

»Die Welt zu einem besseren Ort machen« – diese gute Absicht erschöpft sich allzu oft darin, ein dualistisches Weltbild durchsetzen und aufrechterhalten zu wollen, in dem wir uns auf der Seite des Wahren, Richtigen und Guten sehen.

Aber das wirkliche Leben ist tiefgründiger und herausfordernder!

Die Menschheitsgeschichte ist eine Gewalt- und Kriegsgeschichte

Diese Aussage über die bisherige Menschheitsgeschichte trifft zu, wenn sie auch unvollständig ist. Natürlich ist die Menschheitsgeschichte ebenso die Geschichte von Liebe, Mitgefühl und Zusammenhalt, von wunderbarer Kulturentfaltung und unglaublicher wissenschaftlicher Entwicklung – und doch hat der Krieg bis in diese Tage immer einen Weg gefunden.

Die Tatsachen sagen uns, dass relativ kurze Zeiten des Friedens regelmäßig von Kriegen abgelöst wurden, dass Gewalt und Kriege bis heute offenbar unvermeidlich geblieben sind und dass der Historiker Jakob Burkhardt noch immer recht hat, indem er zum Ende des 19. Jahrhunderts sagte: »Alle politische Größe ist mit den furchtbarsten Verbrechen erkauft worden. Der Friede ist nur eine kleine Atempause bis zum nächsten Völkermord« (zitiert nach Dollinger 2004).

Krieg scheint eine triebhafte Unentrinnbarkeit zu haben, genauso wie die unwiderstehliche Macht der Liebe in all ihren Spielarten.

Unser Geschichtsunterricht am Gymnasium bestand bis auf wenige Ausnahmen in der extrem langweiligen Darstellung von Geschichte als einer Abfolge von Gewalt- und Kriegsereignissen. Was hängen blieb, waren dann so »nützliche« Versatzstücke wie »333 – Issos-Keilerei«.[73]

73 Die Schlacht zwischen Alexander dem Großen und dem Perserkönig Dareios III. bei der vorderasiatischen Stadt Issos 333 v. Chr., bei der Alexander siegreich war.

Bleiben wir vorerst dabei, dass bei aller Einseitigkeit etwas dran ist an dieser kriegszentrierten Wahrnehmung der menschlichen Geschichte. Welche Kräfte sind es also, die Gewalt, Krieg und Vernichtung eine derart zentrale Rolle im menschlichen Leben geben?

Der Krieg: Faszinosum, Verheißung, Sinngebung

Wir hören im Folgenden von drei Autoren, die diese Qualitäten von Krieg kommentieren.

Beginnen wir mit *Friedrich Nietzsche* (1878/1964), von dem wir erfahren:

> »Einstweilen kennen wir keine anderen Mittel, wodurch mattwerdenden Völkern jene tiefe, unpersönliche, rauhe Energie des Feldlagers, jener tiefe unpersönliche Haß, jene Mörder-Kaltblütigkeit mit gutem Gewissen, jene gemeinsame organisierende Glut in der Vernichtung des Feindes, jene stolze Gleichgültigkeit gegen große Verluste, gegen das eigene Dasein und das der Befreundeten, jenes dumpfe erdbebenhafte Erschüttern der Seele ebenso stark und sicher mitgeteilt werden könnte, wie dies jeder große Krieg tut.«

James Hillman, der renommierteste Vertreter der Jung'schen Psychologie in den USA, hat ein sehr wertvolles und reich dokumentiertes Buch mit dem Titel *Die erschreckende Liebe zum Krieg* (2005) geschrieben. Er erinnert daran, dass Krieg gerade wegen seiner Schrecklichkeit eine ungeheure, wirklich unheimliche Anziehungskraft ausübt. Hillman spricht vom Erlebnis eines *beautiful horror* und berichtet, dass Soldaten in der Schlacht in einen spirituell anmutenden grandiosen Liebesrausch verfallen können – ein Soldat wird mit den Worten zitiert: »Gott, wie ich das liebte, sie alle, die dort lagen … Ich fühlte mich wie ein liebender Gott … in Liebe für das alles und über allem.«

Ganz ähnlich wird von General George S. Patton berichtet, der die Invasion der Alliierten gegen die deutsche Wehrmacht unter anderem von Italien aus leitete und der in dem dazu gedrehten Dokumentarfilm gezeigt wird:

> »Der General schreitet nach einem Kampf über das Schlachtfeld. Aufgewühlte Erde, verbrannte Panzer, tote Männer. Er richtet einen sterbenden Offizier auf, küsst ihn, betrachtet die Verheerung und sagt: ›Ich liebe das, Gott helfe mir, ich liebe das alles so sehr. Ich liebe es mehr als mein Leben.‹«

Hillmans Schlussfolgerungen bleiben sehr skeptisch: Nur wenn wir die schwierige Arbeit auf uns nehmen, uns selbst so weit kennenzulernen, dass wir auch diese Faszination am Krieg – oder auch »das Bestienhafte in uns«[74] – erleben und anerkennen können, haben wir vielleicht die Möglichkeit, sie nicht mehr in wirklichem Krieg auszuagieren, sondern sie zu einer Art von mächtiger Lebenskraft zu entwickeln. – Wir werden sehen.

Chris Hedges (2002), Buchautor und langjähriger US-Kriegsberichterstatter, weiß aus schmerzlicher Erfahrung Folgendes:

---

74 Dirk Kurbjuweit: »Die Zähmung der Bestie. Über das schwierige Verhältnis von Demokratie und Krieg«, *Der Spiegel* 27/2010.

»Die anhaltende Anziehung zum Krieg ist dies: Trotz oder sogar wegen der Verwüstungen und Blutbäder kann der Krieg uns das geben, wonach wir uns im Leben sehnen. Er kann uns Ziel und Bestimmung geben, Sinn und Lebensgrund. Nur wenn wir mitten im Kampf sind, wird das Schale und Seichte unseres Lebens offenkundig ... Krieg wird dann ein extrem verlockendes Elixier. Er gibt uns die entschlossene Ausrichtung auf die große Sache. Krieg ermöglicht uns, besonders edelmütig und selbstlos zu sein. Und die, die in ihrem chancenlosen Leben keinen Sinn erleben – die Flüchtlinge aus Nordafrika, die Migranten in den Banlieues, die Kinder aus zerbrochenen und gewalterfüllten Familien etc. etc., ja sogar die Legionen von Jugendlichen, die in schaler Sicherheit und Unterforderung der Industrienationen aufwachsen –, sie alle sind empfänglich für die Anziehungskraft des Krieges.«

In mehr als fünfzehn Jahren weltweiter Kriegseinsätze fand Hedges wieder und wieder, dass

»Soldaten im Kampf high sind durch die Macht, Leben zu erhalten oder zu vernichten, durch die göttliche Macht der Zerstörung. Für Momente erleben sie sich tatsächlich wie Götter, die wehrlose Menschen wie Fliegen erschlagen können. Die Lust an Gewalt, die Freiheit zur Vernichtung der ganzen Welt und allen menschlichen Lebens um sie herum, hat etwas Unwiderstehliches. Und die Linie, die uns, die wir uns als zivilisiert und mitfühlend sehen möchten, von solcher gemeinsamer Barbarei trennt, ist hauchdünn wie eine Rasierklinge.«

Kriegskorrespondenten wie Hedges werden kriegssüchtig und wollen immer wieder, gerade auch nach schlimmsten Erfahrungen, zurückkehren in Kriegsgebiete, »wo wir erneut über unsere kleinen Lebensumstände hinauswachsen und eintauchen in das unglaublich kraftvolle Universum einer unvorstellbaren dunklen Schönheit«. Viele von ihnen sterben bei ihren Einsätzen.

Hedges überlebte, schwer traumatisiert wie alle seine Kolleg(inn)en. Mit viel Unterstützung fand er schließlich zu der für ihn einzig tragfähigen Lösung: Liebe – zu seinen Nächsten, zu lebenden und verlorenen Freunden, zu Gegnern, zu sich selbst, zum Leben. Nach Jahren im Krieg würde Hedges unsere Kapitelüberschrift »Der Krieg ist wie die Liebe …« vielleicht anders formulieren. Ich könnte mir bei ihm diese Aussage vorstellen: »Krieg ist wohl am Ende Liebessuche, und jeder, wirklich jeder Schritt auf diesem Weg kann unumkehrbar in der Hölle enden.«

Als ein vorläufiges Resümee folgt nun eine Liste, die zusammenstellt, was für die Fortdauer, die Attraktivität, ja für die vermeintliche Notwendigkeit von Gewalt und Krieg spricht und wofür nicht leicht friedlicher Ersatz zu haben ist. Danach geht es dann wesentlich hoffnungsvoller weiter. Aber dazu sollten wir die folgende »herausfordernde Liste« erst einmal zur Kenntnis nehmen.

Eine herausfordernde Liste: Was für die unwiderstehliche Anziehungskraft oder gar »Notwendigkeit« von Gewalt und Krieg spricht

> Für Kriegsteilnehmer bleibt diese Zeit oft »bei Weitem die wichtigste, größte, ja schönste in meinem Leben« – nicht trotz, sondern wegen der unvorstellbar schrecklichen Umstände. Viele von uns kennen das von ihren Vätern und Großvätern.

> Unser Religionslehrer, Teilnehmer am Zweiten Weltkrieg in Russland, sprach im Unterricht überwiegend von seinen Kriegserfahrungen. Ich lernte von ihm: Die Kameradschaft, das bedingungslose und opferbereite Füreinander-Einstehen, die Rettung eines verletzten russischen Soldaten, das Verschonen fliehender Bauern, der immer wieder zu erleidende Tod von Kameraden, die Grausamkeit und die in der Tiefe doch empfundene Schuld gegenüber den Feinden – all das enthielt eine tiefe, existenzielle, mit nichts zu vergleichende Intensität, ja Liebe, die nur auf dem tiefschwarzen Hintergrund andauernder Vernichtung so tief aufleuchten konnte.

> Wirklicher Lebensgefahr ausgesetzt zu sein, um das eigene Leben zu kämpfen und um das der eigenen Gruppe, der Schicksalsgemeinschaft, hat eine Intensität, eine Lebendigkeit und eine unmittelbare Wirklichkeit, die ihresgleichen sucht.

> Das Leben anderer Menschen zu vernichten im Dienste einer als groß und notwendig empfundenen und dem heiligen Zweck dienenden Sache lässt gottgleiche Erhabenheit erfahren und eine erhöhte, rauschhafte Bedeutung, die zivile Verhältnisse nicht bereitstellen können.

- Der Anschluss an radikale, kriegführende Gruppen bedeutet auch, sich radikal von den Eltern und allen zugehörigen Bindungen loszusagen. Das Entsetzen und der Schmerz der zurückbleibenden Angehörigen und das Überwinden des eigenen Lossagungsschmerzes sind einzigartige heroische Erfahrungen. Eine syrische Dschihadistin schrieb an eine junge Frau, die ihre Familie in Richtung »Islamischer Staat« (IS) verlassen hatte: »Ich weiß, wie hart es ist, Mutter und Vater, die Du liebst, zurückzulassen und ihnen so lange nichts zu sagen, bis Du hier bist; dass Du sie immer lieben wirst, dass Du aber auf die Welt gekommen bist, mehr zu tun, als mit Deinen Eltern zu sein oder sie zu ehren. Ich weiß, das ist wohl das Härteste, was Du je tun musst, aber lass mich Dir helfen, das Dir selbst und ihnen zu erklären« (Atran 2015).
- Es ist die Ausnahme, dass Frauen sich radikal gewalttätigen Gruppen anschließen wie im vorigen Beispiel. In aller Regel sind es Männer, die Gewalt ausüben und Kriege führen. Frauen spielen dabei eine unterschiedliche Rolle auf einem Spektrum von entschiedener Ablehnung bis zu glühender Befürwortung und Unterstützung von Krieg. Da aber »Gewalt im Wesentlichen ein Zeitvertreib der Männer ist, entfernen sich Kulturen, die den Frauen mehr Macht geben, in der Regel von der machohaften Verherrlichung der Gewalt, und es besteht eine geringere Wahrscheinlichkeit, dass sie gefährliche Subkulturen aus entwurzelten jungen Männern hervorbringen« (Pinker 2011) wie etwa den »IS«.

  Gruppen wie der IS oder Boko Haram in Nigeria sehen Frauen als minderwertige Wesen, sodass Leibeigentum, Versklavung, sexuelle Gewalt und Mord gegenüber Frauen als legitim betrachtet werden. Abgesehen davon, dass die rechtfertigende Berufung auf Mohammed auch in dieser

Hinsicht fragwürdig ist,[75] finden wir hier eine besonders archaische Anziehungskraft von kriegsbereiten Gruppen auf junge Männer einen besonders schrecklichen Punkt auf dieser Liste. Es geht um die tiefsitzende kindlich-männliche Angst vor der Übermacht des Weiblichen, vor der tiefen, unauflösbaren Abhängigkeit von Frauen, vor ihrer gleichzeitigen unwiderstehlichen Anziehung und der daraus resultierenden beschämenden und kränkenden Ohnmacht. Bei Gruppenvergewaltigungen in Indien neigen Männer zu dem Konsens, dass es die Frauen mit ihren Reizen sind, die die Männer zu wehrlosen, gierig-vergewaltigenden Tieren gemacht haben und also selbst schuldig sind. Die legitimierte und ausdrücklich straffreie Entwertung von Frauen zu Objekten mit allen scheußlichen Konsequenzen, wie zum Beispiel beim »IS«, »ermächtigt« die jungen Kämpfer zu einer ideologisch konstruierten Überlegenheit gegenüber Frauen, was die genannten Ängste und Ressentiments ins Unterbewusste verlagert und damit auf umso dunklere Weise weiterwirken lässt. Und die Hilfsvorstellung von den wunderschönen Jungfrauen, die im Paradies auf den Märtyrer warten, erübrigt zusätzlich eine wirkliche Begegnung mit wirklichen Frauen in diesem Leben und auf Augenhöhe.

75 Verlässliche Quellen (zum Beispiel Géoffroy 2015) bezeugen, dass Mohammed (der als Sechsjähriger seine Mutter verloren hatte) seine Frauen (im Laufe seines Lebens sollen es etwa neun gewesen sein) überaus respekt- und liebevoll behandelt hat. Vor allem seine erste, um fünfzehn Jahre ältere Frau Khadija konnte ihm entscheidend beistehen, als er im Jahr 610 bei seiner ersten Offenbarung und Begegnung mit dem Erzengel Gabriel derart überwältigt war, dass er meinte, wahnsinnig zu werden. Khadija »hielt und beschützte ihn wie eine Mutter« und bestärkte ihn bis zu ihrem Lebensende unbeirrt in seiner Mission, was er ihr lebenslang dankte. Sie war die erste leibhaftige Muslimin. An dieser Stelle soll jedoch auch auf eine andere ernst zu nehmende Quelle hingewiesen werden, nach der Mohammeds Beziehung zu Frauen sehr problematisch und am Ende rückschrittlich erscheint: Abdel-Samad 2015, hier vor allem das Kapitel »Jenseits des Schleiers – Mohameds Problem mit den Frauen«, S. 107–149.

Verwandt damit ist die ebenso dunkel-anziehende Tatsache, dass sexuelle Gewalt seit jeher eine mächtige Kriegswaffe ist, um das Sozialgefüge des Gegners nachhaltig zu zerstören. Keine internationale Ächtung hat dieser heimtückischen Aggression jemals Einhalt geboten. Das Heimtückische ist die Mischung aus ungezügelter sexueller Gier, unbewusster aggressiver Abfuhr der obengenannten Ohnmacht und Angst gegenüber Frauen, häufig irreparabler sozialer Desintegration und schließlich Straflosigkeit, ja Legitimation unter Kriegsbedingungen.

- Aus dem zuletzt Gesagten ergibt sich ein weiterer Vorteil und Attraktor für männliche Gewalt. Die Gruppe der Kameraden, die eine so überragende Rolle spielt im Krieg, wird in ihrem Zusammenhalt gestärkt, wenn männliches Rivalisieren um Frauen zurücktritt. Die physische Abwesenheit von Frauen und mehr noch ihre Entwertung zu Objekten erlauben den Bindungen unter Männern eine konfliktfreiere Tiefe, ohne dass daraus unbedingt homoerotische Beziehungen entstehen müssten. Diese Männerliebe unter Kriegskameraden hat eine besonders intensive Lebendigkeit – und ist so nur im Krieg oder unter kriegsähnlichen Bedingungen zu erleben.

Diese Liste ist deswegen wichtig, weil sie uns klarmacht, welche überzeugenden Gegenangebote friedliche Alternativen für ein Leben ohne Krieg bereitstellen müssen, um die skizzierte Macht von Gewalt- und Kriegserfahrungen aufzuwiegen oder gar zu überbieten. Auf diesen Weg – brauchbare Alternativen zu Krieg und Gewalt – begeben wir uns nun im Weiteren.

Überraschendes: Gewalt nimmt ab

In globalem Maßstab und über sehr lange geschichtliche Zeiträume hat die Anwendung von Gewalt bis heute kontinuierlich abgenommen, sodass wir zurzeit, ganz gegen unsere Wahrnehmung, in der sichersten Epoche der Menschheit leben. Darüber scheint es in der historischen, anthropologischen und sozialpsychologischen Forschung zunehmend Einigkeit zu geben (etwa Pinker 2011, Goldstein 2012, Morris 2013 und Diamond 2013).

Vor allem der Harvard-Psychologe Steven Pinker hat eindrücklich auf diese Tatsache hingewiesen. In seinem über tausendseitigen, sorgfältig über die vergangenen 12 000 Jahre Menschheitsgeschichte recherchierten Werk *Gewalt. Eine neue Geschichte der Menschheit* kommt er zu folgendem Schluss: »Die Gewalt ist über lange Zeiträume immer weiter zurückgegangen, und heute dürften wir in der friedlichsten Epoche leben, seit unsere Spezies existiert.« Und er stellt die Frage:

> »Sehen wir in der Welt einen nicht endenden Albtraum aus Verbrechen, Terrorismus, Völkermord und Krieg oder aber ein Zeitalter, das, gemessen am Maßstab der Geschichte, heute mit einem beispiellosen Maß an friedlichem Zusammenleben gesegnet ist?«

Eine Frage, die Pinker mit einer Fülle solider Befunde eindeutig bejaht. Weiter:

> »Statt zu fragen: ›Warum gibt es Krieg?‹, können wir auch fragen: ›Warum gibt es Frieden?‹ Wir brauchen uns nicht nur in die Frage hineinzusteigern, was wir falsch gemacht

haben, sondern wir können uns auch fragen, was wir richtig gemacht haben. Denn wir haben tatsächlich etwas richtig gemacht.«

Pinkers Opus magnum gibt ausführlich und, wie ich finde, überzeugend Auskunft darüber, was es genau ist, das wir richtig gemacht haben – bis mitten hinein in die Gegenwart, in der offensichtlich so viel Gewalt vorherrscht.

Ich beschränke mich hier notgedrungen auf ganz wenige, zusammenfassende Aussagen, die dem Gehalt von Pinkers Arbeit nicht gerecht werden können und zur Selbsterforschung anregen mögen. Es lohnt sich!

Was haben wir richtig gemacht?

Mit Gewalt sind in diesem Zusammenhang äußere Gewalteinwirkungen wie Bürgerkrieg, Krieg, Mord oder Todesstrafe gemeint. Die Wahrscheinlichkeit, durch diese Art von Gewalt sein Leben zu verlieren, hat während der Menschheitsgeschichte tatsächlich stark abgenommen. Während der Steinzeit (die etwa 4000 v. Chr. endete), der ältesten Epoche der Menschheitsgeschichte, lag die Wahrscheinlichkeit, eines gewaltsamen Todes zu sterben, bei zehn bis zwanzig Prozent. Sie hat sich kontinuierlich auf den heutigen Wert von 0,7 Prozent verringert. Dänemark verzeichnet mit 0,027 Prozent gegenwärtig den niedrigsten Wert.[76] Die Idealisierung früherer menschlicher Lebensformen als harmonischer und gewaltfreier ist eine

76 Kritische Einwände gegen diese optimistischen Befunde finden sich zum Beispiel bei Welzer 2013. Sie beziehen sich vor allem auf die zunehmend destabilisierend wirkende Ressourcenverknappung, die bei Pinker noch wenig Berücksichtigung gefunden hat.

verbreitete Illusion, die die Wertschätzung der positiven Entwicklung späterer Epochen unnötig einschränkt.

Die Essenz dieser langen Entwicklung – das also, was wir richtig gemacht haben – fasst Pinker, hier sehr vereinfacht, in folgender Aussage zusammen: Die »Spielbedingungen« für die Kosten-Nutzen-Rechnung bei der Anwendung von Gewalt haben sich Schritt für Schritt so geändert, dass die Anreize für friedfertiges Verhalten ständig gestiegen und der Gewinn für Gewaltanwendung ständig abgenommen hat. Mit anderen Worten sind die Kosten für Gewalt immer höher und damit immer sinnloser geworden.

Dabei waren und sind es zwanzig Langzeitfaktoren, die in ihren gewaltreduzierenden Wechselwirkungen beschrieben werden – die Ausbildung von Hochkulturen, weiträumige Handelsbeziehungen, internationale Organisationen zur Friedenssicherung; zunehmendes Wissen über die menschlichen »inneren Dämonen« wie Ausbeutung, Rachestreben, Sadismus oder die Destruktivität von Ideologien; vertiefte Einsichten in die »besseren Engel« der menschlichen Natur wie Empathie, natürliches Moralgefühl oder Vernunft. All das haben wir, bei allen Irrtümern und Verfehlungen, richtig gemacht.[77] In summa sagt Pinker zum Ende seines Buches, die zuverlässigste gesellschaftliche Instanz zur Gewaltminderung sei ein Staat, der seine Bürger mithilfe seines Gewaltmonopols voreinander schützen könne. Diese entwickelte Staatsform wurde von dem englischen politischen Philosophen Thomas Hobbes »Leviathan« genannt, nach dem er 1651 sein klassisches Werk benannte. Leviathan, ein biblisch-mythologisches Seeungeheuer, vor dessen Allmacht jeglicher menschliche Widerstand sinnlos

---

77 »Säkulare Ethik« nennt der Dalai-Lama jene Orientierung, die aus unseren angeborenen Möglichkeiten zu Empathie, Mitgefühl und Wohlwollen hervorgehen kann. Pinker bezieht sich nicht auf diesen Begriff, würde ihn aber gewiss als zentralen Faktor bei der Minderung von Gewalt unterschreiben (siehe Dalai-Lama 2015).

ist, steht für einen Staat mit unangefochtenem Gewaltmonopol, wodurch er inneren Frieden und Entwicklung garantiert. Es hat von den Überlebensgruppen der Steinzeit bis in unsere Zeit sehr lange gebraucht, bis diese Gesellschaftsform entwickelter Staatlichkeit Gestalt angenommen hat![78]

Der Stanford-Historiker Ian Morris hat in seinem Buch *Krieg – wozu er gut ist* (2013) die Befunde Pinkers bestätigt. Nach ebenfalls sehr gründlicher Recherche hat er darin die provokante These vom »produktiven Krieg« entwickelt. Das Resultat produktiver Kriege war nach Morris ein stabiler Staat, ein Leviathan im obengenannten Sinne, der mächtig genug war, die friedliche Weiterentwicklung zum Beispiel von Handel und Wissenschaft zu fördern und chaotisch-partikulare Konfliktlösungsversuche im staatlichen Gewaltmonopol aufzufangen und zu verhindern. Nach Morris haben dagegen »unproduktive Kriege« zu lang anhaltenden, gewaltsamen Destabilisierungsphasen geführt. Und sie haben im Laufe der Menschheitsgeschichte immer mehr abgenommen mit den oben skizzierten Folgen.

Morris fasst seine zentrale These und deren historische Belege dann in der paradox erscheinenden Aussage zusammen, 10 000 Jahre Krieg hätten größere Gemeinschaften höherer Ordnung geschaffen, die das Risiko, eines gewaltsamen Todes zu sterben, gemindert hätten. So unbequem diese Tatsache sei, auf lange Sicht habe der Krieg die Welt sicherer und reicher

---

78 Steven Pinker untersucht das Thema des Rückgangs von Gewalt ständig weiter und veröffentlicht die jeweiligen Updates auf seiner Website www.stevenpinker.com. Dort findet sich zum Thema eine ausführliche Analyse der aktuellen Daten seit 2009 (dem Erscheinungsdatum des Buches in den USA) unter der (von mir hier übersetzten) Überschrift »Nun zu den guten Nachrichten: Die Dinge werden tatsächlich besser – ISIS und Syrien dominieren die globalen Schlagzeilen, neue Daten aber zeigen, dass Gewalt insgesamt weiter abnimmt« (vgl. auch www.theguardian.com/commentisfree/2015/sep/11/news-isis-syria-headlines-violence-steven-pinker).

gemacht. Mit den Gemeinschaften höherer Ordnung sind Leviathane im oben genannten Sinn gemeint, die das Ergebnis »produktiver Kriege« waren.

Für den Leser ist auch Morris' Buch (mit »nur« 500 Seiten) höchst anregend – und in der Tat überaus provokant, weil unmissverständlich klar wird, welch furchtbaren Blutzoll die Entwicklungen zu gesunder, sicherer Staatlichkeit bisher jeweils gekostet hat und womöglich weiter kosten wird. Morris' Absicht ist es gewiss nicht, die Destruktivität des Krieges zu verharmlosen. Auch wenn man ihm in der Wahrnehmung der USA als unangefochtener globaler Führungsmacht nicht zustimmt, geht es Morris vor allem darum, die bisher scheinbar unlösbare Kopplung von positiver Entwicklung und Krieg schließlich in einer krieglosen Perspektive aufzulösen, so utopisch das zunächst erscheinen mag.

Exkurs: Systemische Momentaufnahmen in der Europäischen Union und in den Vereinten Nationen

Die Europäische Union hat 2010 den Europäischen Auswärtigen Dienst (EAD) ins Leben gerufen, einen eigenen diplomatischen Dienst mit zurzeit circa 3700 Mitarbeitern weltweit. Dieser EU-Außendienst hat es sich zur Aufgabe gemacht, von reaktiver zu präventiver Diplomatie überzugehen, und bemüht sich seither, diese Maxime mit Inhalt und Leben zu füllen.

In dem Kontext hatte ich im März 2010 die Aufgabe, politische Aufstellungen, also Systemaufstellungen im politischen Kontext, bei einem EU-Hearing in Brüssel vorzustellen unter dem Thema »Politische Aufstellungen und verwandte Ansätze zur Prävention von kollektiven Menschenrechtsverletzungen und kollektiven Gräueltaten«. Die verfügbaren acht

Minuten, ein EU-übliches Zeitkontingent, reichten für eine knappe Einführung und Vorschläge für zukünftige systemische EU-Projekte.

Die Resonanz war verhalten positiv – und hatte bisher keine weiteren Folgen. Das ist nicht verwunderlich oder gar enttäuschend, weil der Aufstellungsansatz derartig neue Wahrnehmungsweisen im politischen Feld anbietet – persönliche und kollektive Systemdynamiken, Mehr-Generationen-Perspektive, stellvertretende Wahrnehmung und damit Körpererfahrungen als zuverlässiges Instrument für relevante Einsichten und so weiter –, dass eine Integration einfach genügend Zeit braucht.

Das Selbstverständnis von Politikern, einer der schwierigsten Berufe überhaupt, ist ganz überwiegend kognitiv-rational geprägt und darauf ausgerichtet, unter großem Zeitdruck ausreichend zuverlässige Informationen für weitreichende Entscheidungen zu treffen. Die »weichen« systemischen Faktoren brauchen naturgemäß Zeit, um im politischen Feld Eingang zu finden. Umso bemerkenswerter ist es, dass sich in der EU dafür eine Tür ein wenig geöffnet hat.

Das gilt auch für die Vereinten Nationen, im Besonderen für den UNFPA (United Nations Populations Fund), der in über 150 Ländern aktiven UN-Organisation, die dem Schutz und dem Wohl von Kindern, Frauen und Heranwachsenden gewidmet ist.

Im Herbst 2014 fand dort ein zweitägiges Expertengruppentreffen statt zum Thema »Humanistisch-Integrative Ansätze bei geschlechtsbedingter Gewalt. Traumata bewältigen durch körperliche, psychologische und spirituelle Heilung«. Der einladende Koordinator der internationalen UNFPA-Projekte begründete das Treffen damit, dass die umfangreichen bisherigen medizinischen, juristischen und sozialpolitischen Initiativen des UNFPA zur Reduzierung von geschlechtsabhängiger Gewalt zu eher enttäuschenden Ergebnissen geführt hätten. Insbesondere mangele es bei der Verarbeitung der immer beteiligten schweren Traumatisierungen an wirksamen Ansätzen, die vor allem die humanistisch-integrativen, aber auch die spirituell begründeten Verfahren anbieten könnten.

Es war auch für den Veranstalter Neuland, solche Verfahren erstmals in die Praxis der Vereinten Nationen einzuführen, und er konnte sich Befremden oder Ablehnung bei UN-Offiziellen durchaus vorstellen. Mein Part war es, die Systemaufstellungen als Verfahren systemischer Therapie darzustellen.

Die Fortsetzung des Projekts ist auch hier noch offen. Ganz gleich, wie es weitergeht, es war den circa zwanzig Teilnehmern wichtig, dass sich im Gebäude der UN eine Tür geöffnet hatte für eine neue Dimension der Konfliktverarbeitung und -prävention. Ich werde nicht vergessen, wie unser Koordinator, ein sehr warmherziger Mann, uns mitten in hitzigen Debatten einige Male erinnerte: »Ach, wir sind hier so unter Zeitdruck und alle so im Kopf – lasst uns ein paar Momente nehmen, um vom Kopf ins Herz zu sinken.« Was wir mit ein paar Augenblicken gemeinsamer Stille gern taten.

Apropos Vereinte Nationen: Eine erfolgreiche Organisation zur Verminderung von Gewalt!

An dieser Stelle möchte ich noch einen dritten gewichtigen Forscher nennen: Joshua Goldstein, Dozent für internationale Beziehungen und Demografie an der Universität von Berkeley, der in jüngster Zeit den Rückgang von Gewalt nachgewiesen hat. Dabei konzentrierte er sich vor allem auf die Zeit seit 1945, dem Geburtsjahr der Vereinten Nationen, und insbesondere auf die Zeit seit Beendigung des Kalten Krieges 1989. In seinem Buch *Winning The War On War* von 2012 weist er nach, welche entscheidende Rolle die oft gescholtenen Vereinten Nationen dabei gespielt haben und spielen. Bei allen

Fehlern und Rückschlägen (wie zum Beispiel dem Genozid in Ruanda 1994) haben große internationale Kriege, Kriege zwischen zwei Staaten, Bürgerkriege und andere gewalttätige Auseinandersetzungen insgesamt abgenommen. Wie Goldstein sorgfältig dokumentiert, haben die UN durch vermittelnde, aktiv eingreifende und präventive Maßnahmen dabei eine entscheidende Rolle gespielt. In der Einführung zu seinem Werk lesen wir:

> »Dieses Buch bittet den Leser, aus einer vorherrschenden Denkweise über die globalen Verhältnisse auszubrechen, die auf Negativität fokussiert und Fortschritt leugnet. Wenn wir das Geschrei alarmierender ›Nachrichten‹ und geschwollener politischer Rhetorik einmal abstellen und objektiv auf harte Fakten schauen, dann finden wir, dass viele Menschen intensiv für Frieden arbeiten und dass die Welt tatsächlich friedlicher wird. Damit diese positiv schockierende Idee Eingang finden kann, braucht es entweder einen Paradigmenwechsel oder wenigstens ein defektes TV-Gerät.«

Die gängige Annahme »Jeder weiß doch: Es wird immer schlimmer, immer mehr Zivilisten kommen um, und Friedensaktionen erreichen überhaupt nichts« ist schlicht falsch – und es lohnt die Mühe, das auch mit Goldsteins Hilfe wirklich einmal zur Kenntnis zu nehmen.

Auf Engelsflügeln – Frauen und der Rückgang von Gewalt

Noch einmal zurück zu Pinker und der Abnahme von Gewalt. Der englische Titel seines Buches lautet *The Better Angels of Our Nature. Why Violence Has Declined*, wörtlich etwa »Die besseren Engel unserer Natur. Warum Gewalt zurückgegangen ist«.[79] Und nach der tausendseitigen strapaziösen Reise heißt das Schlusskapitel »Auf Engelsflügeln«. Darin wird als ein zentraler Faktor bei der Abnahme von Gewalt die Rolle der Frauen, die Feminisierung, genannt:

> »Mehrere Formen der Verweiblichung [mir scheint der Ausdruck ›Feminisierung‹ weniger missverständlich] – unmittelbare politische Einflussnahme, die Erosion männlicher Ehrenbegriffe, die Förderung der Eheschließungen nach Wunsch der Frauen, das Recht der Mädchen, geboren zu werden, und die Kontrolle der Frauen über ihre eigene Fortpflanzung – waren wichtige Faktoren für den Rückgang der Gewalt. Die Regionen der Welt, die in dieser historischen Entwicklung hinterherhinken, hinken auch beim Rückgang der Gewalt hinterher.«

79 Im Jahr 1861 bei seiner Antrittsrede versuchte der sechzehnte amerikanische Präsident Abraham Lincoln, die elf Sezessionsstaaten des Südens (Confederate States of America) zur Einheit zu bewegen, indem er leidenschaftlich die »besseren Engel unserer Natur« für Verbindung und Zusammenhalt beschwor. Gleichwohl kam es zum amerikanischen Bürgerkrieg von 1861 bis 1864, der schließlich mit dem Kollaps der konföderierten Südstaaten und dem Ende der Sklaverei ausging. Die besseren Engel in Gestalt der Union, der Vereinigten Staaten von Amerika, haben sich schließlich durchgesetzt, zu einem Preis von circa einer Million Toten und der Ermordung Lincolns 1865 – ein weiterer der schrecklichen Blutzölle, die positive Entwicklungen bisher so oft gekostet haben.

Ein von der bisher extremsten männlichen Gewalt, der Atombombe, gezeichneter Mann war Tsutomu Yamaguchi. Er überlebte Hiroshima am 6. August 1945, floh von dort in die vermeintliche Sicherheit nach Nagasaki und überlebte auch dort drei Tage später die Atombombenexplosion. Er lebte danach noch 65 Jahre und starb schließlich 2010 im Alter von 93 Jahren. Auf diese Weise gezeichnet, dürfen wir ihn in dieser Hinsicht sicher als männliche Autorität anerkennen, wenn er kurz vor seinem Tod dieses denkwürdige und zutiefst ernst gemeinte Rezept für den Frieden im Atomzeitalter formulierte: »Die einzigen Menschen, denen man gestatten sollte, Staaten mit Atomwaffen zu regieren, sind Mütter – Frauen, die ihre Babys noch stillen.«

Damit kommen wir zum Abschluss diese Kapitels über Krieg und Liebe und damit auch zu Möglichkeiten, die wir als Erwachsene haben, mit diesen Fragen gut umzugehen.

Versuche zu Lösungen jenseits von Krieg

Einige Hinweise konnten wir aus dem bisher Gesagten schon gewinnen, zum Beispiel im 4. Kapitel über »Identitäten« die Notwendigkeit radikaler existenzieller Bewährung für Jugendliche oder die eben genannte zentrale Rolle der Frauen beim Rückgang von Gewalt. Im Folgenden kommen nun weitere Aspekte hinzu, die natürlich unvollständig und nicht strikt logisch miteinander verknüpft sind, obgleich sie gewiss miteinander wechselwirken. Sie mögen Leserin und Leser anregen, eigene, überraschende und bessere Fragen und Friedensansätze zu entwickeln.

Wie so oft: Bewusstsein ist alles

Es soll dabei an die alte Volksweisheit erinnert werden, dass in uns beides angelegt ist: die Neigung zum Guten, zu Verbindung, Mitgefühl und Liebe – und die Neigung zum Bösen, zu Gier, Selbstsucht und Zerstörung. Welche Neigung dominant wird, hängt im Wesentlichen davon ab, welche wir unter den gegebenen Umständen nähren. Das »Nähren« unserer prosozialen, guten Seiten, unserer »besseren Engel« also, wird durch das Wissen um die folgenden Tatsachen gefördert.

»Aggression (ist) ein evolutionär entstandenes, neurobiologisch verankertes Verhaltensprogramm, das den Menschen in die Lage versetzen soll, seine körperliche Unversehrtheit zu bewahren und Schmerzen abzuwehren« (Bauer 2011). Dabei geht es um körperliche, aber ausdrücklich auch um soziale und seelische Schmerzen wie Ausgrenzung, Entwertung oder Demütigung, die aggressives Verhalten aktivieren.

Die UNESCO-Erklärung von Sevilla im Welt-Friedensjahr 1986 mit dem Titel »Gewalt ist kein Naturgesetz« stellt fest: »Wissenschaftlich nicht haltbar ist die Annahme, Krieg oder anderes gewalttätiges Verhalten sei beim Menschen genetisch vorprogrammiert … [oder] die Annahme, Krieg sei verursacht durch einen ›Trieb‹ oder ›Instinkt‹.« Und der Schlusssatz lautet: »Dieselbe Spezies, die den Krieg erfunden hat, kann auch den Frieden erfinden. Jeder von uns ist dafür mitverantwortlich.«

Mit anderen Worten: Wir sind nicht einfach das Opfer unserer aggressiven Impulse, sondern können sie uns in ihren Dynamiken bewusst machen, wesentlich mitgestalten und steuern. Auch hier ist also die beste Kontrolle: bewusstes, nichturteilendes Erkennen. Dann kann auch die situativ unter Umständen notwendige Aggression klarer, angemessener und wirksamer Ausdruck finden. Erinnern Sie sich an Ajahn Chah, von dem gegen Ende des 8. Kapitels die Rede war, wie er seine aggressiven Impulse anerkannt hat, jedoch auch bekräftigen konnte: »… aber ich handle nicht danach.« Und ebenfalls zur Erinnerung. Das ist nicht nur Heiligen vorbehalten, sondern liegt auch in unserer eigenen Reichweite – als Erwachsene.

Demokratie als Form gemilderten Bürgerkriegs oder Wie viel Krieg ist notwendig für den Frieden?

Wir haben zu Anfang dieses Kapitels gesehen, dass Krieg eine große Anziehungskraft haben kann und dass die kämpferische Bewährung im Dienst an einer größeren Sache als zutiefst sinnstiftend erlebt wird. Das führte vor einiger Zeit in einer Diskussion mit Kolleg(inn)en zu so merkwürdig klingenden Fragen wie »Wie viel Krieg ist notwendig für den Frieden?« oder »Was ist die für den Frieden hinlängliche Kriegsmenge?« und »Wenn es stimmt, dass Frieden nur dann stabil und wohltuend sein kann, wenn es genügend Krieg gibt, was ist dann ›genügend‹?«. Gemeint war, auf welche Weise wir die so nur im Krieg erlebten Erfahrungen von tiefer Sinnhaftigkeit auch im Frieden erleben können.

C. G. Jung stellte kurz nach dem Zweiten Weltkrieg (1946) folgende Überlegung an:

> »Wir [Schweizer] kamen zu dem Schluss, dass es besser ist, auswärtige Kriege zu vermeiden, und so zogen wir nach Hause und nahmen den Hader mit uns. In der Schweiz haben wir die ›vollkommene Demokratie‹ aufgebaut, wo unsere kriegerischen Instinkte sich in der Form häuslicher Zwistigkeiten, genannt ›politisches Leben‹, verausgaben können. Wir streiten miteinander innerhalb der Grenzen von Gesetz und Verfassung und neigen zu der Annahme,

Demokratie sei ein chronischer Zustand gemilderten Bürgerkrieges. Wir sind weit davon entfernt, untereinander Frieden zu haben: im Gegenteil, wir hassen und bekämpfen einander, weil es uns gelungen ist, den Krieg nach innen zu wenden. Unser friedliches Gebaren nach außen dient uns nur dazu, unsere heimischen Streitereien vor fremden Eindringlingen, die uns stören könnten, fernzuhalten [...] Wahre Demokratie ist eine höchst psychologische Einrichtung, die der menschlichen Natur Rechnung trägt und der Notwendigkeit von Konflikt innerhalb ihrer eigenen nationalen Grenzen Spielraum lässt« (Jung 1983).

Angriff, Deckung, Blöße, schwere Niederlagen, triumphale Siege, alsbald wieder herbe Verluste und so weiter – oft genug ist die Sprache der Politik ja eine Sprache von Kampf und Krieg. Das sollte nicht allzu sehr beklagt werden. Entscheidend bleibt dabei der garantierte und durch das staatliche Gewaltmonopol gesicherte Gewaltverzicht.

Hier kann vielleicht Heraklit etwas beitragen, der mit seiner Aussage »Der Krieg ist der Vater aller Dinge« bereits erwähnt wurde. Zur Erinnerung: Heraklitos von Ephesos, vorsokratischer Dialektiker, lebte im fünften vorchristlichen Jahrhundert und wurde von seinen Zeitgenossen auch »der Dunkle« genannt, weil er ihnen oft so schwer verständlich erschien. Heraklit engte Gott nicht nur auf einen guten Gott ein, wenn er sagte: »Gott ist Tag und Nacht, Winter und Sommer, Krieg und Frieden, Überfluss und Hunger.«

Mit seiner verdichteten zentralen Aussage »Der Krieg ist der Vater aller Dinge« beschreibt Heraklit die Notwendigkeit, dass jedes Ding zu seinem Sein seines Gegenteils bedarf, wie es »auseinandergetragen mit sich selbst im Sinn zusammengeht«. »Gegenstrebige Vereinigung« nannte er das: »Denn es ist die

Krankheit, die die Gesundheit angenehm macht, nur am Übel gemessen tritt das Gute in Erscheinung, am Hunger die Sättigung, an der Mühsal die Ruhe« (Fleischer 2001).

Eine These könnte also lauten: Je tiefer und existenzieller der »Krieg« in diesem, im heraklitischen Sinn also ist, je mehr er auch immer dem »Gegenstrebigen« Ausdruck erlaubt, je näher er an die Grenze, aber nie über die Grenze eines physisch-destruktiven Krieges geht, desto mehr erfüllt er als »gewaltloser Krieg« seine Aufgabe als schöpferische und friedensstiftende – und sehr dynamische! – Kraft, die etwas wirklich Neues hervorbringen kann aus der Vereinigung des zunächst unvereinbar Gegenstrebigen.

Pax technologica

Mit diesem Begriff formuliert Ian Morris in seinem bereits genannten Buch *Krieg – wozu er gut ist* (2013) eine schwindelerregende Perspektive für den Weltfrieden, die wir am besten erst einmal zur Kenntnis nehmen, bevor wir sie gleich beurteilen oder verwerfen.

Gemeint ist die weiter sich rasant beschleunigende Zunahme künstlicher, genauer: kollektiver, symbiotischer Intelligenz im Zusammenwirken von menschlichem Gehirn und Computer. Innerhalb von wenigen Jahrzehnten, so referiert Morris, werde es in großem Maßstab direkte Kommunikation von Gehirn zu Gehirn (*brain-to-brain-interfacing*, kurz BTBI) geben. Auf diese Weise entstehe der Zusammenschluss unserer biologischen Gehirne zu einem Superorganismus,

> »in gewisser Hinsicht die ultimative zugangsoffene Gesellschaftsordnung bar aller Barrieren zwischen Individuen. Alter, Geschlecht, ethnische Zugehörigkeit, Religion,

Sprache, Bildung, was immer Sie wollen – alles wird in diesem Superorganismus aufgehen [...] Für die vernetzte Intelligenz wird es sinnlos geworden sein, Unstimmigkeiten gewaltsam lösen zu wollen (was immer ›Unstimmigkeit‹ und ›Gewalt‹ dann bedeuten werden).«

Der BTBI-Superorganismus durchläuft eine eigene permanente Evolution und führt dann zu Lebensformen, die »transhuman« und schließlich »posthuman« genannt werden, die laut *Oxford English Dictionary* »in der Evolution des Menschen der nächste größere Sprung« sein und vielleicht über Möglichkeiten verfügen werden, die wir in der Bewusstseinsentwicklung »welt-« oder »kosmozentrisch« nennen.

Wie unbehaglich auch immer uns bei diesen Perspektiven sein mag – sie werden unter Historikern und durchaus ernst zu nehmenden Futurologen intensiv und höchst kontrovers diskutiert.[80]

Morris nennt ein vergleichsweise harmloses Analogie-Beispiel, das der römische Geschichtsschreiber Livius vor circa 2000 Jahren mit einer berühmten Parabel beigesteuert hat. Es geht um Menenius Agrippa, einen klugen römischen Senator, der in einer kritischen Situation – dem Aufstand der unterprivilegierten Plebejer gegen die privilegierten Patrizier 494 v. Chr. – die rebellierenden Plebejer aufsuchte und mit folgender Parabel bei ihnen Gesprächsbereitschaft bewirken konnte: »Einst, als im Menschen noch nicht alles so einstimmig gewesen ist wie jetzt, sondern jedes Glied seinen eigenen Willen, seine eigene Sprache hatte«, so erzählte er ihnen, hätten die übrigen Körperteile das Gefühl gehabt, dass der Magen faul

80 Vgl. Morris 2013; siehe auch die Ausführungen zu Ray Kurzweil und zur »technologischen Singularität« weiter unten.

und untätig nichts anderes tue, als nur darauf zu warten, dass sie ihn füllten. Sie hätten »sich also verabredet, die Hände sollten keine Speisen zum Munde führen, der Mund die gebotene nicht annehmen, die Zähne sie nicht zermalmen. Über diese Spannung, über die sie den Magen zu zwingen dächten, waren zugleich die Glieder selbst und der Körper selbst auf den höchsten Grad der Auszehrung gebracht …« (zitiert nach Morris 2013).

Die Plebejer sahen ein, dass sie sich mit ihrem Aufstand selbst schwächen und dass in einem gegliederten Ganzen wie im Körper oder eben im Staat jeder Teil eine für das Ganze sinnvolle Aufgabe wahrnimmt.

Natürlich kann man bei dieser Analogie gleich einwenden: »Aha, die Pax technologica ist die endgültige manipulative Unterdrückung der Unterprivilegierten …« Aber gehen wir einmal von einer auch für die rebellischen Plebejer emanzipativen Intervention des Senators aus.[81]

In dieser Parabel nimmt Menenius im römischen Mikrokosmos die Rolle ein, die in wenigen Jahrzehnten via *brain-to-brain-interfacing* (BTBI) vielleicht jener Superorganismus ausüben könnte, der durch den Zusammenschluss und ständigen Austausch aller zu diesem Zeitpunkt vielleicht acht bis neun Milliarden Gehirne so etwas wie kollektive Weisheit entstehen lässt, die angemessener auf die dringlichen Überlebensfragen antworten kann als Einzelpersonen, kleine Interessengruppen oder auch Nationen.

Das kann alles ganz anders kommen und auch schrecklich schiefgehen, natürlich. Gleichwohl werden diese Szenarien wie gesagt nicht von Verrückten diskutiert, sondern von

81 De facto hatten die Plebejer, ob nun mit oder ohne Parabel, mit ihrer Rebellion Erfolg. Ihnen wurden erstmals eigene Magistrate, die Volkstribune, zugestanden und ein eigenes Interzessionsrecht gegen alle Senatsentscheidungen. – Das Durchsetzen legitimer politischer Interessen bleibt gewiss auch im BTBI-Zeitalter aktuell.

seriösen Wissenschaftlern, die ernsthaft versuchen, künstliche Intelligenz in ihrem Potenzial für die Friedenssicherung weiterzuentwickeln.[82]

Das Ringen mit den Finanzkrisen seit 2007, seit 2014 mit Griechenland, der Ukraine, dem Syrienkrieg, der Flüchtlingskrise, dem Zusammenhalt in der Europäischen Union oder mit der Erderwärmung – all das hat überdeutlich gemacht, dass wir regional und global zunehmend mit Problemen zu tun haben, die in ihrer Hyperkomplexität das Vermögen von einzelnen Experten, Fachgremien und Regierungen zur Formulierung von verlässlichen Prognosen und Programmen bei Weitem übersteigen. Dazu gehören auch die Risiken der erstarkenden, rückwärtsgewandten rechtspopulistischen Bewegungen mit ihrer typischen identitären Krankheit von ausgrenzendem Nationalismus.

Warum also nicht den Perspektiven einer Pax technologica mit neugierig-nüchternem Interesse begegnen?

82 Ray Kurzweil (2015) ist der gegenwärtig wohl prominenteste Vertreter einer optimistischen Zukunftsperspektive – gerade wegen (und nicht trotz) der sich exponentiell beschleunigenden technologischen Entwicklung. Kurzweil, vielfach ausgezeichneter Entwickler in Sachen künstlicher Intelligenz, Futurologe, technischer Direktor bei Google und Gründer der »Singularity University« in Kalifornien, prognostiziert die »technologische Singularität« für die kommenden Jahrzehnte: Das wird der Zeitraum sein, wo künstliche Intelligenz sich weit über die Kapazität menschlich-biologischer Intelligenz hinaus entwickelt hat zu post- oder transhumanen Möglichkeiten des Selbst- und Weltverständnisses, das unser gehirngebundenes Vermögen bei Weitem übersteigt – zum Wohle aller, wie zu hoffen ist. Die schwerwiegenden Bedenken gegen eine ungehemmte Technologieentwicklung (zum Beispiel autonome Waffensysteme, »Killerroboter«) und Vorschläge für eine verantwortungsvolle technologische Ethik wurden im Jahr 2015 von einer großen Zahl namhafter Wissenschaftler und Unternehmer wie Stephen Hawking und Bill Gates formuliert (vgl. www.businessinsider.com/stephen-hawking-elon-musk-sign-open-letter-to-ban-killer-robots-2015-7?IR=Te).

Weltbürgerschaft – Ein Plädoyer

Im Jahr 1967 hatte ich mir in Paris einen Weltbürgerausweis besorgt und war damit ein »Citoyen du Monde«. Das hatte keine praktischen Folgen, doch die Weltbürgeridee unterstützte bei mir eine »epigenetische Disposition«, so will ich das einmal nennen, nämlich kulturelle Unterschiede zwar als interessant, aber als nicht besonders eindrucksvoll oder wichtig zu erleben. Was ich zunächst als politisch etwas unkorrekte Wahrnehmungsschwäche deutete, wurde für mich auf den vielen Reisen der folgenden Jahre ein Gewinn. Der besteht darin, dass mich die offensichtlichen kulturellen, historischen, ethnischen und weiteren Unterschiede bei anderen Menschen nicht vorrangig interessieren. Ich respektiere sie stets zutiefst, erkundige mich ausführlich danach, um zu lernen und Kränkungen zu vermeiden, und berichte, so gut ich kann, von meinen eigenen kulturellen Prägungen. Aber wirklich bewegend und wichtig finde ich immer die grundlegenden Gemeinsamkeiten. Natürlich erschließen die sich nicht sofort, aber sie liegen doch unter der Oberfläche der Andersartigkeit immer gern bereit, und es ist ein besonderes Vergnügen, danach zu suchen.

Die Weltbürgeridee ist nichts Neues. Spätestens seit Immanuel Kant (1724–1804), dem »Weltbürger aus Königsberg«, und seiner Schrift *Zum ewigen Frieden* von 1795 kennen wir Begriffe wie »kosmopolitisch begründete Moral«, »kulturunabhängiges Denken«, »transkulturell gültige Vernunft« oder »kriegsmildernde Reformversuche bei genereller Ächtung des Krieges«.

Nach Gründung des Völkerbundes (1920) und nachfolgend der Vereinten Nationen (1945) entstand die Weltbürgerbewegung (1948). Sie verfolgt bis heute das Ziel einer Weltregierung und einer Weltverfassung.

Schon früher und aus gleichsinnigen Motiven hatte der polnische Arzt Ludwik Zamenhof unter dem Pseudonym »Doktoro Esperanto – Dr. Hoffnung« eine verbindende Kunst-Weltsprache entwickelt, die nach ihm »Esperanto« heißt. Das Englische wird als Weltsprache von den Esperantisten als ungeeignet erachtet, weil seine Ausbreitung auf Eroberung und politisch-ökonomischer Überlegenheit einiger Staaten beruhe. Esperanto hat zwar nicht die erhoffte globale Bedeutung erlangt, hat aber von den vielen neueren Weltsprachen-Versuchen als einzige überlebt und wird von geschätzt einer Million Menschen gesprochen.

Das alles sind noch sehr junge Entwicklungen. Weltbürgerschaft ist ja eigentlich keine Ermessensfrage, sondern eine Tatsache. Schauen wir uns dazu die folgende »Geschichte von Ahmad« an.

»Ich glaube nicht, dass Gott Rassist ist«[83]

Ahmad, geboren 1948, ein Kind der Nakhba,[84] radikalisierte sich als junger Mann, nahm an Terroraktionen gegen Israel teil und saß siebzehn Jahre in israelischer Haft. Heute arbeitet er als Gemeindearbeiter im palästinensischen Westjordanland. Auf die Frage, wie es wohl weitergehen wird in der Region, sagt Ahmad:

> »Wir bekämpfen einander als menschliche Wesen. Aber kein Mensch kam doch absichtlich auf diese Welt. Keiner hat uns gefragt, ob wir auf diese Welt kommen wollten oder nicht. Wir sind einfach hier. Wir kamen nackt auf diese Welt, wir haben überhaupt nichts mitgebracht. Sogar

83 Kovel (2007)

84 Nakhba, »Katastrophe«, die Flucht und Vertreibung von circa 700 000 arabischen Palästinensern aus dem früheren britischen Mandatsgebiet Palästina.

> unsere Religion haben wir nicht mitgebracht. Wie kann ich glauben, dass dieses Land meines ist und das Land dort seines, wo wir doch nackt auf diese Welt gekommen sind? Und weil ich auch nackt wieder gehen und nichts mitnehmen werde.
> Wir alle sind Menschen. Wenn wir an Gott glauben, so hat Gott uns alle geschaffen. Ich glaube nicht, dass Gott Rassist ist. Die gesamte Natur ist seine Schöpfung; wir sind alle Teil der Natur, und das ist nicht unsere Wahl, sondern eine Tatsache [...]
> Der einzige wirkliche Unterschied ist, wie du dich zu deiner Gemeinschaft stellst und was du an Gutem für deine Gemeinschaft tust. Darin sollten wir zwischen Menschen unterscheiden: wie sie ihrer Gemeinschaft dienen – nicht nur ihrer lokalen Gemeinde, sondern auch der Weltgemeinschaft. Wirklich der gesamten Welt.
> Wenn ich sage, ich bin ein Araber, dann setze ich mich ab von Europa oder Amerika. Wenn ich sage, ich bin aus Frankreich, was ist dann mit England? Wenn ich sage, ich bin aus England, was ist dann mit Belgien? Das bedeutet, Grenzen zwischen Menschen zu ziehen.«

In all den Jahren im Gefängnis sei ihm langsam ganz klar geworden, so Ahmad, »dass alle Menschen der Welt tatsächlich eine Familie sind, dass wir wirklich alle Brüder und Schwestern sind«.

Nun sind das abgegriffene Worte, die wir schon oft gehört haben. Wenn wir uns aber klarmachen, dass sie von einem Mann kommen, der allen Grund zu Verbitterung, Resignation und Hass hätte, können wir doch innehalten und fragen, wie nach jahrelangen schwierigsten Haftbedingungen eine so versöhnliche und »einschließliche« Haltung möglich werden konnte und welche Quelle diese »weltbürgerliche« Haltung nicht nur Ausnahme-Menschen – als solchen hat sich Ahmad sicher nicht betrachtet –, sondern jeden von uns nährt und bestärkt.

Von Anfang an Weltbürger

Die Evolution, deren Teil und Mitgestalter(innen) wir sind, macht es uns relativ leicht, die Aussage dieser Überschrift wirklich wahrzunehmen. Wer seine Sinne einigermaßen beisammenhat, kann nichts anderes als globale Interdependenz zu erkennen, bis in jede Kleinigkeit des Alltags. Wer von Sinnen ist, muss es schließlich widerstrebend auch anerkennen.

Wir können diese Wahrnehmung fördern. Die besten »Technologien« (wörtlich die »kunstfertige Anwendung von Wissen«) dafür sind zum einen das immer empfehlenswerte Selberdenken. Zum anderen aber sollten wir zurückgreifen auf bewährte mystische Praxis, wobei ich Mystik als »radikalen Realismus« definiere, der das Wesen der Wirklichkeit unvoreingenommen untersucht. Und das bedeutet auch die Untersuchung der Bewusstseinsebenen, die uns von der ego- und ethnozentrischen Wahrnehmung weiterführen in den weltzentrischen und vielleicht sogar einen kosmozentrischen Bewusstseinsraum. Dort wissen wir schließlich – über aufblitzende Einsichten oder auch über länger anhaltendes, unmittelbares Gewahrwerden –, dass alles, was anderen Menschen und Lebensformen geschieht, auch uns geschieht; ja, dass wir all die andern tatsächlich *sind,* in völliger empirischer Gewissheit. Ohne jeden Zweifel also Weltbürgerinnen und Weltbürger. Die Sorge um die anderen Menschen und Lebensformen, und in diesem Sinne die Friedfertigkeit, folgt dann nicht mehr einer moralischen Forderung, sondern natürlicher Selbstfürsorge und Selbstliebe. Ohne diese Herzlichkeit in unserem Bemühen um friedliche Lösungen bleiben entsprechende Initiativen leicht in ärgerlichem Aktivismus stecken.

Denken und mystische Praxis im obengenannten Sinn brauchen etwas Mühe oder Arbeit – aber was könnte lohnender sein?

Ich möchte das nun noch am Beispiel des Schweden Hans Rosling erläutern, in meiner Definition ein praktischer Mystiker, also ein radikaler Realist und ein weiterer Vertreter einer positiven Perspektive angesichts der gegenwärtigen Weltlage. Rosling ist Mitgründer der schwedischen »Ärzte ohne Grenzen«, Mitglied der schwedischen Akademie der Wissenschaften und Professor für Internationale Gesundheit am Karolinska-Institut in Stockholm. Seine Mission ist es, Unwissen über den Zustand der Welt durch Faktenwissen zu ersetzen – aus allgemein zugänglichen und anerkannten Quellen (UN, WHO, Weltbank und so weiter), die er allgemein verständlich und faktengetreu aufarbeitet.

Nach Rosling wissen wir zu wenig, und davon zu viel Negatives, vom Zustand unseres Planeten – eine Form von Eskapismus und Denkfaulheit mit der Folge von Resignation und Passivität angesichts einer scheinbar überwältigend hoffnungslosen Datenlage. Diese gravierende Wissenslücke *(gap)* aufmerksam und wachsam zu erkennen *(mind)* hat seiner Initiative den Namen »Gapminder« gegeben, die unter anderem in Gestalt des »Ignorance Project« aktiv ist: ein einfacher Wissenstest mit zehn Fragen zu Weltbevölkerung, Alphabetisierung, Sterblichkeit und so weiter, die uns mit eigenem Unwissen und den viel positiveren Tatsachen vertraut machen (vgl. www.gapminder.org).

Der deutsche Ignoranz-Test datiert vom August 2014 und hat einmal mehr bestätigt: Die Welt ist viel besser dran, als wir meinen. Weniger als ein Drittel der Deutschen weiß, dass die durchschnittliche globale Lebenserwartung nicht bei vierzig, auch nicht bei sechzig, sondern mittlerweile bei siebzig Jahren liegt, dass die weltweite Alphabetisierungsrate nicht vierzig, nicht sechzig, sondern inzwischen achtzig Prozent beträgt oder dass sich der in extremer Armut lebende Anteil der Weltbevölkerung seit 1990 halbiert und nicht etwa verdoppelt hat.

Roslings »Gapminder« hat zur Frage von lokaler und globaler Gewalt, zu bewaffneten Konflikten und Sicherheit noch nichts veröffentlicht. Er hat mir auf Anfrage bestätigt, dass dieses Gebiet alle Aufmerksamkeit verdient und »Gapminder« sich (nicht zuletzt finanziell) darum bemüht, die auch in diesem Buch verwendeten Quellen aufzuarbeiten.

Rosling will sich nicht schlicht als Optimist verstanden wissen, sondern als »praktischer Possibilist« auf einem Mittelweg zwischen Schwarzmalerei und blindem Fortschrittsglauben.

Zum Abschluss dieses Kapitels komme ich nun noch einmal auf den Anfang zurück.

»Der Krieg ist wie die Liebe, er findet immer einen Weg« – Ist das so?

Ich glaube, so ist es bisher tatsächlich gewesen. Und wie ich zu zeigen versucht habe, können wir Wege finden, mit diesem Sachverhalt nüchtern und gut informiert umzugehen – mit Wohlwollen für uns selbst und alle Beteiligten. Dann können Leonard Cohens Risse und Spalte erkennbar werden, durch die das Licht auf neue Möglichkeiten eintreten mag.

Und noch ein praktischer Vorschlag des schon erwähnten Joshua Goldstein. Wer mit dem Wert von Flaggen etwas anfangen kann, so überlegt er, könnte doch ab und zu neben der lokalen oder nationalen Flagge vor seinem Haus auch die UN-Flagge hissen, mit der sich die gegenwärtig 193 Mitgliedsnationen zusammen mit unserer Hausflagge – und warum nicht auch mit der EU-Flagge? – im Wind bewegen würden.

Nach diesem sehr vielschichtigen Kapitel lassen Sie uns einen Moment innehalten.

Im Kontext von Krieg und Lösungen jenseits von Krieg ist es ganz besonders lohnend, erwachsen zu sein. Es macht einen großen Unterschied, von welchem inneren Ort aus wir unsere eigene Situation und den Zustand der Welt betrachten. Wenn wir überwiegend von den täglichen Nachrichten ausgehen, die naturgemäß Dramatisches und Erschreckendes auswählen und betonen, sind wir in einem Bewusstseinsraum, in dem Skepsis, Rückzug und Angst dominieren.

Wenn wir jedoch von Tatsachen ausgehen, die das Belastende und Gefährliche der Lage nicht leugnen, zugleich aber anerkennen, dass es kraftvolle und nachweislich friedensfördernde Langzeitentwicklungen gibt, die wir auch in unserem eigenen Wirkungsbereich unterstützen können – dann leben wir in einem Bewusstsein, das viel mehr von Zuversicht, Kreativität und Dankbarkeit geprägt ist.

Dankbarkeit für all die positiven Tatsachen und Möglichkeiten in unserem Leben, die wir einer langen Entwicklung und dem Bemühen unzähliger Menschen und Generationen verdanken, bewusster und besser zu leben und ihre Erfahrungen weiterzugeben.

Dankbarkeit und Wertschätzung sind untrennbar mit der Wahrnehmung der unmittelbaren Gegenwart, das heißt mit dem Leben im Jetzt verbunden – ein anderes Leben gibt es nicht. In dem Maße, wie uns das gelingt, tragen wir direkt und indirekt zu friedlicheren Verhältnissen bei. Und das gelingt nicht im Beklagen des Vergangenen oder im Bangen um Zukünftiges, sondern eben nur im *Jetzt* – darum geht es im folgenden Kapitel.

10. Kapitel

JETZT – Die einzig wirkliche Wirklichkeit

Die Kapitelüberschrift bezeichnet eigentlich schon alles, was es zu dem Thema zu sagen gibt. Es existiert keine andere Erfahrung, kein anderer Ort, wo wir sein können, und auch kein anderes Zuhause als das Jetzt.

Die Jetzt-Orientierung ersetzt nicht die sorgfältige biografische Arbeit zum Beispiel bei psychosomatischen körperlichen Erkrankungen oder bei Traumafolgen mit ihren lang anhaltenden psychischen Spaltungsvorgängen und körperlich tief verankerten Eindrücken. Gleichwohl ist das Jetzt oft eine überraschend wirkungsvolle Einladung an die beteiligten Menschen zu nachhaltiger Veränderung.

Beispiele, ältere und gegenwärtige Auffassungen vom Jetzt, etwas Theorie und Haikus umkreisen das Thema. Kindliches und erwachsenes Jetzt-Erleben werden angesprochen.

Nach einem Exkurs zum guten Erinnern und zum guten Vergessen versuche ich nach einer Auschwitz-Reise im Sommer 2015, in Kapitel 11 schließlich wiederzugeben, was »Jetzt in Auschwitz« bedeuten kann.

Ganz ins Jetzt kommen

Manchmal bitte ich in einer Systemaufstellung darum, einen Moment innezuhalten und ganz ins Jetzt zu kommen. Alle Beteiligten, Stellvertreter(innen), Klient(in), die Teilnehmer(innen) im Außenkreis und ich selbst mögen, was immer wir bisher in der Aufstellung erlebt haben, ganz ins Jetzt kommen, in diesen Raum und in diese Zeit. Die Sprache ist dabei bedächtig, und das JETZT, nun besser durch Großbuchstaben wiedergegeben, erhält besondere Betonung.

Ich schlage diesen Modus des Jetzt vor, wenn ich den Eindruck habe, dass das in der Aufstellung Erlebte Vergangenes betrifft, das sich wie eingefroren als die Gegenwart, als die vermeintlich einzig wirkliche Wirklichkeit präsentiert oder besser: aufdrängt. Wir können dann beobachten, wie zurückliegende Ereignisse und deren bewusste und unbewusste Folgen das Jetzt überlagern mit Schichten von vergangenen Erfahrungen, Vorstellungen und Überzeugungen, die alle Merkmale von ganz unmittelbarer Gegenwärtigkeit haben. Das ist bei Traumata und ihren neurophysiologischen Folgen die Regel, aber wir sehen dieses Phänomen durchaus auch bei vielen anderen Leiden.

Ein Beispiel: Sich häuten von Vergangenem

Eine circa 55-jährige Klientin, nach langer und mühevoller Ehe geschieden, alleinlebend und schon lange schwermütig und flügellahm, berichtet vom unfallversehrten und verbittert gestorbenen Vater, von der heimatvertriebenen und ebenfalls vergrämt gestorbenen Mutter und von weiteren leidvollen Erfahrungen bei Großeltern und Geschwistern der Eltern. In der Aufstellung erscheinen die Erwähnten in der Tat alle belastet, und sie lassen sich auch nicht wesentlich berühren vom Kummer der Klientin, vom aufrichtigen Respekt für ihre jeweiligen Schicksale und von der Bitte um Wohlwollen für das gegenwärtige Leben der Klientin.

Nichts scheint zu helfen, ich weiß nicht weiter und sage das auch. Wir warten eine Weile. In dieser Wartezeit geht mir das Wort »vergangenheitsschwer« durch den Sinn, zusammen mit einem Gefühl von Resignation und Überdruss. Auch das bringe ich zum Ausdruck, und dann fällt mir etwas ein.

Ich bitte alle Beteiligten in langsamen Worten, auch die im Außenkreis Sitzenden, nun ganz ins Jetzt zu kommen, erkläre das in Ruhe und beziehe mich selbst mit ein. Das hat eindrucksvolle Folgen. Schweigend entwickeln sich bei den in der Aufstellung Beteiligten langsame, unwillkürliche Bewegungen, die nicht anders als ein »Sich-Häuten« zu bezeichnen sind, ein Sich-Herauswinden und -Befreien aus etwas Einengendem.

Die bis dahin düstere Atmosphäre hellt sich deutlich auf, und die Klientin beginnt zu ahnen, dass sie ihre Vorfahren und damit sich selbst in vergangenen Leidensbildern festgehalten hat; dass ihre vormals leidenden Angehörigen *jetzt* nicht mehr dort sind, wo sie es einst schwer hatten; und dass sie *jetzt* zugewandt und warmherzig sind und gern geben, was ihnen zu Lebzeiten nicht möglich war.[85]

Dieser Häutungsprozess, von dem auch die Klientin ergriffen wurde, erwies sich als nachhaltig, wie sie ein gutes Jahr später berichtete. Sie sprach von einer anhaltenden Erfrischung, die von der Aufstellung für sie ausging, zum Beispiel auch in einer neuen Partnerschaft.

---

85 Wie schon im 3. Kapitel über die »freundlichen Toten« angedeutet, ist es in der Tat herausfordernd, von solchen Erfahrungen nur zu lesen, ohne sie selbst auf ihre Evidenz hin überprüfen zu können. Ich bitte die Leser weiterhin, mir nichts zu glauben, sondern immer bei den eigenen Wahrnehmungen zu bleiben – unter Beibehaltung der Offenheit für neue Möglichkeiten.

Ewiges Damals und Jetzt

»Ewiges Damals« nenne ich die zu andauernder Gegenwart geronnenen leidvollen vergangenen Erfahrungen, wie es in dem Beispiel angedeutet ist. Ich schlage vor, das Jetzt in Fällen einzuführen, die resistent sind gegen die uns vertrauten Lösungsschritte wie der aufrichtige Ausdruck von Schmerzen, Achtung, Mitgefühl und Segenswünschen; auch der notwendige Ausdruck von bitterer Enttäuschung, Wut oder Rachewünschen – all das kann völlig wirkungslos bleiben.

Unser Festhalten an Bildern von vergangenem Leiden und Horror kann enorme Macht entfalten und den damals Beteiligten keine Chance lassen, sich heute, nach den ursprünglichen Ereignissen, verändert und gewandelt zu zeigen. Wie wir im 3. Kapitel schon gesehen haben, verfügen wir über die Fähigkeit, unseren Nächsten ebenso wie unseren Vorfahren Masken der Vergangenheit überzustülpen, sodass sie uns oder ihren Stellvertreter in Aufstellungen tatsächlich für immer hoffnungslos, unversöhnlich oder verzweifelt erscheinen.

Und umgekehrt kann, wenn die Zeit dafür reif ist, die Wahrnehmung des Jetzt einer anderen, unmittelbaren Wirklichkeit zu ihrem Recht verhelfen.

Sie erinnern sich vielleicht an das Beispiel »… und die Musik« (im 2. Kapitel) von der Afroamerikanerin, die, gefangen in einem ewigen Damals, von ihren versklavten Vorfahren nur Bilder von Ohnmacht und Schwäche in sich trug – und wie sie das schließlich verändern konnte.

Ein weiteres Beispiel: »Wir sind nicht mehr dort«

Ein jüdischer Klient litt, solange er denken konnte, am Tod seiner vier Großeltern, zweier Großtanten und eines Onkels, die in Konzentrationslagern umgebracht worden waren. Die

Aufstellung mit dem Klienten, seinen beiden Schwestern, den Eltern und den umgebrachten Angehörigen zeigte eine schreckliche Situation – die oben Genannten fühlten sich im Konzentrationslager, die Überlebenden und Nachkommen konnten sich angesichts dieses Grauens kaum aufrecht halten, einige sanken zu Boden. Die Einbeziehung der Täter führte nicht etwa zu einer neuen Bewegung, sondern zu weiterer Erstarrung, sodass beim Klienten und einigen Stellvertretern deutliche Zeichen von (Re-)Traumatisierung auftraten. In dieser Aufstellung führten all die uns vertrauten und sonst oft hilfreichen Schritte (von denen ich einige im ersten Beispiel genannt habe) nicht weiter.

Als ich darum bat, innezuhalten und sich nun Zeit zu nehmen, ins Jetzt zu kommen, geschah Folgendes. Einige Stellvertreter wandten sich zunächst ganz nach innen, und die verzweifelte Spannung löste sich etwas. Die am Boden Liegenden standen langsam auf, und schließlich standen die lebenden und die toten Angehörigen sich mit einigem Abstand gegenüber und schauten einander an. Im Hintergrund standen die Stellvertreter der Täter, deutlich präsenter und bezogener als zu Beginn.

Nach langem Schweigen sagte eine Großmutter: »Wir sind nicht mehr dort [im Konzentrationslager].« Das wurde von den anderen Gestorbenen bestätigt und löste beim Klienten zusätzliche Spannung, sodass er weinen konnte. In vielen kleinen Schritten begann er, das große Wohlwollen seiner Vorfahren wahrzunehmen und ihre Freude daran, dass er anfangen konnte, die alten Bilder von ihnen zurücktreten zu lassen und abzulegen.

Was ist das Jetzt?

Die Wertschätzung des Jetzt hat eine lange Tradition. Das christliche »Sakrament des Augenblicks« findet sich unter verschiedenen Namen in fast allen philosophischen und spirituellen Richtungen und wird, ganz seiner Natur entsprechend, immer wieder neu entdeckt.[86]

Meister Eckhart umschreibt das Jetzt so: »Das Nun, darin Gott den ersten Menschen schuf, und das Nun, darin der letzte Mensch vergehen wird, und das Nun, darin ich eben spreche, die sind gleich in Gott und sind nichts als EIN NUN« (zitiert nach Bertelsen 2010). Danach geht es offensichtlich nicht um das Jetzt der aktuellen Uhrzeit, sondern um ein zeitloses Jetzt, um einen Raum, in dem alle zeitlichen »Jetzte« ihren Ursprung und ihre Auflösung finden.

Auf die Frage, wie der Modus des Jetzt zu erreichen sei, hören wir zum Beispiel die Antwort, wir mögen »ganz im Augenblick«, »von Moment zu Moment gegenwärtig« oder »ganz in unserer Präsenz« sein. Mir scheint jedoch eine Praxis hilfreich, die sich nicht auf die Unruhe von ständig wechselnden Augenblicken bezieht – »Kaum nehme ich ihn wahr, ist er ja schon wieder weg!« –, sondern auf jenen weiten, unbegrenzten Raum, in dem sich diese Phänomene manifestieren. Die Praxis des Jetzt ist dann ein bewusstes Zurücktreten in diesen Raum oder ein Sich-diesem-Raum-Öffnen, dem Raum, der alle Augenblicke in ihrem Kommen, Wandel und Gehen enthält. In diesem Raum wird aus der linearen Zeit die erfahrbare Qualität unmittelbarer Gegenwart, jetzt.

Tolle fasst zusammen:

---

86 Eine jüngere Wiederentdeckung findet sich zum Beispiel bei Eckhart Tolle mit seinem Buch *Jetzt. Die Kraft der Gegenwart* (2010) und Titeln wie *Stille spricht: Wahres Sein berühren* (2003) oder *Eine neue Erde. Bewusstseinssprung anstelle von Selbstzerstörung* (2005).

»Die meisten verwechseln das Jetzt mit dem, was im Jetzt geschieht, aber das ist es nicht. Das Jetzt ist tiefer als das, was darin geschieht. Es ist der Raum, in dem es geschieht. Verwechsele also nicht den Inhalt dieses Augenblicks mit dem Jetzt. Das Jetzt ist tiefer als irgendein Inhalt, der darin auftaucht.«[87]

»Im Jetzt sein« und »bei sich sein« ist nahezu das Gleiche.

Für manche kann das Spüren des Körpers gut den Zugang zum Jetzt ermöglichen, zum Beispiel erst einmal nur bei den Füßen zu bleiben: »Nur die Füße spüren«, könnte die Einladung lauten, »und damit langsam ins Jetzt kommen.« Die Füße sind weitestmöglich vom Ort des Denkens, dem Kopf, entfernt; sie sind meist nicht von Gefühlen belastet, und sie sind am Boden. Wenn das Denken – die häufigste und gewöhnlichste Form, »außer sich« zu sein – auf diese Weise etwas ruhiger wird, sind wir mehr im Jetzt und zugleich mehr bei uns.

Ab und zu folge ich selbst dieser Einladung beim Schreiben dieses Textes, eben jetzt zum Beispiel – mit dem Resultat, dass mein sehr angeregter Geist etwas zur Ruhe kommt und etwas Raum zwischen den Gedanken entsteht. Für ein paar Momente nur die Füße spüren, nichts weiter. Jetzt.[88]

Das Jetzt ist »die einzig wirkliche Wirklichkeit«, so heißt es in der Kapitelüberschrift. Alles, was geschieht, geschieht jetzt. Nachsinnen über die Vergangenheit geschieht jetzt. Hoffen

87 Tolle 2003 (englische Ausgabe, übersetzt von A. Mahr).

88 Ein meditationserfahrener Kollege hat sich angewöhnt, den Zuhörern bei seinen Vorträgen unvermittelt zu sagen: »Und jetzt spüren Sie doch einfach mal nur Ihre Füße.« Er erläutert das dann etwa mit Worten wie: »Wissen Sie, Zuhören ist ja eine Art von Außer-sich-Sein, nicht ganz bei sich. Und da ist es doch gut, immer mal wieder zu sich zu kommen, für ein paar Momente. Ich mache gleich weiter, aber lassen Sie uns noch für einen Augenblick bei unseren Füßen sein.« Er tut das gern mehrfach während eines Vortrags. Wird immer gut aufgenommen.

oder Furcht hinsichtlich der Zukunft spüre ich jetzt. Leben geschieht nur jetzt. »Klar, gebongt, weiß ich doch.« Oder?

Wer kennt es nicht, den gegenwärtigen Augenblick so zu behandeln, als sei er ein Hindernis, das zu überwinden ist; dass es darauf ankommt, einen besseren zukünftigen Moment zu erreichen, der angenehmer oder wertvoller ist als der gegenwärtige? Und viele von uns kennen auch die Folgen dieses ständigen »Weg von …« und »Erst wenn …«: Da bleibt immer ein Unterton permanenter Unzufriedenheit, Anspannung, Unruhe. Unablässig im To-do-Modus.

Erholung bei Haikus

Das Jetzt ist auch das Thema der Haiku-Lyrik. Diese traditionell japanische Gedichtform, die heute global verbreitet ist, gilt als die kürzeste der Welt. Hier nur zwei zeitgenössische Beispiele (vgl. www.haiku-heute.de):

> abbruchviertel –
> ein grundriss voll
> von wildem mohn
> (Heike Stehr)
>
> Ausverkauft.
> Aber sie schenkt mir
> ein Lächeln.
> (Udo Wenzel)

»Abbruchviertel«, »Ausverkauft«, das sind wohl Orte, wo wir nicht sein wollen, und Erfahrungen, die wir nicht machen möchten. »Voll von wildem Mohn« oder »sie schenkt mir ein Lächeln« tauchen auf, wenn wir dem Unannehmbaren doch zustimmen, jetzt.

Jetzt für jedefrau und jedermann

Jetzt ist ein ganz normales und alltägliches Phänomen. Es ist in Reichweite für uns alle und wird wie jedes Instrument mit Übung vertrauter und zugänglicher.

Ein Beispiel: Der Kalkulationsfehler

Hier das Beispiel von Anna F., einer langjährigen Verwaltungsangestellten in einem Versicherungskonzern, der ein sehr ernster Kalkulationsfehler unterlaufen war. Ihr Chef hatte den Fehler und den möglichen großen Schaden gerade noch entdeckt, kam sofort auf sie zugerannt und schimpfte sie sehr heftig zusammen.

Die Frau fand sich in einer ganz merkwürdigen Verfassung wieder. Sie erzählte mir: »Ich stand da, sah meinen Chef an, merkte, wie wütend er war und wie recht er hatte – ich hatte ja wirklich einen schweren Fehler begangen. Ich war ruhig, schaute ihn einfach an und nahm alles so wahr, wie es eben geschah.«

Was die Frau selbst erstaunte, war ihre Klarheit und Unaufgeregtheit. Sie bedauerte, zunächst noch ohne Worte, ihren Fehler natürlich sehr, verfiel aber nicht in Rechtfertigung oder Tränen, blieb einfach vor ihrem Chef stehen und dissoziierte auch nicht; das heißt, sie dämpfte nicht ihre Gefühle und entfernte sich auch nicht aus ihrem Körper.

Das wiederum verwirrte ihren Chef offensichtlich, er machte auf dem Absatz kehrt, schoss zurück in sein Büro und knallte die Tür hinter sich zu; nur um sofort wieder herauszukommen, erneut auf Anna zuzueilen und zu sagen: »Ähm, ich war da wohl eben etwas sehr laut …«, worauf Anna sagte: »Na ja, und ich habe ja wirklich einen schlimmen Fehler gemacht.«

Damit war die Sache im Wesentlichen erledigt, natürlich einschließlich all der konkreten Schritte, die zur Korrektur notwendig waren.

Bemerkenswert ist, dass Anna keinerlei meditative, therapeutische oder sonst irgendeine Schulung hatte, sondern »einfach da so blieb«, wie sie sagte. Sie war ganz präsent, als sei das die natürlichste Sache der Welt – was es ja eigentlich auch ist! Menschen wie Anna sind wie wir alle, nichts »Besonderes«, und das reicht völlig für das Jetzt und seine guten Möglichkeiten.

Das Jetzt ist überall

Das Jetzt ist auch nicht an eine bestimmte Kultur gebunden, es ist überall.

In dem Abschnitt über heilsame Grenzen zwischen Lebenden und Gestorbenen habe ich im 3. Kapitel aus Ruanda berichtet und gesagt, wie wichtig das Jetzt an dieser Grenze war. Die Gruppe hatte sich zu Beginn des Seminars wie üblich auf gemeinsame Gruppenregeln geeinigt wie respektvollen Umgang, Diskretion und so weiter. Am Ende des ersten Tages schrieb eine Teilnehmerin eine weitere Regel auf das Flipchart: »Maintenant – Jetzt«. Und sie rahmte es mit einem roten Herzen ein.

Im weiteren Verlauf haben wir uns häufig dieser Tatsache vergewissert: Alles, was wir hier von der schrecklichen Vergangenheit hören und erleben in der Begegnung mit den ermordeten Angehörigen, geschieht *jetzt,* nur *jetzt.* Es gibt nur dieses Jetzt für Erinnerung, Schmerz, Wandel und Öffnung für die Zukunft. Manchmal brauchten wir zwei oder drei Personen, die das Jetzt verkörperten, weil die Kräfte der Vergangenheit einen derart mächtigen Sog ausübten, dass Vergangenheit und Jetzt-Kräfte regelrecht miteinander gerungen haben. Keine(r) der Teilnehmer(innen) aber hat am Ende aufgegeben und die Vergangenheit siegen lassen.

Gegen das Jetzt ist auf Dauer kein Kraut gewachsen. Das ist eigentlich so banal, als sagten wir: »Gegen die Wirklichkeit ist auf Dauer kein Kraut gewachsen.« Das stimmt, und erwachsen sein bedeutet nichts anderes, als dass wir uns »in der Tatsächlichkeit der Wirklichkeit beheimaten«, wie das unlängst ein Freund nach einem guten Glas Bordeaux feststellte – *in vino veritas*.

Dazu noch ein einfaches Beispiel.

Vom »Schmelzen« schrecklicher Vergangenheitsbilder

Eine Kollegin sprach in einer Supervisionssitzung von einer Unternehmerin, die sie in einem Coachingprozess zur Stärkung ihrer Leitungskompetenz begleitete. Worüber die Unternehmerin einfach nicht hinwegkam, waren die schrecklich entstellenden Bilder, die sie vom Miterleben des Autounfalls hatte, bei dem ihre Mutter neun Jahre zuvor umgekommen war. Sie hatte dazu schon einige Therapien gemacht. Die Kollegin war ratlos und fühlte sich in den Vorstellungen ihrer Klientin wie »mitgehangen, mitgefangen«.

Wir haben uns bei dieser Supervision darauf konzentriert, uns gemeinsam Bilder von der unversehrten Mutter vorzustellen – vielleicht aus der Kindheit der Klientin oder einfach vom Wesen der Mutter. Allein dieser Versuch beruhigte die Kollegin, und sie schlug der Klientin in der nächsten Sitzung das Gleiche vor. Diese ließ sich sofort darauf ein, wusste auch gleich »im Bauch und im Herzen«, dass ihre Mutter nicht mehr dort in der Unfallsituation war, sondern »woanders, unversehrt« – dieses Wort wurde ihr wichtig.

Sie sagte zu der begleitenden Kollegin: »Wissen Sie, irgendwo habe ich das immer gespürt, aber es muss einem einfach mal gesagt werden, wie eine Erlaubnis, dann darf ich das wirklich erkennen. Das Schreckliche ist zurückgetreten, wie weggeschmolzen.«

Und blieb es auch.

Mit anderen Worten wurde es der Klientin möglich, hinsichtlich des tragischen Unfalltodes ihrer Mutter ins Jetzt zu kommen, in die einzig wirkliche Wirklichkeit.

Das Jetzt hat viele Dimensionen/Ebenen – vom Wahrnehmen des Atems oder dem Spüren der Füße bis hin zu bedingungsloser Liebe als dem Einzigen, was ist, wenn im Eckhart'schen NUN alle Begrenzungen weggeschmolzen sind.

Eine dieser Ebenen, das gute Erinnern und das gute Vergessen, verdient besondere Beachtung.

Förderliche Vergangenheit – Die Kunst, sich gut zu erinnern und gut zu vergessen

Der Historiker Christian Meier hat sich in seinem Buch *Das Gebot zu vergessen und die Unabweisbarkeit des Erinnerns* (2010) mit diesem paradox erscheinenden Thema beschäftigt. »Das Schlimme wiederholt sich manchmal ganz besonders deshalb, weil die Menschen sich daran erinnern [...] denn die Erinnerung an Schlimmes erzeugt gern den Drang zu Rache und Widerrache.« Und »die Erinnerung an Auschwitz ist unabweisbar. Sie muss wach bleiben. Aber sie leidet darunter, dass sie zum Ritual zu erstarren droht«[89] – zwischen solchen

89 »Versöhnen und vergessen«, Interview mit Christian Meier zu seinem Buch im *Spiegel* 30/2010.

Positionen versucht Meier mit Beispielen von der Antike bis zur Gegenwart Brücken zu bauen.

Wir sind also immer wieder aufgefordert, einen Weg zu finden zwischen Verleugnen der Vergangenheit (Nichterinnern) und Verleugnen der Gegenwart-Zukunft (erstarrtes ewiges Erinnern), etwas wie ein abebbendes Erinnern, bis wir das Vergangene freigeben können, sodass es uns seinerseits freigibt und uns bereichert für ein gutes Leben, für das Jetzt. »Förderliche Vergangenheit« möchte ich das nennen und weiß dabei, dass es vergangene Ereignisse gibt, die es auf absehbare Zeit unmöglich machen, sie als förderlich wahrzunehmen. Dennoch haben wir, auch bei schweren persönlichen und kollektiven Belastungen, die besondere Fähigkeit zu vergessen, wie wir das gerade auch in Aufstellungen lernen können. Vergessen ist dann ein Prozess, in dem wir – bildlich gesprochen – die damals Beteiligten so lange anschauen, bis wir das wahrnehmen können, was unserem Leben auch durch sie besonderen Wert gibt wie zum Beispiel das Einfühlungsvermögen bei schweren Schicksalen oder Einsichten in Schuld und ihre Folgen. Wenn die Damaligen auch etwas Wertvolles hinterlassen können, wird es ihnen und uns leichter möglich, voneinander zu lassen, zu vergessen – und ganz ins Jetzt zu kommen.

Ich versuche in der Therapie und in der Arbeit mit Aufstellungen nicht mehr, Leiden früherer Generationen aufzulösen, was ohnehin nicht möglich und vermessen ist. Es reicht, einen Weg zu jenem gewandelten Wesen der Vorfahren zu finden, von dem bereits die Rede war, das erkannt werden und für uns Lebende etwas Wertvolles beitragen kann.

Das Folgende mag vielleicht dazu beisteuern, dass wir uns Wege zu förderlicher Vergangenheit im Fall von Auschwitz vorstellen können.

11. Kapitel

Jetzt in Auschwitz

Hier berichte ich von Erfahrungen bei einem fünftägigen Besuch in Auschwitz-Birkenau im Sommer 2015 mit einer internationalen Gruppe, die unter dem Leitmotiv »Lass mich durch deine Augen sehen« stand – durch die Augen der Opfer des Konzentrationslagers, der Täter und der jeweils anderen Gruppenmitglieder aus neun Nationen. Ich war zum ersten Mal in Auschwitz.

Auschwitz ist heute auch ein guter Ort

Was dort vor über siebzig Jahren in der Zeit zwischen 1940 und 1945 geschah, ist vollkommen gegenwärtig in Auschwitz. Es ist nicht einfach nur rückwärtsgewandt, sondern es berührt zutiefst das Herz und die Seele der Besucherin und des Besuchers.

Meine Frau Brigitta Mahr, die das Seminar veranstaltet und zusammen mit einer südafrikanischen Jüdin und einem israelischen Juden geleitet hat, sagte nach eigenen früheren Erfahrungen in dem Einführungsvortrag: »In gewisser Weise wird

Auschwitz unser Lehrer sein. Ein Lehrer, der weiß, dass seine Studenten am besten lernen, wenn er ihr Herz erreicht.«

Auschwitz ist heute auch ein wohlwollender Ort. Er erspart den Besuchern nichts. Die unausweichliche Konfrontation mit Grausamkeit und Entsetzen, das alle Vorstellungskraft sprengt, die Auslieferung an völlige Ohnmacht und Hilflosigkeit, das Nicht-Ausweichen vor dieser Erfahrung enthält auch etwas Tragendes und Erdendes. »Genau so ist es, genau das ist geschehen, genau so unfasslich ist es.«

Die Neigung, die Gefühle zu betäuben, ist stark. Jetzt hier zu bleiben ist schwer. Wo das Fühlen dennoch möglich ist, was für manche in sehr großen Schmerzen und Trauer Ausdruck findet, kann etwas Ruhiges und Friedliches eintreten. Das rührt, glaube ich, daher, dass das Bleiben – einfach hier bleiben und innen wie außen, so gut es geht, alles wahrnehmen – die Kräfte befreit, die bisher im Wegschauen gebunden waren. Wenn uns diese Kräfte wieder zur Verfügung stehen, kommen wir mehr auf wohlwollenden Boden und können mit uns selbst und mit den anderen besser im Jetzt stehen.

Manchmal wird es überwältigend, wirklich zu viel. Das kann nicht anders sein, aber in der Gruppe kann es besser gehalten und ausgetragen werden.

Bei unserem Besuch hatten Juden und Deutsche, Nachkommen von Holocaust-Überlebenden und von Tätern, heftige und für beide Seiten erschreckende und schmerzliche Begegnungen.

Deutsche Teilnehmer(innen) fanden in Auschwitz erstmals den Raum, die Aufrichtigkeit und den Mut, ihren am Naziregime beteiligten Eltern, Großeltern und weiteren Angehörigen deren Schuld zuzumuten, diese Schuld nicht mehr zu relativieren und die Angehörigen nicht mehr zu entschuldigen.

Das ist wohl Teil des manchmal sehr schmerzlichen Erwachsenwerdens in Auschwitz.

Gewandelt? Rudolf Höß, Kommandant von Auschwitz

Er zeichnet verantwortlich für den Mord an circa 1,3 Millionen Menschen, neunzig Prozent von ihnen waren Juden. Er war zutiefst von der Richtigkeit der nationalsozialistischen Ideologie und von der höherwertigen arischen Rasse überzeugt und damit von der wahnhaften »Notwendigkeit«, vermeintlich »minderwertige« und »diabolisch-gefährliche Rassen wie die Juden« auszulöschen.

Im Januar 1945 tauchte Höß unter und arbeitete für acht Monate unter falscher Identität auf einem Hof als Landarbeiter. Dort wurde er schließlich von den Briten Anfang 1946 aufgegriffen, an die polnische Justiz ausgeliefert und nach einem knappen Jahr Gefangenschaft auf dem Gelände von Auschwitz gehängt.

Höß leugnete gegenüber den Briten zunächst seine Identität und seine Taten. Und es ist zu vermuten, dass er sich bei erfolgreicher Flucht zum Beispiel nach Südamerika nicht gestellt und bis zu seinem Lebensende Schuld und Verantwortung weiter geleugnet hätte, wie etwa Mengele und Eichmann das auf ihre Weise taten.

Das im Folgenden Geschilderte ist also sicher nicht aus freien Stücken eingetreten, sondern unter den Bedingungen der Haft, des Prozesses und des schließlichen Todesurteils – weiteres Leugnen und Verharmlosen hätte keine Vorteile mehr gebracht.

Den Rassen-Wahnsinn und damit seine Schuld begann Höß kurz vor seinem Lebensende wahrzunehmen. Wenige Tage vor seiner Hinrichtung schrieb Höß von der

»bitteren Erkenntnis, wie sehr ich an der Menschheit gefrevelt habe. Als Kommandant des Vernichtungslagers Auschwitz verwirklichte ich einen Teil der grauenhaften Menschenvernichtungspläne des ›Dritten Reiches‹. Ich habe so der Menschheit und der Menschlichkeit schwersten Schaden zugefügt. Meine Verantwortlichkeit büße ich mit meinem Leben« (Deselaers 2014).

Entscheidend für diese wohl ernst zu nehmende Einsicht waren für Höß auch die Erfahrungen nach seiner Festnahme in polnischer Gefangenschaft. Vier Tage vor seiner Hinrichtung schrieb er: »In den polnischen Gefängnissen habe ich erst erfahren, was Menschlichkeit ist.« In den Gefängnissen arbeiteten ehemalige polnische Häftlinge von Auschwitz, die Höß in seiner Zeit als Kommandant genau so bezeichnet hatte: Das waren für ihn keine Menschen, sondern zu beseitigende Häftlinge. »Es wurde mir trotz allem Geschehenen [von ihnen] eine Menschlichkeit bezeugt, die ich nie erwartet hätte und die mich zutiefst beschämte.« Auch die Möglichkeit der Rückkehr zu seinem katholischen Glauben und, nach stundenlangen Vorgesprächen mit Seelsorgern, zu beichten, ebenso wie die langen Zeiten der Einsamkeit mögen dazu beigetragen haben. An seinen Sohn Klaus – der früh an den Folgen des Alkoholismus starb – schrieb Höß in seinem Abschiedsbrief:

»Behalte Dir Dein gutes Herz [...] Lerne aus meinem Leben. Der größte Fehler meines Leben war, dass ich auf alles, was von ›oben‹ kam, gläubig vertraute und nicht den geringsten Zweifel an der Wahrheit des Gegebenen wagte [...] Höre vornehmlich auf die Stimme Deines Herzens.«

Der Stimme des Herzens folgen – das genaue Gegenteil der SS-Ideologie – war Höß erst kurz vor seinem Tod etwas möglich. Und nach allem, was wir wissen, blieb das unter den circa 8000 SS-Angehörigen in Auschwitz die absolute Ausnahme.

Höß' späte Betroffenheit ändert gleichwohl nicht das Geringste an seiner Schuld und seiner Verantwortung für das furchtbare Schicksal seiner unzähligen Opfer.

Bis kurz vor seinem Tod – die hier wiedergegebenen Zeugnisse stammen aus dieser letzten Zeit – hatte Höß im Gefängnis seine Memoiren *Kommandant in Auschwitz. Autobiographische Aufzeichnungen des Rudolf Höß* (Broszat 1998) verfasst. Die distanzierte Sachlichkeit, die technokratisch-korrekte Genauigkeit bei der Wiedergabe übelster Mordhandlungen und die rechtfertigenden Hinweise auf die Systemzwänge relativieren seine allzu späten Einsichten.

Und sie verstören als ein Zeugnis, das die Haltung von Abertausenden deutschen Verantwortlichen sehr detailgenau wiedergibt. War Rudolf Höß am Ende gewandelt? Wir müssen das offenlassen. Es bleibt eine sehr schwierige, vielleicht unlösbare Aufgabe für uns, im Massenmörder auch den Menschen wahrzunehmen.

Ein zunehmend attraktives Ziel für Touristen

Jährlich etwa 1,5 Millionen Besucher, gut 4000 am Tag kommen nach Auschwitz. Unter dem schmiedeeisernen »Arbeit macht frei« des Eingangstors lassen sich immer wieder lächelnde Paare ablichten, an manchen Stellen wird es sehr eng, man muss sich beeilen. Reisebüros bieten Drei- bis Vier-Stunden-Besuche an, die die weitgehend unvorbereiteten Menschen völlig überfordern und traumatisieren können. Der Publizist Henryk

M. Broder vermerkt dazu, dass »Auschwitz zum Disneyland des Todes verkommen« sei.[90]

Und dennoch: Ist an alldem nicht auch etwas Gutes? Ist es nicht gut, dass Auschwitz von immer mehr Menschen wahrgenommen wird, wie unvollkommen auch immer? Geht es vielleicht nicht nur um einen dubiosen Nervenkitzel, sondern auch um die Wahrnehmung größter Schuld und größten menschlichen Leidens und um die Fragen »Wie hätte ich damals gehandelt?« und »Wie möchte ich heute handeln?«?

»Die Erde atmete aus, was dort geschehen war«

Edith, eine Teilnehmerin an unserer Reise, war als Siebenjährige zusammen mit ihrem dreijährigen Bruder Opfer der »medizinischen« Kinder- und Zwillingsversuche von Joseph Mengele in Auschwitz-Birkenau. Mit Zwillingen, einigen Roma-Kindern und ihrem Bruder war sie in der Kinderbaracke untergebracht. Nach ihrer Rettung 1945 – auch die Mutter überlebte in Auschwitz, der Vater kam Jahre später aus der Kriegsgefangenschaft – war sie jetzt, 78-jährig, mit unserer Gruppe zum ersten Mal wieder in Auschwitz. Sie hatte jahrzehntelang nichts von ihren Erfahrungen erzählt und ihre Erinnerungen als die Siebenjährige in sich verschlossen. Da war immer nur eine dunkle Wolke. Erst in den letzten Jahren hat Edith begonnen, über ihre Erfahrungen zu sprechen.

---

90 *Focus* vom 11. März 2012, www.focus.de/politik/deutschland/henry-m-broder-kritisiert-vergangenheitsbewaeltigung-auschwitz-ist-ein-disneyland-des-todes_aid_722898.html. Im Herbst 2015 erschien das Buch *Greetings from Auschwitz* von Pawel Szypulski, eine Sammlung von Postkarten mit Fotos von allen Orten des Entsetzens von Auschwitz – Krematorien, Todesblock 11, das oben genannte Lagertor und vieles mehr –, die Touristen seit 1947 von ihrem Besuch des Konzentrationslagers an Freunde, Angehörige und so weiter verschickt hatten, versehen mit »netten Grüßen« wie aus irgendeiner Sommerfrische. Diese Zeugnisse extremer Leugnung und Verharmlosung gehören auch zu Auschwitz.

Es folgen einige ihrer Aussagen in der Gruppe, in Telefonaten und E-Mails nach diesem Besuch im Sommer 2015:

»Ich ging in eine der erhaltenen Holzbaracken, in die wir damals gesteckt worden waren. Ich stand da ganz allein und berührte die Holzbretter an der Wand. Sie waren nicht mehr dieselben. In unsere Bretter hatten wir damals nicht nur die Namen, sondern auch manchen Kummer eingekratzt. Die Zwillinge und Kinder mussten ja fast jeden Tag zu Mengeles Klinik gehen. Auf dem Weg sammelten wir spitze Steine und manchmal auch ein Stückchen Stacheldraht. Damit ging das Einritzen am besten. Davon gab es jetzt keine Spur mehr. Aber auf einmal war es wieder da. Das gleiche Gefühl der Bretter damals, der starke Geruch nach Blut und nach Urin, und nach Tod. Von da an konnte ich den Tod riechen. Später als Krankenschwester wusste ich immer drei Tage vorher, wann einer sterben wird.«

»Ich habe das erreicht, weshalb ich noch einmal nach Auschwitz kommen wollte. Ich wollte nachspüren, ob dieser Ort noch immer ›die Hölle‹ war. Siebzig Jahre waren vergangen, heute erzähle ich den Kindern, wie es damals war. Hatte mich meine Erinnerung betrogen, war es vielleicht gar nicht so schlimm? Es stimmte: Äußerlich schien heute alles gepflegt, viel Grün und von der Sonne beschienen, keine graue kalte Ödnis aus Sand und Geröll, keine Schmerzensschreie mehr, kein Gebrüll, keine Schüsse, keine abgerissenen, zerlumpten, halb verhungerten Gestalten mehr, nicht mehr dieser fast unerträgliche Geruch.
Und doch – die Erde atmete aus, was dort geschehen war. Es legte sich wie eine nasse Decke auf mich, ich

konnte kaum atmen – die Bilder waren alle wieder da, es war nichts verloren gegangen – meine Erinnerungen stimmten noch. Das wollte ich wissen, deshalb war ich gekommen.«

Die Richtigkeit und Wahrheit ihrer Erinnerungen war für Edith sehr wichtig. Mit dieser Bestätigung konnte sie nach siebzig Jahren etwas von dem Erlittenen dort ablegen, wo sie es erlebt hatte. Sie hat das als Erleichterung erlebt.

Bevor sich Mengele im Januar 1945 absetzte, »hat er uns noch eine Fleckfieberinfektion verpasst«, sagte Edith. »An der wären wir umgekommen, wenn die Russen das Lager nicht befreit hätten.«

Edith erzählte noch, dass sie schon früher Joseph Mengele und den anderen beteiligten Ärzten vergeben habe. Sie erklärte das so: »Ich habe im Gebet alles, was ich erlitten habe und was die getan haben, in die Hände Gottes gelegt. So bin ich davon frei geworden. Anders hätte ich nicht überleben können.«

»Früher waren keine Vögel hier zu hören«

Von den sehr gut informierten und kompetenten Leiter(inne)n für die Führungen durch Auschwitz hörten wir, dass seit vier bis fünf Jahren die Tiere nach Auschwitz zurückgekehrt seien: Hasen, Füchse Vögel. Davor waren sie kaum zu sehen, und es war so totenstill. Die Leiter(innen) hatten für diese Veränderungen keine Erklärung. Die Abwesenheit der Tiere, so wurde vermutet, lag wohl in der Entsetzlichkeit des Todesortes Auschwitz, der die Tiere fernhielt. Aber ihr Wiedererscheinen? Eine Leiterin überlegte vorsichtig, dass die Energien der Opfer und der Täter womöglich vor allem von den Überlebenden und ihren Erinnerungen und Vorstellungen wachgehalten werden, »und das ist ja auch notwendig. Aber vielleicht sind sie, die Opfer und ihre Täter, gar nicht mehr hier an diesem Ort? Vielleicht sind es die schrecklichen Erinnerungen, die verleugnete Schuld, all das Leid der Überlebenden, die tagtäglich seit Jahrzehnten hierhergetragen werden?«

Möglicherweise wandele sich da langsam etwas, auch durch die großen Zahlen von jüngeren Besuchern und »aus Versehen« auch durch einige der unbedarften Touristen?

Da mag etwas dran sein. An dieser Stelle aber merkte ich bei mir auch das Bedürfnis, eine schöne, eine entlastende Geschichte aus dem Wiedererscheinen der Tiere zu machen, so als wiesen sie auf eine positive Entwicklung hin wie: »Am Ende wird alles gut.« Manchmal sucht sich die Ohnmacht gegenüber den in Auschwitz angetanen und erlittenen Qualen auch solche Auswege.

Und die Zukunft von Auschwitz? Wenn Auschwitz eines fernen Tages eine »antike Stätte« ist? Wir wissen es nicht. Leben, in welcher Form auch immer, wird von Auschwitz gezeichnet bleiben.

»Lass mich durch deine Augen sehen«

Das Leitmotiv »Lass mich durch deine Augen sehen« war nicht einfach für uns und mündete immer wieder in den Rückzug und in die Kontraktionen hin zu den vertrauten persönlichen und kollektiven Selbstbildern: den Opfern die Treue halten durch eigene Lebenseinschränkungen, die Täter verstehen, ihnen etwas abnehmen und sich stellvertretend für sie oder mit ihnen schuldig fühlen, sich in Gefühlen von anhaltender Rastlosigkeit, Heimatlosigkeit und Depression verlieren oder überfordert sein durch die Gleichzeitigkeit von sieben Jahrzehnte zurückliegender Erinnerung in Auschwitz und von der vielen

Not und Gewalt in der Gegenwart zum Beispiel des Nahostkonflikts – es nahmen auch Israelis und Palästinenser teil: Das konnte in der Gruppe *jetzt* ans Licht kommen und gehalten werden.

Dich *jetzt* durch deine Augen zu sehen und von dir durch meine Augen gesehen zu werden ist wohltuend. Es tut gut, weil einschränkende Bedingungen und Grenzen zurücktreten, die uns so oft zu schaffen machen. Der frei werdende Raum hat etwas Weites, Klares und Lichtes, das keine Bedingungen mehr hat. Biografisches, Nationales, das »Weil ich Jude, Deutscher, Franzose oder … bin« verliert an Bedeutung.

Auschwitz kann zu »förderlicher Vergangenheit« wohl dann werden, wenn die unbegreifliche Macht der dort geschehenen Lebensvernichtung zu einer anhaltenden Wandlung bei den Besuchern führt. Jene, die mit Auschwitz in Berührung kommen, können – bewusst oder unbewusst – nicht mehr einfach zur Tagesordnung zurückkehren. Sie kommen bei aller in Auschwitz erlebten Dunkelheit und Ohnmacht schließlich mit dem Besten ihres Wesens, den »besseren Engeln unserer Natur«, in Berührung: Wohlwollen, Freundlichkeit, Mitgefühl, sanftes Vergehen von Grenzen – erwachsen sein.

Das führt uns zum Schluss dieses Buches und zu einer guten Frage …

Epilog

Das Glück, erwachsen zu sein: »Was ist *nicht* Gnade?«

Es geht in diesem Buch um das Glück des Erwachsenseins. Und es geht darum, das Kind in uns daran teilhaben zu lassen. Ich möchte nun die Fäden der vorangegangenen elf Kapitel zusammenführen und daraus drei Themen hervorheben, die die Essenz des Erwachsenseins ausmachen:

> selbst untersuchen, statt zu glauben,
> »die eigene Pest lieben« und schließlich
> aufgeben und ins Bodenlose fallen – auf die eigenen Füße.

Bei der Behandlung dieser drei Themen kann die folgende Frage dabei im Wortsinn eine gute Leit-Frage bleiben.

Am Ende eines mehrtägigen Schweigeseminars in Zen-Meditation kam unsere Gruppe zum abschließenden Austausch zusammen. Das Sprechen war noch ganz ungewohnt, aber eine Teilnehmerin begann gleich mit ihrer dringlichen Frage an den Leiter Pater Willigis Jäger: »Pater Willigis, was ist Gnade?«

Der überlegte nicht weiter und antwortete sofort mit der Gegenfrage: »Was ist *nicht* Gnade?«

Nichts glauben

Lebhaft erinnere ich mich an die Fassungslosigkeit, ja das Entsetzen, als wir Zen-Übende etwa 1998 erfuhren, wie extrem nationalistisch und militaristisch sich einige der verehrten japanischen Meister unserer Zen-Schule vor und während des Zweiten Weltkriegs geäußert hatten. Zum Beispiel Harada Roshi: »[Wenn befohlen wird zu] marschieren: marsch, marsch; [oder zu] schießen: peng, peng. Dies ist die Manifestation der höchsten Weisheit [der Erleuchtung]« (Victoria 1999).

Wie geht das zusammen: auf der einen Seite Erleuchtung, vollständige Ich-Aufgabe, Heiligkeit – und andererseits unbedingter Gehorsam und Aufforderung zur Gewalt?

Dabei geht es mir nicht um die Person von Harada – sowenig es mir im 4. Kapitel über »Identitäten« um die Person Martin Luthers und seinen Antisemitismus ging –, sondern darum, dass die Wirklichkeit sich in Sachen Gut und Böse oder spirituell/unspirituell nicht an unsere Vorstellungen und Wünsche hält.

Zur Erinnerung: Wenn wir Autoritäten idealisieren, ihnen blind glauben und folgen und in diesem Sinn kindlich geblieben sind, dann schulden wir es uns selbst, uns aus dieser Verblendung zu befreien und aufzuwachen. Hier eine seit circa 2500 Jahren bewährte Unterstützung dabei:

Erwachsene Spiritualität: Die Kalama Sutta

Zu Beginn eines Seminars fordere ich die Teilnehmer (wie auch wiederholt Sie, die Leser dieses Buches) auf, mir als dem Seminarleiter beziehungsweise dem Autor nichts zu glauben, sondern bei dem zu bleiben, was für Sie stimmig ist – das heißt, was sich für Sie intellektuell, gefühlsmäßig und körperlich richtig anfühlt. Und ich lese gerne die Kalama Sutta des Buddha vor, die ein erfrischend einfacher antiautoritärer Text für Erwachsene ist. Ich habe mir erlaubt, hier einen Zusatz in eckigen Klammern einzufügen:

> »Glaube nicht an die Stärke von Traditionen,
> selbst wenn sie über viele Generationen und an vielen Orten in Ehren gehalten wurden.
> Glaube nichts, nur weil viele Gerüchte und Menschen davon sprechen.
> Glaube nicht an die Stärke der Weisen früherer Zeiten.
> Glaube nichts, nur weil es in deinen religiösen Büchern geschrieben steht.
> Glaube nicht daran, was du dir selbst vorgestellt hast in der Annahme, dass ein Gott dich inspiriert hat.
> Glaube nichts, was nur auf der Autorität deiner Meister, Priester [und Eltern, Lehrer oder Politiker] beruht.
> Aber nach genauer Beobachtung und genauer Erkundung akzeptiere das,
> was du selbst untersucht und als vernünftig erkannt hast
> und was zu deinem eigenen Wohl ist und zum Wohl der anderen« (Dossey 2013).

Die eigene Pest lieben

Eine alte Zen-Geschichte berichtet von einem Schüler, der unter der Panikvorstellung litt, dass eine riesige Giftspinne langsam auf ihn zukriecht. Als er seine Not dem Zen-Meister klagte, gab ihm dieser ein Stück Kreide und riet ihm: »Wenn die Spinne sich dir das nächste Mal nähert, dann mach mit der Kreide rasch ein Kreuz auf ihren Bauch, noch bevor sie dich greifen kann, und dann lauf schnell weg.« Danach solle er wieder zum Gespräch zu ihm kommen. Als der Schüler das nächste Mal zum Meister kam, hatte er dessen Anweisung befolgt und fragte: »Ja, und nun?« Der Meister sagte: »Schau doch mal auf deinen Bauch.« Dort, auf der dunklen Robe des Schülers, war ein weißes Kreidekreuz zu sehen.

Aha, gut, wir wissen Bescheid: die eigenen dunklen Seiten, den eigenen Schatten integrieren. Das stimmt, und wir wissen auch, dass das nicht so einfach ist.

Erich Neumann, der bedeutendste und eigenständigste Schüler von C. G. Jung, hat dazu 1948 ein wertvolles, unverändert aktuelles Büchlein geschrieben: *Tiefenpsychologie und Neue Ethik* (vgl. Neumann 1964). Er war als Jude 1933 nach Israel emigriert, und unter dem Eindruck von Krieg, Verfolgung, vor allem aber der Atombomben auf Hiroshima und Nagasaki 1945 sah er bereits damals die akute Gefahr eines atomaren dritten Weltkriegs heraufziehen. Er erkannte die Dringlichkeit einer neuen Ethik, die die seiner Meinung nach gescheiterte christlich-jüdische Aufspaltung vom göttlich Guten hier und dem satanisch Bösen dort aufhebt und damit das traditionelle Vollkommenheitsprinzip zugunsten des Ganzheitsprinzips radikal aufgibt: »Im Traum eines heutigen Menschen [ein Klient von Neumann] rief die Stimme eines Unsichtbaren dem Träumer zu, als er gespenstischen Wesenheiten von Krankheit und Tod ausweichen wollte: ›Gott liebt auch seine Pest.‹« (Neumann 1964). Eine unmissverständliche Aufforderung also, das Üble, Böse und Ängstigende – die Giftspinne des Zen-Schülers – nicht mehr dort draußen zu fürchten und zu bekämpfen, sondern all das an sich zu nehmen – ja, es zu lieben. Ist das nicht zu viel verlangt? Das ist es – und es gibt keine Alternative.

»Fraglos übersteigt das Grausige dieses Satzes im Traum die Möglichkeit menschlicher Realisierung, aber es ist in ihr eine Selbstoffenbarung der Gottheit (der Stimme im Traum) enthalten, welche ein für alle Mal mit der Naivität jener ethischen Vorstellung aufräumt, die die Welt Gottes in Licht und Dunkel, rein und unrein, gesund und krank auseinanderreißt« und als »allzu selbstgewisse und kindliche Stellungnahme [zur Wirklichkeit] augenfällig« werden lässt. In der jüdischen Mystik der Kabbala und des Chassidismus fänden sich noch radikalere Aussagen. »Auf der untersten Stufe gibt es die heiligsten Funken« und »Das Gute ist verborgen im Dunkel«. Gott mit dem ganzem Herzen zu lieben heiße »ihn lieben mit dem guten und mit dem bösen Trieb«.

Und noch zugespitzter: Für die Aufforderung »Liebe deinen Nächsten wie dich selbst« gibt es in dieser Tradition die Deutung, den hebräischen Wortlaut »deinen Nächsten« durch das gleichlautende und anders geschriebene »dein Böses« zu ersetzen. Dann lautet das Gebot: »Liebe dein eigenes Böses so, wie ich, Jahwe, dich liebe.« Oder schließlich: »So wie du dein eigenes Böses liebst, liebe ich, Jahwe, es.«

Besonders wertvoll sind die sozialen Auswirkungen dieser Sicht. Meine Schattenseiten sind dann Teil und Ausdruck der dunklen Seiten aller Menschen. Wenn meine Schattenseiten asozial, gierig, grausam, übel oder jämmerlich sind, wenn sie mich innerlich, zum Beispiel in Träumen, attackieren als brutale Wesen, Bettler oder wilde Tiere und wenn ich sie in mir schließlich anerkenne, »versöhne ich mich mit dem dunklen Bruder und der dunklen Schwester der Menschheit. Wenn ich meinen Schatten und mich selbst ganz annehme, dann nehme ich damit den Teil der Menschheit an, der in meinem Bösen mein Nächster ist.«

Das gehört zu den schwierigsten Entwicklungsaufgaben überhaupt – und zu den lohnendsten. Es sind keine Sündenböcke mehr zu suchen, keine Selbstvorwürfe mehr, Wohlwollen und Freundlichkeit können sich einstellen, nach innen und nach außen; und sie lassen sich wiederfinden, wenn sie abhandengekommen sind – das Glück des Erwachsenseins.

Ein Klient fasste seine positive Entwicklung provozierend so zusammen. Er werde von nun an »schamlos, rücksichtslos und gewissenlos« leben, und er freute sich über unsere zunächst schockierten Gesichter. Er meinte die Befreiung von kindlichen, auch religiösen Über-Ich-Stimmen, die ihn angesichts seiner »vielen bösen Seiten« jahrelang gequält hatten mit Gefühlen von Angst, Scham und Schuld. Wer in diesem Sinn (und nur in diesem Sinn!) schamlos, rücksichtslos und gewissenlos geworden ist, kann gar nicht anders, als von innen heraus wohlwollend, fürsorglich zugewandt und mitfühlend zu leben.

Und schließlich noch einmal die unumgängliche und besonders schwierige Aufgabe, auch die Täter von Gräueltaten als Menschen wahrzunehmen und damit ebenso die in uns selbst liegenden Möglichkeiten, solche Taten auszuüben.

Präsident Obama besuchte 2009 das Konzentrationslager Buchenwald in Begleitung des Holocaust-Überlebenden Elie Wiesel. Am Ende seiner kurzen Ansprache sagte Obama: »Und genau so, wie wir uns mit den Opfern identifizieren, ist es auch wichtig, so meine ich, uns daran zu erinnern, dass die Täter, die solch Böses verübten, auch Menschen waren und dass wir uns gegen die Grausamkeit in uns selbst wappnen müssen« (www.whitehouse.gov).

Dieser Satz taucht in der Berichterstattung von 2009 nur selten auf. Er hat noch immer etwas politisch Inkorrektes. Diese »Pest« zu benennen und sie auch als Menschenmögliches in uns selbst anzuerkennen, gehört zum Erwachsensein.

Festhalten, aufgeben und fallen: Auf die eigenen Füße

Vor vielen Jahren hatte ich einen Traum, in dem ich verzweifelt versuchte, in einer endlosen Landschaft von riesigen Müllbergen festen Boden unter die Füße zu bekommen. Alle Anstrengungen waren vergeblich, der Müll sackte immer wieder unter mir weg.

Dieser Traum begleitet mich bis heute. Er kommt mir vor allem dann in Erinnerung, wenn ich an etwas festhalten will, was illusionär oder vorbei ist, was Müll geworden ist. Wie anstrengend und überfordernd es ist, aus haltlosen Müllbergen doch noch etwas Festes zu machen! Und wie groß meine Angst war, das aufzugeben und dann ins Bodenlose zu fallen.

Schließlich konnte ich es in einem sicheren Rahmen zulassen, diese Anstrengung einmal aufzugeben und zu fallen. Es geschah etwas ganz Einfaches. Ich fiel und fiel, und dann kam ich an. Hier, auf meinen eigenen Füßen. Keine Angst, ganz ruhig, nichts Besonderes, bei mir.

In Auschwitz hatte ich sehr große Angst gehabt, mich der Macht dieses Ortes zu öffnen, und habe in der Trostlosigkeit dort nach festem Boden gesucht. Den gibt es da nicht. Ich konnte die vertraute Anstrengung des »Mülltretens« nicht ganz aufgeben. Wenn es mir aber für Momente möglich war und ich keinen Halt mehr hatte und fiel, fiel ich hierher, ganz zu mir auf meine eigenen Füße. Und dann trat an diesem Ort etwas unerwartet Tragendes, Friedliches und Liebevolles in Erscheinung.

Das verbinde ich mit dem Glück des Erwachsenseins. Mit der freundlichen Unterstützung durch meine Mitreisenden konnte ich das angstvolle Kind halten, mit ihm fallen und so etwas erwachsener werden.

Was also ist nicht Gnade?

Wir können das getrost offenlassen und darauf vertrauen, dass wir, um mit Rilke zu sprechen, Schritt für Schritt und zur richtigen Zeit in die Antworten hineinwachsen werden.

Anhang

Systemaufstellungen – Bewusstseinslaboratorien für das Erwachsensein

Wie eingangs erwähnt, habe ich sehr viele wertvolle Einsichten zum Erwachsenwerden und Erwachsensein in meiner mehr als 25-jährigen Praxis der Aufstellungsarbeit gewonnen. Die zunächst als Familienaufstellungen von dem Theologen und Psychotherapeuten Bert Hellinger entwickelte Methode hat sich fast über die ganze Welt verbreitet und neben der Familientherapie auf vielen anderen Gebieten Anwendungen gefunden – psychosomatische Medizin, Traumatherapie, Unternehmensberatung (Organisationsaufstellungen), Politikberatung (politische Aufstellungen), Mediation und vielen mehr. Sie werden unter dem Sammelbegriff »Systemaufstellungen« zusammengefasst.

Systemaufstellungen sind keine Frage des Glaubens. Ihre empirisch gründlich erwiesene Wirksamkeit wird auch durch Forschung bestätigt, die zum Beispiel gut in der sorgfältigen und kritischen Arbeit *Dreierlei Wirksamkeit. Die Heidelberger Studie zu Systemaufstellungen* (Weinhold 2014) dokumentiert ist. Zur Aufstellungsarbeit gibt es inzwischen zahlreiche Veröffentlichungen. Ein ausführliches Literaturverzeichnis dazu findet sich in der genannten *Heidelberger Studie*.

Ich möchte im Folgenden zehn wesentliche Merkmale nennen, die für mich den besonderen Wert dieses Verfahrens ausmachen.

Der Wert von Systemaufstellungen für das Erwachsensein

1. Aufstellungsseminare sind eigentlich Forschungslaboratorien zur Bewusstseinsentwicklung. Bewusstsein – die Fähigkeit, unsere Erfahrungen reflektierend zu erkennen und zu wissen – ist die nobelste Fähigkeit, die uns als Menschen auszeichnet. Bewusstseinsentwicklung in Richtung Erwachsensein zu fördern, in einem geschützten und vorurteilsfreien Raum (»Laboratorium«) und in Gegenwart einer Gruppe von Zeugen – das ist die Essenz der Aufstellungsarbeit. So gesehen sind Aufstellungen »gute Gedenkstätten« (siehe das 3. Kapitel) oder auch ein »Haus der menschlichen Möglichkeiten« (Giesecke und Weltzer 2012), in dem Bewusstsein praktisch erfahren, erprobt werden und wachsen kann.
2. Systemaufstellungen bestätigen die Tatsache inniger Vernetzung und wechselseitiger Abhängigkeit allen Lebens. Auf dieser Tatsache beruht die zentrale Informationsquelle der »stellvertretenden Wahrnehmung« – Personen fungieren als Stellvertreter(innen) für andere Menschen oder wichtige Elemente wie »der zu vererbende Hof«, »das Parteiprogramm«, »die Vision des Unternehmens«. Albert Einstein sprach bekanntlich von einer »optischen Täuschung« unseres Bewusstseins, wenn wir uns als grundsätzlich getrennt von der Welt betrachten, und lud zu einem

umfassenderen »Radius des Mitfühlens für andere« ein, der das Wesen der Aufstellungsarbeit gut wiedergibt.[91]

3. Ein Schwerpunkt von Aufstellungen liegt im Ausleuchten jener Bewusstseinsstrukturen, die wir »Moral« und »Gewissen« nennen. Was wir für falsch und für richtig halten, wofür wir bereit sind, zu kämpfen, zu sterben und womöglich sogar zu töten, hat für uns persönlich und für menschliches Zusammenleben insgesamt überragende Bedeutung. Konfliktparteien auf der ganzen Welt folgen ihren je eigenen »heiligen Werten« (siehe das 4. Kapitel) mit häufig katastrophalen Folgen. Die Triebkraft von Gewissensbindungen liegt vor allem in der langen Zeit der körperlichen und seelischen Abhängigkeit von unserer »Überlebensgruppe Familie« und der daher rührenden existenziellen Angst, unsere Zugehörigkeit zu dieser Gruppe zu verlieren. Wachstum und Erwachsenwerden gehen einher mit der erlebten Einsicht, Schritt für Schritt immer unabhängiger von Eltern und Vorfahren zu werden. Damit können wir die oftmals engen Grenzen unserer ursprünglichen Überlebensgruppe überschreiten, offener werden für neue Erfahrungen und dem Ruf des Lebens als Erwachsene folgen.
4. Die Aufstellungsarbeit ist ein systemisches Verfahren. Das heißt, es dient gleichermaßen allen Beteiligten (Familie,

---

91 Albert Einstein: »Ein Mensch ist ein räumlich und zeitlich beschränkter Teil des Ganzen, das wir ›Universum‹ nennen. Er erlebt sich selbst und sein Denken und Fühlen als getrennt vom Rest in einer Art von optischer Täuschung seines Bewusstseins. Diese Wahnvorstellung ist ein Gefängnis, das uns auf unsere persönlichen Bedürfnisse und die Zuneigung zu einigen uns nah stehenden Menschen beschränkt. Es muss unsere Aufgabe sein, uns aus diesem Gefängnis zu befreien, indem wir den Radius des Mitfühlens für andere ausweiten, sodass es alle Lebewesen und die gesamte Natur in ihrer Schönheit umfasst. Niemand kann diese Aufgabe vollends erfüllen, doch gerade die Anstrengungen, dieses Ziel zu erreichen, sind ein Teil der Befreiung und ein Fundament für innere Zuversicht« (www.spiritualwiki.org).

Gruppe, Organisation) im Zusammenhang mit dem umgebenden Ganzen zum Beispiel dem Familienverbund, dem lokalen Gemeinwesen, der Staatengemeinschaft oder internationalen Gremien – und nicht zuletzt: der Natur. Aufstellungen gründen auf den natürlichen, universellen Werten wie der Gleichberechtigung aller Menschen, und sie lassen sich nicht für die Durchsetzung von egoistischen Partikularinteressen oder gar als Kampfmaßnahme missbrauchen.

5. Der Fokus von Aufstellungen liegt auf der menschlichen Möglichkeit und Neigung zu Zusammenarbeit, Austausch, Empathie und dem Bedürfnis, zur Gemeinschaft etwas Wertvolles beizutragen, was über uns hinausgeht. Die Gegenspieler wie Selbstsucht, Gier oder destruktives Machtstreben und deren Motive werden genau wahrgenommen, als Tatsachen anerkannt – und nicht genährt. Das ist, wenn überhaupt, nur Erwachsenen möglich.
6. Aufstellungen sind ein Gemeinschaftswerk.[92] Die anwesende Gruppe hat eine sehr große Bedeutung. Die Teilnehmer sind nicht einfach passive Zuschauer, sondern sie erleben und fühlen mit, nehmen Anteil in unterschiedlicher Intensität und werden zu einem unterstützenden Resonanzkörper. Die Gruppenteilnehmer sind Zeugen. Zeugen beurteilen nicht in erster Linie, sondern sie bezeugen das, was den Klienten bewegt: »Ja, so ist es. Damit ringst du, das ängstigt und schmerzt dich, das tut dir wohl und gibt dir Mut …« Es bestätigt sich immer wieder, dass in der Gegenwart von Zeugen, in einer wohlwollenden Öffentlichkeit, die eigenen Erfahrungen realer und verbindlicher werden im Vergleich zu dem, was wir im stillen Kämmerlein erleben. Die Zeugen verstärken die Wirklichkeit unserer Wahrnehmung: »Genau,

92 Die Aufstellungsarbeit im Einzelsetting ist ein anerkanntes und wirksames Verfahren (siehe zum Beispiel De Philipp 2011). Für mich bleibt sie jedoch als Gemeinschaftswerk besonders wertvoll.

so ist es wirklich, das stimmt. Vor Zeugen und in aller Öffentlichkeit.« Mit einem Schmunzeln können wir feststellen, dass Zeugen »mitreisen«. Wenn wir wieder allein sind und dazu neigen, in die alten Muster zu verfallen, dann melden sich die damaligen Zeugen, bezeugen zum Beispiel den vertrauten Rückzug und erinnern an die gewonnenen Einsichten. Das ist manchmal etwas unbequem, aber sehr hilfreich. Und schließlich noch ein Gewinn aus der Gruppe: Aufstellungen zielen auf die Ebene menschlichen Erlebens ab, die allen Menschen gemeinsam sind: die tiefen Bindungen zwischen den Generationen, zu Partnern, zur eigenen Gruppe; der Wunsch, Liebe zu empfangen, zu geben und etwas zur Gemeinschaft beizutragen. Das schließt natürlich alle damit verbundenen Konflikte ein. In diesem Sinn sind Aufstellungen a-kulturell oder transkulturell, und die anwesende Gruppe vertritt in gewissem Sinn die ganze Menschheit. Daran zu erinnern hat in der Regel die Wirkung, sich im eigenen Leiden und in den eigenen Möglichkeiten nicht mehr ganz so einzigartig zu fühlen, sondern verbunden mit allen Menschen.

7. Die Aufstellungsarbeit bemüht sich um eine »phänomenologische Haltung«. Das teilt sie mit jeder anderen seriösen Therapieform. Gemeint ist das, was bereits Freud mit der »gleichschwebenden Aufmerksamkeit« als Haltung des Therapeuten gemeint hat: Kein Thema, keine Wahrnehmung wird bevorzugt oder zurückgewiesen. Theorie und Wissen sind dabei hilfreich, einen Raum zu schaffen, in dem alle Phänomene auftauchen können, ohne sofort von vorgefassten Deutungen und Erklärungen eingefangen zu werden, sondern aus sich selbst heraus zu den relevanten Einsichten zu führen. »Die Deutungshoheit liegt beim Klienten und seinem Inneren, nicht beim Therapeuten«, so kann das auch formuliert werden.

Das Resultat einer phänomenologischen Haltung ist ein entspannter offener Raum, in dem wohlwollende Neugier, Nichtwissen als natürlicher Zustand und freundliche Geduld den Prozess begleiten.

8. Die Anschaulichkeit und Genauigkeit der in Aufstellungen gewonnenen Informationen über die bisher verborgenen Dynamiken in Familien und anderen Systemen ist immer wieder überraschend – und mittlerweile auch Gegenstand ernsthafter Forschung (siehe die oben genannte Heidelberger Studie). Wir sind damit weniger auf Glauben im Sinne von Meinungen, Vorstellungen, Fantasie und Illusionen über die Wirklichkeit angewiesen, sondern können uns auf Tatsachen stützen – was Erwachsensein auszeichnet.
9. Die Genauigkeit und Erlebnisintensität von Aufstellungserfahrungen ist nicht zuletzt dem »Körperwissen« zu verdanken, das im Zentrum stellvertretender Wahrnehmung steht und bei der Aufstellungsarbeit besondere Aufmerksamkeit erfährt. So ungewohnt uns Körperwahrnehmungen als Quelle relevanten Wissens auch sein mögen, so überzeugend sind sie doch. Körpererfahrungen lassen sich viel weniger als Gedanken und Gefühle absichtlich herbeiführen oder ablehnen, sie *sind* eben einfach. Wir alle wissen, dass der Körper mit seiner eigenen Symptomsprache »übernimmt«, wenn wir etwas nicht fühlen oder anerkennen wollen. Und als Erwachsene wissen wir auch – oft genug nach schmerzlichen Erfahrungen –, wie sehr es sich lohnt, auf unseren Körper zu hören. Im 5. Kapitel über unseren »wissenden Körper« ist davon ausführlich die Rede.
10. Gereifte Spiritualität: Aufstellungen erhellen mit großer Klarheit unsere unbewussten Bindungen an Familie, Ahnen und an die Menschen, mit denen uns ein gemeinsames Schicksal verbindet. Die bewusste Wahrnehmung dieser Bindungen (siehe auch Punkt 3 dieser Auflistung [»Ge-

wissensbindungen«]) kann uns von deren einschränkender Wirkung befreien und eine reifere Spiritualität eröffnen, die von kindlichen Wünschen und Ängsten sehr genau weiß, dadurch nicht mehr blind daran gebunden ist und aus jenem unversehrten Innersten genährt wird, das wir Sein oder das Göttliche nennen mögen: unbegrenzt, durch nichts verursacht, einfach, liebevoll und leicht.

Dank

Meine Frau Brigitta hat mich mit ihrer liebevollen Geduld und Nachsicht und in vielen schönen Gesprächen beim Schreiben sehr unterstützt, Sie und unsere Kinder Johannes und Ines-Lena haben mir mit Korrekturlesen und kritischen Hinweisen immer wieder geholfen, und so ist dieses Buch ihnen dreien gewidmet. Meine alte Freundin Marianne Hegenscheidt hat sich die Mühe gemacht, das Manuskript zu lesen und mit ihren Hinweisen zu verbessern.

Dagmar Olzog, Verlagsleiterin beim Scorpio Verlag, hat mit sehr viel Sachverstand, Wohlwollen und Geduld entscheidend mitgewirkt. Dem sorgfältigen und kompetenten Lektorat von Ralf Lay verdanke ich zahlreiche Klarstellungen und Verbesserungen.

Und nicht zuletzt sind da noch die vielen namentlich nicht genannten Menschen, von deren Erfahrungen, Mut und Lebendigkeit ich Unschätzbares gelernt habe und einiges davon in diesem Buch wieder- und weitergeben kann.

Euch und Ihnen allen vielen herzlichen Dank!

Literatur

Abdel-Samad, Hamed: *Mohamed – Eine Abrechnung*, Droemer: München 2015

Almaas, Ali Hameed: *The Unfolding Now. Realizing Your True Nature through the Practice of Presence*, Shambala: Boston und London 2008

Ancelin Schützenberger, Anne: *Oh, meine Ahnen! Wie das Leben unserer Vorfahren in uns wiederkehrt*, Carl-Auer: Heidelberg [8]2015, S. 220

Atlee, Tom: *Empowering Public Wisdom. A Practical Vision of Citizen-Led Politics*, Evolver Editions: Berkeley, CA, 2012

Ders.: *The Tao of Democracy. Using Co-Intelligence to create a world that works for all*, The Writers' Collective: Cranston, Rhode Island, 2003, S. 17

Atran, Scott: »On Youth, Violent Extremism and Promoting Peace«, Address at the UN Security Council, 23. April 2015, http.plos.org/neuroanthropology/2015/04/25/scott-atran-on-youth-violent-extremism-and-promoting-peace/

Ders.: »État islamique: l'illusion du sublime«, *Cerveau & Psycho* 66, November/Dezember 2014, S. 50–55

Ders.: *Talking to the Enemy. Violent Extremism, Sacred Values, and What it Means to be Human*, Penguin: London 2010

Backster, Cleve, und Flora Powers: *Primary Perception. Biocommunication With Plants, Living Food and Human Cells*, White Rose Press: Punta Corda, FL, 2003

Bauer, Joachim: *Schmerzgrenze. Vom Ursprung alltäglicher und globaler Gewalt*, Karl Blessing: München 2011, S. 192

Ders.: *Prinzip Menschlichkeit. Warum wir von Natur aus kooperieren*, Heyne: München 2008, S. 21, 37

Bell, Andreas: *Philosophie der Sucht. Medizinethische Leitlinien für den Umgang mit Abhängigkeitskranken*, Springer VS: Wiesbaden 2015, S. 244

Bering, Dietz: *War Luther Antisemit? Das deutsch-jüdische Verhältnis als Tragödie der Nähe*, Berlin University Press: Berlin 2014, S. 242

Bertelsen, Jes: *Das Wesen des Bewusstseins. Meditation und Dzogchen. Erster Band: Meditation*, Opus-Verlag: Glienicke/Nordbahn 2010

Böckem, J., et al.: *High Sein. Ein Aufklärungsbuch*, Rogner & Bernhard: Berlin 2015

Briskin, Alan, et al.: *Collective Wisdom – and the trap of collective folly*, Berrett-Koehler: Oakland, CA, 2009

Broszat, Martin (Hg.): *Kommandant in Auschwitz. Autobiographische Aufzeichnungen des Rudolf Höß*, dtv: München 1998

Brown, Gordon: *Befreiung vom inneren Richter: Die Intelligenz der Seele erkennen*, Kamphausen: Bielefeld [8]2012

Chochinov, Harvey Max: *Dignity Therapy – Final Words for Final Days*, Oxford University Press: Oxford 2011; deutsche Beschreibung zum Beispiel unter: www.unimedizin-mainz.de/Schramm_Z-Pallmed_2014_Dignity.pdf

Claire, Sylvia: *Herzensfremd*, Bastei Lübbe: Köln 1999

Crossan, John Dominic: *Der historische Jesus*, C. H. Beck: München 1994

Csíkszentmihályi, Mihály: *Das* flow-*Erlebnis. Jenseits von Angst und Langeweile im Tun aufgehen*, Klett-Cotta: Stuttgart [11]2010

Dalai-Lama (mit Franz Alt): *Der Appell des Dalai-Lama an die Welt. Ethik ist wichtiger als Religion*, Benevento Publishing: Wals bei Salzburg 2015

De Philipp, Wilfried (Hg.): *Systemaufstellungen im Einzelsetting*, Carl-Auer: Heidelberg [3]2011

Deselaers, Manfred: »Und Sie hatten nie Gewissensbisse?« Die Biografie von Rudolf Höß, Kommandant von Auschwitz, Benno-Verlag: Leipzig [2]2001; Zitate im Text aus der Neuausgabe: Staatliches Museum Auschwitz-Birkenau: Oświęcim 2014, S. 235, 403, 229

Diamond, Jared: *Vermächtnis. Was wir von traditionellen Gesellschaften lernen können*, S. Fischer: Frankfurt 2013

Dietrich, Wolfgang: *Variationen über die vielen Frieden. Schriften des UNESCO Chair for Peace Studies der Universität Innsbruck,* 3 Bände, 3. Band, Springer VS: Wiesbaden 2015

Dollinger, Hans: *Schwarzbuch der Weltgeschichte – 5000 Jahre der Mensch des Menschen Feind*, Area: Erftstadt 2004, S. 11

Dossey, Larry: *One Mind. How Our Individual Mind Is Part of a Greater Consciousness and Why it Matters*, Hay House: London 2013

Ders.: *One Mind. Warum unsere individuelle Intelligenz Teil eines größeren Bewusstseins ist*, Crotona: Amerang 2014

Ders.: *Healing Words. The Power of Prayer and the Practice of Medicine*, 1993, S. 219

Feldmann, C., und J. Kornfield: *Das strahlende Herz der erwachten Liebe. Weisheits-Geschichten aus aller Welt*, Arbor: Freiamt 1991, S. 34–36

Fleischer, Margot: *Anfänge europäischen Philosophierens. Heraklit – Parmenides – Platons Timaios*, Königshausen und Neumann: Würzburg 2001, S. 23

Freud, Sigmund: *Massenpsychologie und Ich-Analyse*, S. Fischer: Frankfurt 2005

Ders.: *Das Ich und das Es*, GW 13, S. Fischer: Frankfurt [6]1996, S. 278

Ders.: *Totem und Tabu*, Fischer: Frankfurt 1973, S. 191

Ders.: *Das Unbehagen in der Kultur*, Internationaler Psychoanalytischer Verlag: Wien 1930

Géoffroy, Éric: »Les premières Musulmanes: Le Prophète qui aimait les femmes«, *Le Monde des Religions* 71, Mai/Juni 2015, S. 28–32

Gernhardt, Robert: *Gesammelte Gedichte 1945–2006*, Fischer: Frankfurt 2008

Gibran, Khalil: »Satan«, ders.: *Abgründe des Herzens*, Walter Verlag: Olten und Freiburg [6]1990, S. 30

Giesecke, D., und H. Welzer: *Das Menschenmögliche. Zur Renovierung der deutschen Erinnerungskultur*, Edition Körber-Stiftung: Hamburg 2012, S. 11, 117 ff.

Goldstein, Joshua S.: *Winning The War On War. The Decline of Armed Conflict Worldwide*, Plume – Penguin Books: London 2012, S. ix

Guggenbühl-Craig, Alfons: *Die Ehe ist tot – lang lebe die Ehe*, Spiegel Verlag AG: Zürich 1985, S. 57, 71

Hart, Carl: *High Price: Drugs, Neuroscience, and Discovering Myself*, Penguin: London 2013

Hawkes, Joyce W.: *Cell-Level Healing: The Bridge from Soul to Cell*, Atria Books/Beyond Words: New York 2006

Hedges, Chris: *War Is a Force That Gives Us Meaning*, Anchor Books: New York 2002, S. 3 f., 171 f.

Hillman, James: *Die erschreckende Liebe zum Krieg*, Kösel: München 2005, S. 9, 174

Huntington, Samuel: *Kampf der Kulturen. Die Neugestaltung der Weltpolitik im 21. Jahrhundert*, Goldmann: München 2001

Ingwersen, Fide: »Alkohol, das ewige Problem«, H. Döring-Meijer (Hg.): *Die entdeckte Wirklichkeit II. Die systemisch-phänomenologische Arbeit nach Bert Hellinger*, Junfermann: Paderborn 2002

Janis, Irvin: *Victims of Groupthink. A Psychological Study of Foreign-Policy Decisions and Fiascoes*, Houghton Mifflin: Boston 1972

Jung, C. G.: *Aufsätze zur Zeitgeschichte* (1946), GW 10, Walter Verlag: Olten 1983, S. 251

Ders.: *Erinnerungen, Träume, Gedanken*, aufgez. und hg. von Aniela Jaffé, Rascher: Zürich und Stuttgart 1962, S. 317 f.

Jungclaussen, Emmanuel: *Unterweisung im Herzensgebet*, EOS: St. Ottilien [3]2008

Kegel, Bernhard: *Die Herrscher der Welt. Wie Mikroben unser Leben bestimmen*, Du Mont: Köln 2015

Kovel, Joel: *Overcoming Zionism. Creating A Single Democratic State in Israel/Palestine*, Pluto Press: London 2007, S. 222 f.

Kurzweil, Ray: *Menschheit 2.0: Die Singularität naht*, Lola Books: Berlin [2]2015

Landemore, Hélène, und Jon Elster: *Collective Wisdom – Principles and Mechanisms*, Cambridge University Press: New York 2012

Landini, Gregory: *Wittgenstein's Apprenticeship with Russell*, Cambridge University Press: Cambridge 2007

Lem, Stanislaw: *Der Unbesiegbare*, Insel: Frankfurt 1976

Levine, Peter A.: *Sprache ohne Worte. Wie unser Körper Trauma verarbeitet und uns in die innere Balance zurückführt*, Kösel: München 2014, S. 39 ff.

Ders.: *Trauma-Heilung: Die Energien des Lebens wiederentdecken*, Synthesis: Essen [2]1999

Lommel, Pim van: *Endloses Bewusstsein. Neue medizinische Fakten zu Nahtoderfahrungen*, Knaur MensSana: München 2013

Lüdecke, C., et al.: *Sucht, Bindung, Trauma. Psychotherapie von Sucht und Traumafolgen im neurobiologischen Kontext*, Schattauer: Stuttgart 2010

Luz, Ulrich: *Das Evangelium des Matthäus*, Teilband 3, Mt 18–25, Evangelisch-Katholischer Kommentar zum Neuen Testament, Band I/3: Neukirchen-Vluyn 1997

Maalouf, Amin: *Mörderische Identitäten*, Suhrkamp: Berlin [6]2000

Mahr, Albrecht: »Politische Aufstellungen«, in: Weber, Gunthard, und Claude Rosselet (Hg.): *Praxis der Organisationsaufstellungen. Grundlagen, Prinzipien, Anwendungsbereiche,* völlig überarbeitete Neuausgabe, Carl-Auer: Heidelberg 2016

Ders.: »Ruanda. Bericht von einem Besuch 10 Jahre nach dem Völkermord«, *Praxis der Systemaufstellung*, 1/2004, S. 12–17

Ders. (Hg.): *Konfliktfelder – Wissende Felder. Systemaufstellungen in der Friedens- und Versöhnungsarbeit*, Carl-Auer: Heidelberg 2003

Ders.: »Ein Plädoyer fürs Innehalten: Systemische Familienaufstellungen bei Trennung und Scheidung«, Beuscher, A., E. Mackenschsiedt und H. Miethe (Hg.): *Gewagtes Glück – Reflexionen, Gedichte, Liturgien, Impulse zu Trennung und Scheidung*, Verlag Neues Buch: Nidderau 1998

Mahr, Ines Lena: *Twenty Years Post-Genocide. Healing psychological wounds amongst Rwandan Genocide survivors through small group support*, Master Thesis, LSE – London School of Economics and Political Sciences: London 2014

Mansuy, Isabelle, in: Podbregar, Nadja: »Vererbtes Trauma«, www.wissenschaft.de/bdw-inside/-/journal_content/56/12054/3364131, 13. April 2014

Maté, Gabor: *In the Realm of Hungry Ghosts. Close Encounter with Addiction,* North Atlantic Books, Berkeley, CA, 2010

Mayr, Fabian-Patrick: *Systemische Konflikttransformation durch Politische Aufstellungen: Eine empirische Studie und Methodenvergleich*, vdm Verlag Dr. Müller: Saarbrücken 2013

Meier, Christian: *Das Gebot zu vergessen und die Unabweisbarkeit des Erinnerns. Vom öffentlichen Umgang mit schlimmer Vergangenheit*, Siedler: München [3]2010

Milgram, Stanley: »The Perils of Obedience«, *Harper's Magazine*, Dezember 1973

Moré, Angela: »Die unbewusste Weitergabe von Traumata und Schuldverstrickungen an nachfolgende Generationen«, *Journal für Psychologie*, Jg. 21 (2013), Ausg. 2, S. 1–34

Morris, Ian: *Krieg – wozu er gut ist*, Campus: Frankfurt 2013, S. 457 ff., 464

Morrow, Lance: *Evil – An Investigation*, Basic Books: New York 2003, S. 124 f.

Neiman, Susan: *Warum erwachsen werden? Eine philosophische Ermutigung*, Carl Hanser: München 2014, S. 194

Neumann, Erich: *Tiefenpsychologie und neue Ethik*, Kindler: München 1964, S. 127 f., 132, 135 f.

Nietzsche, Friedrich: *Menschliches, Allzumenschliches*, GW Bd. III, 1878/1964, S. 306, zitiert nach Fritz Simon: *Tödliche Konflikte – Zur Selbstorganisation privater und öffentlicher Kriege*, Carl-Auer: Heidelberg 2001, S. 253

Orwell, George: *Review of* Mein Kampf *by Adolf Hitler*, www.openculture.com/2014/08/george-orwell-reviews-mein-kampf-1940.html

Peichl, Jochen: *Rote Karte für den Inneren Kritiker: Wie aus dem ewigen Miesmacher ein Verbündeter wird*, Kösel: München 2014

Peters, Markus: *Gesundmacher Herz. Wie es uns steuert, verbindet und heilt*, VAK: Kirchzarten [2]2014, S. 93

Pinker, Steven: *Gewalt. Eine neue Geschichte der Menschheit*, S. Fischer: Frankfurt 2011, S. 18 ff., 1016, 1022

Rheingold, Howard: *Smart Mobs. The Next Social Revolution*, Basic Books: New York 2003

Rhue, Morton: *Die Welle. Macht durch Disziplin! Macht durch Gemeinschaft! Macht durch Handeln!*, Ravensburger Buchverlag: Ravensburg 1997

Rothschild, Babette: *Der Körper erinnert sich. Die Physiologie des Traumas und der Traumabehandlung*, Synthesis: Essen 2002

Schätzing, Frank: *Der Schwarm*, Kiepenheuer & Witsch: Köln 2004

Schmidt, Johannes Benedikt: *Der Körper kennt den Weg. Trauma-Heilung und persönliche Transformation*, Kösel: München [4]2014, S. 77–114

Schwinge, Rainer: »Tod oder Taufe. Der Wendenkreuzzug von 1147«, *DAMALS, Das aktuelle Magazin für Geschichte und Kultur* 32, 7/2000, S. 60

Sen, Amartya: *Die Identitätsfalle. Warum es keinen Krieg der Kulturen gibt*, dtv: München 2010, S. 74

Sheldrake, Rupert: *Das schöpferische Universum. Die Theorie des morphogenetischen Feldes*, Ullstein: Frankfurt/Berlin 1983, Neuauflage 2009

Ders.: *Der siebte Sinn der Tiere*, Fischer: Frankfurt [5]2007

Ders.: *Sieben Experimente, die die Welt verändern könnten*, Fischer: Frankfurt [2]2005

Simon, Fritz: *Tödliche Konflikte – Zur Selbstorganisation privater und öffentlicher Kriege*, Carl-Auer: Heidelberg 2001

Somé, Malidoma: *Vom Geist Afrikas: Das Leben eines afrikanischen Schamanen*, Diederichs: Bad Bentheim 2004

Surowiecki, James: *Die Weisheit der Vielen. Warum Gruppen klüger sind als Einzelne und wie wir das kollektive Wissen für unser wirtschaftliches, soziales und politische Handeln nutzen können*, Bertelsmann: Gütersloh 2009

Szypulski, Pawel: *Greetings from Auschwitz*, Edition Frey: Zürich 2015

Todenhöfer, Jürgen: *Inside IS – 10 Tage im »Islamischen Staat«*, C. Bertelsmann: München 2015

Tolle, Eckhart: *Jetzt. Die Kraft der Gegenwart*, Kamphausen: Bielefeld [3]2010

Ders.: *Eine neue Erde. Bewusstseinssprung anstelle von Selbstzerstörung*, Arkana: München [15]2005

Ders.: *Stillness Speaks*, New World Library: Novato, CA, 2003, S. 43; deutsch: *Stille spricht: Wahres Sein berühren*, Arkana: München [10]2003 (zitiert aus der englischsprachigen Ausgabe)

Trojanow, I., und R. Hoskoté: *Kampfabsage. Kulturen bekämpfen sich nicht – sie fließen zusammen*, Blessing: München 2007

Victoria, Brian: *Zen, Nationalismus und Krieg. Eine unheimliche Allianz*, übers. von Theo Kierdorf in Zusammenarbeit mit Hildegard Höhr, Theseus: Bielefeld 1999, S. 196

Volkan, Vamik: »Großgruppenidentität, schweres Trauma und seine gesellschaftlichen und politische Konsequenzen«, in: Walz-Pawlita, Susanne, et al. (Hg.): *Identitäten*, Psychosozial-Verlag: Gießen 2015

Ders.: *Enemies on the Couch: A Psycho-political Journey through War and Peace*, Pitchstone Publishing: Charlottesville, VA, 2013

Ders.: *Killing in the Name of Identity. A Study of Bloody Conflicts*, Pitchstone Publishing: Charlottesville, VA, 2006, S. 13

Ders.: *Bloodlines. From Ethnic Pride to Ethnic Terrorism*, Farrar, Straus and Girroux: New York 1997, S. 5; deutsch: *Blutsgrenzen. Die historischen Wurzeln und die psychologischen Mechanismen ethnischer Konflikte und ihre Bedeutung bei Friedensverhandlungen*, Scherz/S. Fischer: Frankfurt 1999 (zitiert aus der englischsprachigen Ausgabe)

Weinhold, Jan, et al.: *Dreierlei Wirksamkeit. Die Heidelberger Studie zu Systemaufstellungen*, Carl-Auer: Heidelberg 2014

Welzer, Harald: *Selbst denken. Eine Anleitung zum Widerstand*, S. Fischer: Frankfurt 2013, S. 160 f.
Zimbardo, Philipp: *The Lucifer Effect: How Good People Turn Evil*, Rider: London 2008

Schuld verstehen, wirksame Lösungen finden

Klappenbroschur
224 Seiten
ISBN 978-3-95803-002-2

Niemand kann Schuld auf Dauer entkommen, denn Schuld gehört zum Menschsein. Persönliche wie auch kollektive Schuld lähmt – oder sie kann zu angemessenem Ausgleich, Versöhnung und innerer Entwicklung führen.

Der erfahrene systemische Therapeut Bertold Ulsamer beleuchtet die unterschiedlichen Gesichter von Schuld und Möglichkeiten, mit der jeweiligen Schuld umzugehen und Lösungen zu finden.

www.scorpio-verlag.de